Les Hollandais à Paris 1789-1914

Les Hollandais à Paris

1789-1914

VAN SPAENDONCK, SCHEFFER, JONGKIND, MARIS, KAEMMERER, BREITNER, VAN GOGH, VAN DONGEN, MONDRIAN

Mayken Jonkman (direction d'ouvrage)
Stéphanie Cantarutti
Maite van Dijk
Malika M'rani Alaoui et Jenny Reynaerts
Nienke Bakker
Anita Hopmans
Wietse Coppes et Leo Jansen

Van Gogh Museum, Amsterdam
RKD — Nederlands Instituut voor Kunstgeschiedenis, La Haye
Petit Palais, musée des Beaux-Arts de la Ville de Paris
Paris Musées

Sommaire

7   Préface de la maire de Paris

8   Avant-propos
Christophe Leribault, Axel Rüger, Chris Stolwijk

10   Paris au XIXe siècle, centre du monde artistique
Mayken Jonkman

30   La peinture hollandaise aux Expositions universelles de Paris (1855-1900)
Stéphanie Cantarutti

46   **Paris** 1789–1848 (carte)

52   **Gérard van Spaendonck** *Peintre de cour entre sciences et salon*
Mayken Jonkman

68   **Ary Scheffer** *Le Salon et les expositions parallèles*
Mayken Jonkman

86   **Paris** 1849–1870 (carte)

92   **Johan Barthold Jongkind** *L'univers artistique des cafés*
Stéphanie Cantarutti

110   **Jacob Maris** *Quitter la ville : de Paris à Barbizon*
Maite van Dijk

130   **Frederik Hendrik Kaemmerer** *L'enfant chéri du marché de l'art*
Mayken Jonkman

148   **Paris** 1871–1914 (carte)

154   **George Hendrik Breitner** *Flâner et s'émouvoir*
Malika M'rani Alaoui et Jenny Reynaerts

178   **Vincent van Gogh** *Le développement d'un artiste d'avant-garde*
Nienke Bakker

202   **Kees van Dongen** *L'engagement social et les femmes sensuelles de Montmartre*
Anita Hopmans

222   *Le cubisme comme catalyseur.*
Piet Mondrian *et la quête réfléchie de l'universel*
Wietse Coppes et Leo Jansen

248   Notes
258   Bibliographie
267   Index des noms de personnes
269   À propos des auteurs
270   Remerciements

Préface

Inspiré par sa vie culturelle exceptionnelle,
le peuple hollandais a régulièrement fréquenté
la capitale française au cours de l'histoire.
Le Petit Palais, qui explore ces échanges européens
au fil de ses expositions, a cette fois choisi de
s'intéresser à une période particulièrement riche
de l'art hollandais.

Le XIXe siècle a en effet vu émerger aux
Pays-Bas des génies artistiques dignes des plus
grands maîtres du Siècle d'or. Leur esthétique
s'étant libérée de l'autarcie du XVIIe siècle, c'est
au contact du romantisme français, de l'école
de Barbizon, de l'impressionnisme, du fauvisme
ou du cubisme que des figures telles que les frères
Scheffer, les peintres de l'école de La Haye,
Van Gogh, Van Dongen ou encore Mondrian
ont forgé leur propre style, avant, à leur tour,
d'influer sur ces mêmes courants.

La modernité vivante de la peinture hollandaise
doit beaucoup à ces échanges féconds avec Paris.

Cette remarquable exposition, organisée
avec le RKD de La Haye et le Van Gogh Museum
d'Amsterdam où elle a d'abord été présentée,
témoigne une nouvelle fois du rôle crucial de la
scène artistique parisienne dans la formation
d'une culture européenne en perpétuel
renouvellement.

Anne Hidalgo
Maire de Paris

Avant-propos

S'il y a un artiste néerlandais du XIXᵉ siècle dont le nom est indissociable de Paris, c'est bien Vincent van Gogh. Durant les deux années qu'il passa dans la capitale française, sa vision artistique changea du tout au tout : « [...] n'oubliez pas que Paris, c'est Paris. Il n'y a qu'un seul Paris », écrivait-il en 1886 à Horace Mann Livens, un camarade anglais rencontré à Anvers. Des centaines d'autres peintres néerlandais du XIXᵉ siècle qui partageaient son sentiment vinrent à Paris pour y trouver l'inspiration. Apportant avec eux leur propre vision de l'art, ils nourrirent à leur tour le travail des peintres français. L'exposition « Les Hollandais à Paris, 1789-1914 » reflète ces échanges.

Lorsque Mayken Jonkman, conservateur du département du XIXᵉ siècle au RKD–Nederlands Instituut voor Kunstgeschiedenis de La Haye, commença ses recherches sur les artistes néerlandais du XIXᵉ siècle ayant séjourné à Paris, son rapprochement avec le Van Gogh Museum s'imposa donc comme une évidence – d'autant plus que Chris Stolwijk, aujourd'hui directeur général du RKD, mais à l'époque directeur artistique du musée, avait déjà présenté un projet comparable quelques années auparavant. Le Van Gogh Museum accueillit sa proposition avec intérêt, et lorsqu'en 2015 Mayken Jonkman obtint une bourse de l'organisation NWO, le projet se concrétisa. Edwin Becker, conservateur en chef responsable des expositions du Van Gogh Museum, fut nommé conservateur en charge pour le musée et Mayken Jonkman devint conservatrice invitée. Le duo fut bientôt rejoint par Stéphanie Cantarutti, conservateur en chef au Petit Palais, musée des Beaux-Arts de la Ville de Paris. En charge des collections artistiques de la Ville de Paris depuis 1902, le Petit Palais s'est donné comme objectif de présenter celles-ci dans un contexte plus international, grâce aux expositions temporaires. La proposition du Van Gogh Museum y a donc été reçue avec enthousiasme tant elle répondait à cette ambition.

La présente publication repose sur des recherches documentaires inédites, effectuées par des collaborateurs du RKD, pour partie aux Pays-Bas, pour partie à Paris. Les sources historico-artistiques ont été rendues accessibles sur le site internet du RKD, ce qui facilitera l'approfondissement des recherches. Une nouvelle fonctionnalité offre la possibilité de localiser des artistes à partir de leur adresse personnelle ou professionnelle à Paris, ce qui permet de mettre en lumière et d'analyser le rôle qu'a pu jouer le lieu de résidence dans leur développement artistique. Cette application est disponible sur www.rkd.nl.

L'exposition qu'accompagne cet ouvrage se tient du 13 octobre 2017 au 7 janvier 2018 dans l'aile Kurokawa du Van Gogh Museum et du 27 octobre 2017 au 14 janvier 2018 à la Mesdag Collectie à La Haye pour la partie consacrée à Jacob Maris et à l'école de Barbizon. Les deux sections seront réunies en revanche au Petit Palais qui présente la seconde étape de l'exposition du 6 février au 13 mai 2018. Choisis pour leur importance, neuf artistes néerlandais y prennent le visiteur par la main pour une promenade à travers le Paris du XIXe siècle et ses environs, lui montrant par leurs yeux une ville exaltante et une population fascinante, ses institutions – notamment l'Académie des beaux-arts et les Salons –, ses ateliers d'apprentissage, un marché de l'art actif, les œuvres que l'on pouvait y admirer, ainsi que la réaction qu'elles suscitaient chez les artistes néerlandais.

Nos remerciements vont en tout premier lieu à Mayken Jonkman, pour son heureuse initiative, son professionnalisme et son enthousiasme pour œuvrer à la réussite de ce projet. Notre reconnaissance va également à Edwin Becker, qui y a grandement contribué par son expérience, son savoir et son expertise. Aussi imposantes que soient les collections des deux musées partenaires, cette exposition n'aurait pu voir le jour sans l'aimable collaboration de la Vincent van Gogh Foundation et de tous les musées, institutions et collectionneurs particuliers de France, des Pays-Bas et d'ailleurs, qui nous ont généreusement prêté leurs œuvres. Un projet comme celui-ci ne saurait aboutir sans les précieuses contributions des sponsors et organismes subventionneurs : le Prins Bernhard Cultuurfonds et Fonds 21 ont soutenu le développement de l'application RKDmaps, qui fait partie du programme RKDexplore. Van Lanschot, Takii Seed, AkzoNobel, la Blom-de Wagt Foundation, le ministère de l'Éducation nationale et la BankGiro Loterij ont apporté leur soutien pour la réalisation de l'exposition et de la présente publication.

Les collaborateurs du Van Gogh Museum, du Petit Palais et du RKD ont étroitement collaboré pendant deux ans pour mener à bien ce projet. Cette coopération tripartite enrichissante n'est pas sans points communs avec les échanges artistiques auxquels ont pris part les artistes néerlandais à Paris, deux siècles plus tôt. Nous espérons que cet ouvrage et cette exposition éclaireront d'un jour tout aussi intéressant et nouveau la ville de Paris, ce creuset où au XIXe siècle furent forgées les bases d'un art véritablement international.

Christophe Leribault
    directeur du Petit Palais
Axel Rüger
    directeur du Van Gogh Museum
Chris Stolwijk
    directeur général du RKD

Prêteurs
Nous remercions les musées, institutions et collectionneurs particuliers qui ont contribué à l'exposition en nous prêtant avec générosité des œuvres de leurs collections.

Allemagne
    Hamburger Kunsthalle
Belgique
    Musée d'Ixelles, Bruxelles
    Triton Collection Foundation
Canada
    National Gallery of Canada, Ottowa
États-Unis
    Dallas Museum of Art
    Benjamin Doller, Sotheby's, New York
    Hammer Galleries, New York
    Lawrence Steigrad Fine Arts, New York
    Worcester Art Museum, Worcester (MA)
France
    Fondation Bemberg, Toulouse
    Fondation Custodia, Paris
    Galerie Schmit, Paris
    Musée Carnavalet-Histoire de Paris, Paris
    Musée d'Art moderne, Troyes
    Musée des Beaux-Arts, Bordeaux
    Musée des Beaux-Arts, Marseille
    Musée du Louvre, département des Peintures, Paris
    Musée Fabre, Montpellier Méditerranée Métropole
    Musée Marmottan Monet, Paris
    Musée national du château de Fontainebleau
    Musée national Picasso, Paris
    Petit Palais, musée des Beaux-Arts de la Ville de Paris
    La Piscine, musée d'Art et d'Industrie André Diligent, Roubaix
Grande-Bretagne
    Ian et Jane Bothwell, Folkestone
    The Courtauld Gallery, Londres
    Libby Howie, Londres
    The National Gallery, Londres
    National Gallery of Scotland, Édimbourg
Monaco
    Collection David Nahmad
    Nouveau Musée national de Monaco
Pays-Bas
    Amsterdam Museum
    Centraal Museum, Utrecht
    Collection Nardinc, Laren
    Collection Simonis & Buunk, Ede
    De Mesdag Collectie, La Haye
    Dordrechts Museum
    Gemeentemuseum, La Haye
    Groninger Museum
    Haags Historisch Museum, La Haye
    Kröller-Müller Museum, Otterlo
    Kunsthandel Mark Smit, Ommen
    J.A.P. van Leeuwen, Bloemendaal
    Museum Boijmans Van Beuningen, Rotterdam
    Noordbrabants Museum, Bois-le-Duc
    H.A. van Rijbroek
    Rijksmuseum, Amsterdam
    RKD–Nederlands Instituut voor Kunstgeschiedenis, La Haye
    Stedelijk Museum, Amsterdam
    Stedelijk Van Abbe Museum, Eindhoven
    Teylers Museum, Haarlem
    Ubbens Art, Bussum
    Van Gogh Museum, Amsterdam
    Vincent van Gogh Foundation
Suisse
    Art Veras, Genève

Ainsi que tous les collectionneurs particuliers ayant souhaité garder l'anonymat.

Paris au XIXe siècle, centre du monde artistique

Mayken Jonkman

1 **Josephus Augustus Knip**
Vue depuis l'ambassade de la République batave à Paris, 1801
Huile sur toile, 97 × 129,5 cm
Amsterdam, Rijksmuseum, legs Messire W.A. van den Bosch, Doorn

Les pavés de Paris portent l'empreinte des pas des millions de visiteurs qui, à travers les siècles, ont parcouru les rues de la métropole, remplis d'émerveillement. La capitale française évoquait – et continue d'évoquer – toutes sortes d'images et de récits qui nous parlent d'amour, de révolutions sanglantes, de bon goût, d'art, mais aussi des boutiques d'exception, des passages et des formidables promenades qui s'offrent à nous aux Tuileries, dans les jardins du Palais-Royal, au Jardin des Plantes, sur les places magnifiques et le long des boulevards **(fig. 1 et 2)**. En 1805, un auteur néerlandais décrit Paris comme une « source de divertissements sans fin, le marché du luxe, de la volupté, de l'égoïsme et de la convoitise. Paris a de tout temps été cela, l'est resté à travers toutes les tempêtes, et le demeurera toujours [1] ». Le poète Willem Bilderdijk, parlant d'un énième changement de pouvoir dans la violence, qualifie en 1826 la capitale française d'« amoureuse de l'horreur [2] ». Et en 1882, le peintre Willem Witsen, comme tant d'autres, ne sait pas sur quel pied danser : « Mais la ville, mon gars, en tant que ville, faire la bringue, battre le pavé et regarder, regarder, rien que regarder ; je t'assure que c'est un délice, d'observer et d'en raisonner. [...] La seule mauvaise chose ici est la futilité, la bassesse, et on y est souvent confronté [3]. »

Au XIXe siècle, et en partie grâce au foisonnement de mythes qui circulent à son sujet, Paris est une destination prisée de nombre d'artistes du monde entier [4]. C'est l'art français en perpétuelle évolution qui les attire, ainsi que les multiples possibilités offertes par la capitale : de bonnes formations, des opportunités de carrière,

2 **F. Morin, F. Méaulle** (graveur)
Paris. Aspect des boulevards pendant la soirée, 1870
Lithographie, 24,8 × 33,3 cm
Paris, Bibliothèque nationale de France, département des Estampes et de la Photographie

un marché de l'art émergent, un public d'acheteurs, des musées aux riches collections. Les artistes s'instruisent les uns les autres, s'inspirent des œuvres qu'ils voient, découvrent des styles et des techniques nouvelles qu'ils s'approprient, renouvelant ainsi leur travail et leurs conceptions de l'art[5]. Certains parviennent à faire carrière à Paris, d'autres y jettent les bases d'une réussite dans leur propre pays.

Neuf artistes néerlandais ayant séjourné pendant un certain temps à Paris dans la période 1789-1914 seront ici passés en revue, afin d'étudier les échanges artistiques qu'ils ont su nouer avec leurs confrères français. Si à leur retour aux Pays-Bas, ils ont diffusé leurs idées nouvellement acquises, ils ont également laissé leurs traces en France. Dès 1862, l'artiste Gerard Bilders écrit : « Le Hollandais n'est pas très national ; il lit de préférence des ouvrages écrits en langue étrangère, prise fort les textiles anglais, la mode française et les tableaux français. Bref, il aime tout ce qui vient d'ailleurs[6]. » Il semblerait donc que l'art néerlandais du XIXe siècle ne soit pas aussi « néerlandais » qu'on ne l'a longtemps pensé[7].

Artistes voyageurs néerlandais : une approche quantitative

Entre 1789 et 1914, au moins 1 136 artistes néerlandais se rendent en France[8] ; parmi eux, on compte à peu près six pour cent de femmes. À titre de comparaison, pour cette même période, 567 artistes néerlandais vont en Belgique, 450 en Allemagne, 351 en Italie, 142 en Suisse, 113 en Grande-Bretagne et 87 dans d'autres pays. Sur un ensemble de 13 908 artistes néerlandais recensés, environ un sur cinq séjourne donc pendant une période assez longue à l'étranger – et un sur dix opte pour la France, le plus souvent Paris. La plupart entreprennent ce voyage à l'âge adulte, en moyenne à vingt-huit ans. Jusqu'en 1850, le nombre d'adolescents est encore relativement élevé : Jacob Nepveu, par exemple, n'a que quatorze ans lorsqu'il quitte Amsterdam. Après 1860, les artistes sont généralement plus âgés au moment de leur départ. Il semblerait qu'ils soient de plus en plus nombreux à se former d'abord aux Pays-Bas avant de se rendre à Paris

et de s'y inscrire à l'École des beaux-arts ou de rejoindre un atelier pour parfaire leur apprentissage. Les formations parisiennes font en quelque sorte office d'école de perfectionnement. En tout, environ un quart des artistes néerlandais viennent à Paris pour y suivre une formation ; les trois quarts restants font le voyage pour d'autres raisons. Certains artistes ont largement dépassé la soixantaine au moment de leur départ : c'est le cas du dessinateur et graveur Aron Hijman Binger, qui a atteint l'âge de soixante et onze ans lorsqu'il arrive pour la première fois dans la Ville lumière, en 1867[9].

Si les artistes néerlandais séjournent en moyenne six ans et demi à Paris, la plupart rentrent chez eux après moins d'un an[10]. Quelques-uns entreprennent une seconde carrière en France, comme le peintre de genre Karel Frederik Bombled, qui vécut cinquante-neuf ans dans la région parisienne. Environ quatre-vingts artistes s'y établissent définitivement. Les raisons d'une telle décision sont variables : Frederik Hendrik Kaemmerer y fait sa carrière et entretient déjà des liens étroits avec la maison Goupil avant de venir en France ; Hermanus Anker s'y installe parce qu'il épouse une Française et fonde une famille[11].

Le voyage et l'arrivée à Paris

Avant l'apparition du train en 1835, le voyage des Pays-Bas à Paris par coche ou par diligence – légèrement plus confortable – prend cinq bons jours et se termine dans la cour des Messageries, boulevard Montmartre **(fig. 3)**. Le trajet, parfois effectué en deux jours et deux nuits en continu, par des routes qui ne sont en général que des chemins de terre, est une véritable épreuve. Les voyageurs se plaignent du mauvais temps, des autres passagers, des pannes et de la bureaucratie aux postes frontaliers[12]. À partir de 1847, il devient possible d'aller d'Amsterdam à Rotterdam en train, puis par bateau et diligence jusqu'à Anvers, où l'on peut reprendre un train pour la gare du Nord[13], ce qui permet d'atteindre la capitale française en une journée. Grâce au train, le nombre d'artistes entreprenant le voyage pour Paris augmente de manière conséquente.

Pour la plupart, l'arrivée à Paris est un véritable choc. Beaucoup d'artistes se sont fait une idée préconçue de la ville. Comment pourrait-il en être autrement ? Tant de choses se disent et s'écrivent à propos de la capitale française que le rôle primordial que celle-ci joue dans l'imaginaire de nombre d'entre eux s'impose presque comme une évidence [14]. Ainsi, Gerard Bilders – qui par ailleurs ne se rendra jamais à Paris – avait conçu dans son esprit une ville digne d'un conte de fées : « Le grand écho magique de ma vie. C'est là que brûle le flambeau de l'art moderne et que vivent l'enthousiasme et l'amour éprouvés pour lui, là que se trouvent ses plus fervents admirateurs, qui sont aussi les élus de son cœur ; c'est encore là que l'on trouve dans ses productions le bon goût, la vérité, la compréhension des vieux maîtres, l'innovation, la grandeur [15] [...]. » Il n'est donc pas étonnant que pour beaucoup,

comme pour Witsen, Paris se révèle à leur arrivée encore bien plus grandiose que dans leur imagination – mais aussi parfois très décevante.

Au XIXe siècle, la capitale française est une des plus grandes métropoles d'Europe. En 1835 déjà, Antonie Waldorp représente l'intense circulation sur un pont de la Seine **(fig. 4)**, tandis que d'autres artistes décrivent l'agitation et la rumeur de la rue dans les lettres qu'ils envoient chez eux **(fig. 5)**. La hauteur des immeubles leur donne l'impression d'être enterrés vivants. L'écrivain Jacobus van Looy écrit à ce sujet en 1887 : « Cette kyrielle de grands immeubles écrase les gens, et je ne comprends pas comment il est possible que quelqu'un s'épanouisse ici, parmi le perpétuel grondement machinal des fiacres en mouvement [16]. » Les odeurs et la gastronomie française provoquent, elles aussi, leur lot de commentaires [17]. Pourtant, les lettres trahissent

3 **Louis-Léopold Boilly**
L'Arrivée d'une diligence dans la cour des Messageries,
rue Notre-Dame-des-Victoires, Paris, 1803
Huile sur bois, 62 × 108 cm
Paris, musée du Louvre

4 **Antonie Waldorp**
Vue d'un pont de la Seine à Paris au clair de lune, 1835
Huile sur bois, 35 × 43,9 cm
Amsterdam, Rijksmuseum

5 **Jan Toorop**
Promeneurs sur un boulevard parisien, vers 1903
Crayon et pastel sur papier, 15,1 × 23,2 cm
Collection particulière, précédemment
collection Simonis & Buunk, Ede

Paris au XIXe siècle, centre du monde artistique

6 **Giuseppe Castiglione**
Le Salon carré au musée du Louvre, 1861
Huile sur toile, 69 × 103 cm
Paris, musée du Louvre

l'excitation des peintres à propos du pittoresque de la ville. Presque tout ce qu'ils découvrent offre potentiellement matière à tableau. Ainsi, Frederik Hendrik Kaemmerer, en 1865, semble fasciné par les passants dans la rue : « Outre les soldats, les costumes ne manquent pas de diversité ici. On y voit les types les plus étranges, du riche qui roule carrosse au chiffonnier retournant les ordures avec son crochet, des marchandes du marché au poseur de pavés que sa peau de vache fait ressembler à une bête sauvage [18]. » Dans un premier temps, les artistes visitent les attractions touristiques mentionnées dans les guides de voyage ou les lieux qu'on leur a recommandés aux Pays-Bas, tels que, bien évidemment, le Louvre et le musée du Luxembourg, où ils admirent des tableaux qu'ils jugent grandioses [19] **(fig. 6)**. Durant la première moitié du siècle, leurs lettres évoquent notamment le Palais-Royal – un lieu d'amusement réputé où s'alignent cafés, restaurants, casinos et autres établissements frivoles – et le célèbre Pont-Neuf, sur lequel se dressent encore des commerces [20]. Dans la seconde moitié du siècle, ce sont les Grands Boulevards qui attirent les artistes, avec leurs grands magasins, leurs marchands d'art, leurs restaurants et cabarets éclairés jusqu'au petit matin, et bien sûr leurs théâtres – pour ceux qui en ont les moyens **(fig. 7)**. En comparaison, Amsterdam et La Haye ne sont que de petites villes de province où semblent régner la paix, le calme et l'ordre. Sillonnant Paris à pied des journées durant, la plupart des artistes ne tardent pas à s'approprier la ville : ils trouvent un logement abordable, suivent des cours, se font des amis et prennent leurs marques dans un café.

7 **Hippolyte Destailleur**
Vue du boulevard Montmartre, Théatre des Variétés, 1830
Plume, encre de Chine et aquarelle, 23,1 × 23,7 cm
Paris, Bibliothèque nationale de France

Les aspects typiques de Paris et les habitudes françaises – si curieuses aux yeux des Néerlandais – finissent par leur devenir familiers.

Du point de vue politique aussi, les artistes constatent des différences notables entre les Pays-Bas et la France. Alors que la dynastie d'Orange est solidement assise sur le trône depuis 1814, la France connaît dix changements de pouvoir entre 1788 et 1914, souvent accompagnés d'épisodes violents voire sanglants, marquant la lutte pour la suprématie des Bourbons, des Orléans et des Bonaparte, en alternance avec des périodes de gouvernance républicaine. Les artistes qui séjournent à Paris dans la seconde moitié du XIXe siècle assistent à la transformation radicale de la ville, laquelle apparaît alors comme un chantier permanent **(fig. 8)**. Napoléon Ier et ses successeurs avaient déjà élaboré plusieurs projets pour moderniser Paris, mais c'est Napoléon III qui, avec l'aide du préfet de la Seine, le baron Haussmann, mènera entre 1853 et 1870 un nombre important de grands travaux – d'où la capitale tirera l'apparence qui la caractérise encore de nos jours. Ces travaux sont à l'origine de la majorité des grandes avenues, des façades d'immeuble à l'esthétique uniforme, des grandes places telles que celles de l'Étoile et de la République, et d'un certain nombre de parcs comme les Buttes-Chaumont et le bois de Boulogne. Ils modernisent complètement le réseau des égouts ainsi que celui de la distribution des eaux et étendent l'éclairage public au gaz à l'ensemble de la ville [21]. Des pâtés de maison entiers sont rasés pour rendre possibles ces travaux. De nouveaux immeubles sont construits, mais en quantité moindre et où les loyers sont

8 **Charles Marville**
Avenue de l'Opéra. Chantier de la butte du Moulin et de la rue Saint-Roch, 1876-1877
Tirage sur papier albuminé, 25,8 × 35,9 cm
Amsterdam, Rijksmuseum

18

plus élevés. La répartition des classes sociales
à travers la ville en pâtit. Jusqu'alors, riches
et pauvres se côtoyaient, les plus aisés occupant
les étages inférieurs des immeubles et les moins
fortunés les étages supérieurs **(fig. 9)**. Tous
partageaient donc le même espace public,
ce qui favorisait les échanges. Désormais, les plus
modestes, ne pouvant pas payer le loyer des
nouveaux appartements, quittent la ville pour
la banlieue, ce qui marque une séparation
physique entre les classes. De nombreux artistes
– surtout ceux qui n'ont pas (encore) réussi –
doivent également s'installer dans les quartiers
périphériques, moins chers, où leurs chances
de croiser des mécènes et des acheteurs potentiels
sont plus faibles [22].

Qu'est-ce qui fait l'attrait de Paris ?

Les artistes néerlandais ne sont pas les seuls à être
attirés par Paris comme par un aimant. En 1825,
la population étrangère résidant dans la capitale
s'élève à 10 000 habitants environ ; ils seront
82 000 en 1861 et 186 000 en 1911 [23]. Le nombre
de touristes qui se rendent dans la capitale française
augmente lui aussi de manière exponentielle [24].
Issus de toutes les couches de la population,
ils viennent admirer les diverses attractions
de la ville et visiter les Expositions universelles,
tandis que la noblesse et la haute bourgeoisie
de l'Europe entière fréquentent volontiers
les salons hebdomadaires des Parisiennes
fortunées [25]. La plupart des étrangers viennent
toutefois à Paris pour y chercher un emploi :
jardiniers, tanneurs, tailleurs de pierre, peintres

9   **Bertall, Lavieille** (graveur)
« Les cinq étages du monde parisien » dans *Le Diable
à Paris, Paris et les Parisiens, revue comique*, Paris, 1845

en bâtiment, coiffeurs, restaurateurs et autres artisans, mais aussi avocats, journalistes, dentistes et médecins [26]. Les jeunes sont attirés par les écoles d'excellence que l'on peut y trouver : la faculté de médecine de Paris est l'une des plus anciennes et des plus célèbres au monde ; les futurs scientifiques et botanistes ambitionnent de décrocher un diplôme du Muséum d'histoire naturelle, une des formations les plus renommées dans ce domaine jusqu'en 1850 ; le Conservatoire de musique et l'École des beaux-arts sont des établissements d'enseignement très prisés des jeunes artistes [27].

Paris est une véritable mine d'or pour les artistes : aucune autre ville au monde ne recèle une telle quantité d'œuvres d'art. Le Louvre ouvre ses portes en 1793 et présente au public des milliers de chefs-d'œuvre d'origines italienne, espagnole, hollandaise, française, égyptienne et gréco-romaine. À partir de 1818, le musée du Luxembourg propose en outre une exposition permanente des maîtres contemporains [28]. Paris offre également un vaste réseau d'espaces d'exposition, de nombreux journaux et revues publiant régulièrement des articles sur l'art, un commerce d'art en pleine expansion, un important public de connaisseurs et de collectionneurs, ainsi que d'excellentes possibilités de formation.

Les formations

La formation la plus réputée et la plus prestigieuse est l'École des beaux-arts. Les élèves y apprennent à dessiner d'après l'antique – à partir de moulages de plâtre puisés le plus souvent dans la statuaire grecque et romaine – aussi bien que d'après modèle

10 Martin Monnickendam
École des Arts et Métiers, 1899
Aquarelle sur papier, 75 × 58 cm
Amsterdam, galerie Dolf D. van Omme

vivant et suivent des cours de perspective, d'anatomie et d'histoire antique [29]. Plusieurs concours ont lieu chaque année pour préparer les élèves à se présenter au Prix de Rome, qui leur permettra d'aller parfaire leur apprentissage dans la capitale italienne [30]. L'École des beaux-arts a parfois été qualifiée d'« arène » car seuls les meilleurs artistes pouvaient y survivre [31]. Il est d'autant plus frappant que plusieurs artistes néerlandais qui l'ont fréquentée, tels que Pierre Henri Josselin de Jong, Alexander Maasdijk, Maurice Mortjé et Carel Eliza van de Sande Lacoste, sont aujourd'hui tombés dans l'oubli [32]. D'autres se sont vus refuser son accès pour différentes raisons. Ainsi, David Artz s'entend dire en 1867 – alors qu'il n'est âgé que de trente ans – qu'il est trop vieux [33]. Jusqu'en 1863, année où les Beaux-Arts connaissent une importante

réorganisation, la peinture ne fait pas partie des disciplines enseignées – à charge des élèves de trouver un atelier particulier où ils pourront se former **(fig. 11)**.

Hormis cette école officielle, il existe de nombreuses alternatives proposant une solide formation artistique. À partir de 1793, le Jardin des Plantes forme les dessinateurs botaniques ; Gérard van Spaendonck y exerce les fonctions de professeur de dessin entre 1793 et 1822 [34]. À l'hôpital de la Charité – aujourd'hui détruit –, on enseigne le dessin anatomique. L'École des arts décoratifs de Paris, où Jan Franken et Hendrik Schaap suivent des cours vers 1900, est également une institution renommée pour apprendre les différentes techniques de dessin [35]. Martin Monnickendam opte en 1895 pour les cours dispensés par l'École des arts et métiers [36] **(fig. 10)**.

11   **Léon-Matthieu Cochereau**
Intérieur de l'atelier de David,
collège des Quatre-Nations, 1813-1814
Huile sur toile, 90 × 105 cm
Paris, musée du Louvre

De nombreux artistes acceptent en outre de prendre un ou plusieurs élèves en apprentissage, notamment parce que cela représente un complément de revenus substantiel[37]. Dans leur atelier de la rue Chaptal, Ary et Henri Scheffer donnent des cours à un groupe d'artistes venus du monde entier[38]. Les académiciens de renom Léon Bonnat, Jean-Léon Gérôme et Fernand Cormon enseignent le dessin à l'École des beaux-arts, mais aussi la peinture dans leurs propres ateliers, à des élèves particuliers. En 1868, Rodolphe Julian fonde l'académie qui porte son nom au dernier étage du passage des Panoramas **(fig. 12)** ; celle-ci connaît un tel succès que Julian ne tardera pas à en ouvrir d'autres. Des artistes reconnus comme William Bouguereau, Gustave Boulanger et Tony Robert-Fleury y forment de nombreux débutants, parmi

lesquels bien des étrangers[39]. Gijs Bosch Reitz, Hendrik Theodorus de Court Onderwater, Ferdinand Hart Nibbrig et John Hulk y côtoient de futures célébrités telles que Pierre Bonnard, Henri Matisse et Fernand Léger. À l'instar de l'École des beaux-arts, la formation de l'académie Julian repose sur le dessin d'après modèle vivant. L'académie Suisse (qui sera par la suite reprise et rebaptisée « académie Colarossi ») recourt elle aussi à cette méthode. Horace Lecoq de Boisbaudran, qui enseigne entre 1841 et 1869 à la « petite école », surnom de l'École de dessin et de mathématiques, propose une pratique alternative qui consiste principalement à exercer la mémoire : les apprentis artistes ne dessinent pas le sujet quand ils l'ont devant les yeux, mais seulement une fois de retour à l'atelier. D'après Boisbaudran, cette technique favoriserait

12 **Anonyme**
L'Académie Julian, vers 1887
Tirage gélatino-argentique, 20,3 × 26,3 cm
Espoo (Finlande), Gallen-Kallelan Museo

une meilleure connexion entre mémoire et imagination.

Les expositions

Le Salon, l'exposition (bis)annuelle d'artistes vivants, est durant la majeure partie du XIXe siècle l'endroit par excellence où montrer sa nouvelle production [40] **(fig. 13)**. Tout comme l'École des beaux-arts, le Salon est géré par l'Académie des beaux-arts, qui impose alors sa suprématie dans le monde artistique [41]. Les membres de l'Académie sont nommés par l'État, et l'on ne peut y siéger que par voie d'élection : seuls deux artistes néerlandais, Gérard van Spaendonck et Ary Scheffer, ont jamais été élus [42]. À l'époque, et bien qu'il existe d'autres voies pour exposer et se former à Paris, il n'est guère possible d'atteindre le sommet sans emprunter ce circuit officiel. C'est le plus sûr moyen pour les artistes de gagner des prix, de remporter des commandes de l'État et d'obtenir un poste lucratif d'enseignant à l'École des beaux-arts, ou encore de devenir fonctionnaire [43].

Pour les artistes, il est donc primordial d'exposer au Salon, où se pressent chaque année des dizaines de milliers de visiteurs. Les jours où l'entrée est gratuite notamment, une foule compacte s'agglutine devant les œuvres. À partir de 1798, un jury sélectionne les peintures admises à l'exposition [44]. Le nombre de toiles présentées passe d'environ 375 en 1800 à près de 4 000 au milieu du siècle ; celles-ci sont accrochées du sol au plafond. Le Salon carré du Louvre étant beaucoup trop petit pour montrer une telle quantité de tableaux, l'exposition

13 **François-Auguste Biard**
Quatre heures au Salon, 1847
Huile sur toile, 57 × 67 cm
Paris, musée du Louvre

se tient au Palais de l'Industrie (appelé plus tard Palais des Champs-Élysées) à partir de 1852. Mais les salles, plus grandes, incitent le jury à accepter davantage d'œuvres – en 1879, il y en a plus de 7 000 **(fig. 14)**. On continue donc de couvrir les murs du sol au plafond **(fig. 15)**, ce qui veut dire que même lorsqu'une toile a été acceptée, elle risque fort de passer inaperçue auprès du public et des critiques d'art parce qu'elle a été accrochée trop haut. La nécessité d'être vus pousse les artistes à soumettre des œuvres de plus en plus imposantes, appelées de manière ironique les « grandes machines [45] ».

Le Salon parisien n'est pas réservé aux seuls artistes français. Plusieurs centaines de peintres néerlandais y exposent leurs œuvres et y remportent leurs premiers succès avant d'accéder à la notoriété dans leur propre pays. Hendrik Willem Mesdag est encore inconnu aux Pays-Bas lorsqu'il remporte une médaille au Salon de 1870 ; son talent ne sera reconnu chez lui que par la suite [46]. Un succès au Salon dépend donc en premier lieu de l'autorisation du jury à exposer, puis de la visibilité de l'œuvre suivant l'endroit où elle est accrochée, et enfin de l'obtention d'un prix qui lui vaut l'attention du public et de la presse. Chaque année, les chroniqueurs des journaux et revues consacrent de longs articles, souvent en plusieurs livraisons, au Salon, aux toiles exposées comme aux artistes [47].

Le système des jurys fait l'objet de nombreuses critiques durant tout le siècle mais, malgré diverses tentatives, aucune procédure de sélection équitable ne ressort. L'attitude fermée des organisateurs du Salon, souvent ressentie comme autoritaire, conduit de plus en plus souvent les artistes novateurs à s'y opposer et à proposer des alternatives [48]. Ainsi, des artistes comme Eugène Delacroix, Gustave Courbet et Édouard Manet organisent des expositions individuelles de leurs œuvres après que celles-ci ont été rejetées par le jury du Salon. Les premières expositions collectives alternatives ont lieu sous la monarchie de Juillet (1830-1848), sous l'impulsion d'Ary Scheffer, parmi d'autres. La presse leur consacre relativement peu de commentaires, à l'exception de celle du Bazar Bonne-Nouvelle en 1846 [49].

14 **Felicien Myrbach-Rheinfeld**
Candidats à l'admission au Salon de Paris, vers 1885
Plume, pinceau et crayon sur papier, 28 × 45,6 cm
New York, The Metropolitan Museum of Art
(Harris Brisbane Dick Fund, 1947)

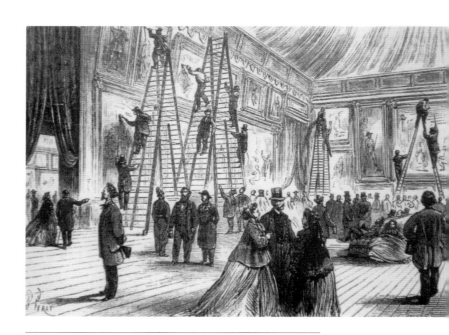

15 **B. Perat**
Vernissage au Salon, Paris, 1866

En 1863, le débat prend de l'ampleur jusqu'à donner naissance au Salon des refusés : Napoléon III décrète en effet que toutes les œuvres refusées par le jury pour le Salon officiel peuvent quand même être montrées au public. La forte publicité que cette manifestation génère entraînera un assouplissement des critères d'exposition au Salon. Au même moment, toutes sortes d'associations d'artistes et d'expositions concurrentes voient le jour, qui vont progressivement briser le monopole du Salon officiel. La Société nationale des beaux-arts – qui réunit notamment Eugène Delacroix et Charles-François Daubigny – est fondée en 1862, suivie en 1884 par la création du Salon des indépendants – dirigé par Odilon Redon, Georges Seurat et Paul Signac, entre autres –, puis en 1903 par celle du Salon d'automne, à l'initiative de l'architecte Frantz Jourdain. La série d'expositions impressionnistes qui se tiennent à partir de 1874 joue également un rôle important dans cette évolution.

Le marché de l'art

Le développement du marché de l'art, qui offre des alternatives à la carrière traditionnelle d'artiste académicien, porte également atteinte à la puissance des structures officielles. Grâce à la spéculation et à des techniques commerciales bien rodées, les marchands d'art parviennent à consolider leur propre position et celle des artistes dont ils vendent les œuvres[50]. Dans les années 1830, les marchands spécialisés dans l'art contemporain s'installent au nord-est des Grands Boulevards, non loin de la Chaussée d'Antin, et dans le nouveau quartier financier regroupé autour de la Bourse. C'est surtout la rue Laffitte qui ne tardera pas à prendre des airs de « Salon permanent », avec ses nombreuses galeries et leurs vitrines soigneusement aménagées comme autant de « musées des rues ». Adophe Beugniet, qui y a élu domicile, vend parfois des tableaux de Johan Barthold Jongkind ; Elbert Jan van Wisselingh a une boutique au numéro 52, que George Hendrik Breitner fréquente

régulièrement en 1884[51]. Les galeries sont jugées de façon plus positive que le Salon, qualifié par certains critiques de « bazar » à cause du grand nombre d'œuvres présentées[52]. L'accrochage, soigné et aéré, qui permet d'étudier chacune des toiles dans le détail, est apprécié du public.

Les marchands d'art doivent en partie leur succès à l'arrivée sur le marché, vers le milieu du siècle, de nombreux collectionneurs trop modestes ou trop peu compétents pour acheter au Salon ou directement aux artistes[53] **(fig. 16)**, pour qui ces spécialistes du commerce de l'art sont une providence en matière d'acquisition de tableaux. Le goût de ces collectionneurs détermine en partie ce qui se vend. Par conséquent, les marchands d'art exposent surtout des œuvres commercialement intéressantes. Dans le courant du siècle, les grandes maisons telles que Goupil & Cie, Durand-Ruel et Georges Petit s'établissent à proximité des Grands Boulevards et de l'Opéra – un quartier prisé du public en quête d'achats. Mais quelques marchands de plus petite envergure, souvent établis dans des quartiers moins prestigieux, se font également connaître – parmi eux, on peut citer Pierre-Firmin Martin, surnommé le « père Martin », qui vend entre autres des œuvres de Jongkind, et Julien Tanguy, qui expose notamment des tableaux de Van Gogh. Tous deux ont un commerce à Montmartre. La diversité des formations proposées, la richesse des expositions, les critiques dans la presse,

16 **Honoré Daumier**
Les Amateurs de peinture, 1860-1865
Huile sur panneau, 23,5 × 31 cm
Rotterdam, Museum Boijmans Van Beuningen

le marché naissant de l'art – tous ces facteurs, associés aux mythes (ou au marketing, si l'on préfère), concourent à convaincre de plus en plus de gens que Paris est le centre incontournable du monde artistique [54]. Lorsqu'un artiste néerlandais y suit une formation ou y connaît le succès, il est certain de réussir aussi dans son pays [55].

Échanges artistiques

En s'immergeant ainsi dans le milieu artistique parisien, les peintres néerlandais abordent des techniques et des styles nouveaux, en même temps que des idées différentes sur l'art. Ils les adaptent pour les appliquer à leur propre travail. À leur tour, les Français apprennent des Néerlandais – et leurs œuvres aussi s'en ressentent.

Les artistes néerlandais viennent à Paris avec l'intention d'y rester suffisamment longtemps pour découvrir les diverses opportunités artistiques offertes par la ville et y faire de nouvelles expériences et rencontres [56]. Pour autant, ils ne coupent pas les ponts avec leur culture, conservant toujours à l'esprit qu'ils vont un jour rentrer dans leur pays. Cependant, certains artistes ont un esprit plus cosmopolite : ils s'intègrent complètement dans leur nouvel environnement et ne tardent pas à passer pour des Français [57]. Martinus Kuytenbrouwer, par exemple, conseille volontiers les nouveaux venus qui peinent à trouver leur place. Ainsi, lorsque David Artz arrive à Paris en 1866, il lui conseille de ne pas se consacrer uniquement à la peinture, mais « d'essayer de se faire autant de connaissances que possible – il fallait, comme il l'écrivait, "se mettre un peu en habit noir le soir, car c'est avant tout, sinon uniquement, par ses relations que l'on peut devenir connu et faire des affaires" [58] ».

Kuytenbrouwer n'a pas tort : la construction d'un réseau de relations favorise les échanges artistiques et la réussite [59]. Artz suit ses conseils, mais ne trouve pas la tâche aisée. C'est, dit-il, « un heureux hasard qui m'a fait rencontrer de jeunes confrères [...]. Toutefois, cela est et reste toujours très compliqué, car jeunes ou vieux, en ce point ils sont tous pareils, ils sont très aimables et joviaux quand on les voit, mais pour les revoir, on dépend presque toujours de nouveau du hasard. Ils n'ont pas de lieu de rendez-vous fixe et [...]

tout cela doit se faire un peu tout seul [60] ». Artz finit par avoir ses entrées grâce à ses compatriotes Maris et Kaemmerer, qui vivent à Paris depuis déjà un an. Ces derniers l'invitent à s'installer avec eux au 33, rue du Dragon, où habitent et travaillent aussi plusieurs artistes français [61].

Ainsi, il est primordial de s'ouvrir aux rencontres – qu'il s'agisse de personnes, d'œuvres d'art ou d'écrits – si l'on souhaite voir aboutir ces échanges artistiques [62]. En premier lieu, il faut favoriser les contacts entre artistes. Certains peintres viennent à Paris dans le but de rencontrer leurs idoles : c'est le cas pour Jozef Israëls, dont l'objectif principal est de faire la connaissance d'Ary Scheffer. Pour Piet Mondrian, c'est le contraire : il ne souhaite pas voir le célèbre Picasso en personne, mais se délecte de ses œuvres [63]. Le dialogue peut donc aussi avoir lieu à travers l'art lui-même. Les artistes se laissent pénétrer par les toiles qu'ils découvrent et s'approprient certaines de leurs caractéristiques – que ce soient leur composition, leur coloris, leur touche ou encore leur motif. Ainsi, les artistes français de l'école de 1830 comme Camille Corot, Charles-François Daubigny et Constant Troyon étudient les paysages des maîtres de l'école hollandaise du XVIIe siècle pour faire leur le langage formel qu'ils développent et l'appliquer à leur vision personnelle des paysages français des environs de Barbizon. À leur tour, des peintres néerlandais comme Jacob Maris et Willem Roelofs s'inspirent de ces tableaux français pour représenter le paysage néerlandais. Les échanges ne sont donc pas toujours synchrones.

De même, les idées artistiques peuvent s'échanger dans des discussions, mais aussi à travers la lecture d'écrits d'artistes. August Allebé, professeur à l'académie d'Amsterdam, transmet à ses élèves les conceptions artistiques qu'il a acquises à Paris dans sa jeunesse. Parmi eux, Jan Veth et Jacobus van Looij vont à leur tour se diriger vers la capitale française [64].

Un rôle moins concret – et dont les effets sont moins directement visibles – mais tout aussi important pour le dialogue artistique est joué par l'animateur d'art. Les peintres néerlandais remplissent parfois cette fonction de passeur dans le monde artistique parisien [65]. Ils prennent une part active à la défense des arts, stimulent la création et jettent des ponts entre les peintres et les autres parties intéressées : collectionneurs, critiques et marchands d'art [66]. Un passeur doit donc posséder un réseau social vaste et très diversifié, et y occuper une position centrale [67]. Ainsi, Ary Scheffer est un célèbre peintre de Salon, mais en outre il jouit d'une position prestigieuse à la cour, en tant que professeur de dessin et conseiller des enfants du roi Louis-Philippe, et dispose d'un important cercle d'amis et de connaissances, parmi lesquels de nombreux politiciens, des écrivains et des musiciens de renom. Grâce à son entremise, de jeunes artistes qui font leurs premiers pas dans le monde de l'art, comme Théodore Rousseau, y sont pris au sérieux. Des hommes politiques et des diplomates tels que le grand-pensionnaire de la République batave Rutger-Jan Schimmelpenninck et le ministre plénipotentiaire Jacobus Blaauw jouent aussi un rôle majeur dans le réseau artistique franco-néerlandais autour de 1800. Ils reçoivent régulièrement des artistes des deux pays et commandent des œuvres à certains d'entre eux. Schimmelpenninck demande à Josephus Augustus Knip de peindre la vue depuis son ambassade et à Pierre-Paul Prud'hon de le représenter entouré de sa famille, tandis que Blaauw se fait portraiturer par Jacques-Louis David, avec qui il se lie d'amitié **(fig. 17)**.

À partir de 1840 environ, c'est de plus en plus souvent le marchand qui fait office d'animateur d'art. Vincent van Gogh, l'oncle du célèbre peintre, devient l'associé de Goupil & Cie en 1863 et invite différents artistes néerlandais à venir à Paris pour y travailler pour la maison. Son neveu, Theo van Gogh, qui travaille pour le successeur de Goupil, Boussod, Valadon & Cie, offre à Edgar Degas et à Claude Monet, entre autres, l'opportunité d'exposer leurs toiles dans les locaux de la maison, boulevard Montmartre, et introduit notamment son frère Vincent, Meijer de Haan et Arnold Hendrik Koning dans le monde de l'art français [68]. C'est ainsi que De Haan fait la connaissance de Paul Gauguin. Sous l'influence du peintre français, il abandonnera peu à peu ses scènes de genre rembrandtesques pour produire des paysages colorés dans le style des nabis. En 1926, le marchand d'art Abraham Preyer fait don à l'État français de plusieurs toiles de l'école de La Haye qui seront exposées au musée du Luxembourg, permettant ainsi pour la première fois au public français d'admirer des tableaux néerlandais dans un cadre muséal à Paris.

Grâce aux innovations scientifiques et technologiques, aux moyens de communication plus rapides et à l'essor du commerce international, le monde semble rapetisser. Il est de plus en plus simple de s'informer et de se familiariser avec ce qui vient d'ailleurs. Le nombre croissant de peintres néerlandais séjournant à Paris pour y faire l'expérience de nouveaux aspects de la vie d'artiste, en est un exemple parlant. En parallèle, une dynamique inverse donne naissance à l'État-nation et aux sentiments nationalistes qui l'accompagnent [69]. Dans le domaine de l'art, au cours du xixe siècle, les discussions portent de plus en plus souvent sur ce que devrait être un art national [70]. Le développement de la question du nationalisme nous mènerait trop loin, mais soulignons que les échanges artistiques nationaux ne peuvent être étudiés sans garder à l'esprit qu'internationalisme et nationalisme constituent les deux faces d'une même médaille.

17 Jacques-Louis David
Portrait de Jacobus Blaauw, 1795
Huile sur toile, 92 × 73 cm
Londres, The National Gallery

La publication

L'histoire des échanges artistiques est impossible
à raconter comme un récit linéaire. Elle se compose
en effet de nombreux fragments, de rencontres
individuelles et de débats qui paraissent impossibles
à articuler [71]. Ce n'est qu'un examen approfondi
des pièces du puzzle qui permet de se faire une
idée du dialogue entre deux ou plusieurs cultures.
C'est pourquoi le présent ouvrage a fait le choix
de limiter l'étude des échanges artistiques entre
la France et les Pays-Bas à neuf peintres néerlandais,
illustrant chacun une période différente.

En sa qualité de professeur de dessin botanique
au Jardin des Plantes, Gérard van Spaendonck
a su enseigner à des dizaines d'artistes débutants
sa manière originale de représenter les végétaux,
inspirée de l'art néerlandais du XVIIe siècle.
Il fréquente par ailleurs la haute société parisienne,
et même les cours de Louis XV et de Louis XVI.
Toujours en vue après la Révolution et sous
le Premier Empire, il prend part à la mise en place
de la nouvelle politique gouvernementale pour
les arts et les sciences, ce qui lui permet de soutenir
les jeunes gens qui font leurs premiers pas sur la
voie artistique. Ary Scheffer occupait une place
privilégiée dans le monde des arts sous le règne
de Louis-Philippe. Il parraine plusieurs jeunes
artistes français, favorisant ainsi les échanges
artistiques, et par ses protestations contre
la politique du jury du Salon, contribue – sans
le vouloir – à sonner le glas de ce dernier. Johan
Barthold Jongkind doit son succès parisien
notamment aux relations qu'il a nouées avec
d'autres artistes et avec des marchands d'art.
Les échanges entre Jongkind, Claude Monet
et Eugène Boudin prennent surtout place dans
les cafés : leurs conversations sur l'art sont
indissociablement liées à ces lieux de convivialité.
Jacob Maris commence sa carrière parisienne
en peignant de jeunes filles italiennes dans le style
de son maître, Ernest Hébert. Mais ne renonçant
pas pour autant à sa fascination pour le paysage,
il se rend à plusieurs reprises à Barbizon et
à Fontainebleau, et voit régulièrement chez
Goupil les œuvres des peintres de l'école de 1830,
qui le font évoluer en tant que paysagiste.
Arrivé à Paris en même temps que Maris,
Frederik Hendrik Kaemmerer, paysagiste dans
la mouvance de l'école de La Haye, devient,
grâce à sa formation auprès de Jean-Léon
Gérôme, un peintre de genre historique dans
le style parisien à la mode. Si George Hendrik
Breitner ne séjourne à Paris que pendant six mois
en 1884, sans faire beaucoup de rencontres,
semble-t-il, il s'imprègne de la vie des rues

18 Isaac Israëls
Café-chantant dans la rue Nes à Amsterdam, vers 1893
Huile sur toile, 91,5 × 106,5 cm
Otterlo, Kröller-Müller Museum

de la capitale et étudie de près les œuvres de différents artistes, notamment les danseuses et les nus d'Edgar Degas. Vincent van Gogh au contraire se jette à corps perdu sur la scène artistique parisienne. Il ne tarde pas à faire la connaissance de plusieurs artistes français et intègre leurs idées, styles et motifs dans son œuvre, laquelle change du tout au tout en moins d'un an. Si Van Gogh peint surtout le Montmartre champêtre et ses rues escarpées, Kees Van Dongen se concentre sur la vie nocturne qui anime le bas de la Butte. Lui aussi est influencé par ses rencontres avec d'autres artistes, notamment Théophile-Alexandre Steinlen. Jan Sluijters et Piet van der Hem seront à leur tour attirés par ses toiles aux couleurs vives et violentes. Piet Mondrian vient à Paris en 1912 pour y trouver une nouvelle inspiration. L'œuvre des cubistes, et plus particulièrement celle de Picasso et de Braque **(fig. 19)**, lui montre la voie à suivre pour développer son propre langage pictural abstrait.

L'art ne connaît pas de frontières

Avec la richesse de ses sources d'inspiration, la variété de ses formations, ses expositions permettant de montrer les œuvres récentes et son marché de l'art florissant, Paris passe pour être au xixᵉ siècle le centre du monde artistique. C'est la raison pour laquelle un nombre croissant d'artistes néerlandais se rend alors dans la capitale française. Leurs rencontres avec des artistes français et leur expérimentation d'une grande diversité de styles, de motifs, de techniques et de conceptions conduisent à l'émergence de nouvelles perspectives qui révolutionnent leurs œuvres et leurs idées sur l'art. Ils rapportent ces nouveaux acquis aux Pays-Bas, permettant à leurs confrères restés là-bas de prendre connaissance à leur tour de ce qui se passe à Paris. La production artistique du creuset parisien ne s'arrête donc pas aux frontières nationales, mais donne naissance à un art véritablement international.

(traduit du néerlandais par Kim Andringa)

19 **Georges Braque**
Bouteille de Bass, vers 1911
Huile sur toile, 78 × 70 cm
Triton Collection Foundation

La peinture hollandaise aux Expositions universelles de Paris

(1855-1900)

Stéphanie Cantarutti

20 *Vue générale de l'exposition de 1867,*
prise des hauteurs du Trocadéro, 1867
Chromolithographie
Paris, musée Carnavalet-Histoire de Paris

Les Expositions universelles représentent un temps fort d'échanges diplomatiques et culturels, mais sont aussi le moment d'une compétition économique et artistique entre les nations. Celles-ci y montrent le meilleur de leur production, les produits de l'agriculture, de l'industrie, les innovations techniques qui font leur fierté. Ces manifestations sont aussi l'occasion unique de comparer les écoles artistiques de chaque pays dont on ne connaît d'ordinaire que quelques exemples isolés[1].

Organisation et statistiques

Dans les Expositions universelles organisées à Paris, les œuvres d'art sont réparties en cinq disciplines ou « classes », la première correspondant aux peintures à l'huile.

Chaque nation choisit les œuvres de ses ressortissants. La commission impériale française, qui dirige l'ensemble des opérations de l'exposition, n'a en effet de contacts qu'avec les différentes commissions nationales. Les artistes eux-mêmes sont uniquement en lien avec leur propre commission nationale. Un jury, composé de membres de différentes nationalités, élit plusieurs candidats, dont, *de facto*, plusieurs Français. Des médailles de différentes classes, des médailles d'honneur ainsi que des mentions honorables sont décernées. Être primé à l'Exposition universelle revêt pour les artistes une importance considérable. Cette récompense les accompagne durant toute leur carrière, en France mais aussi dans leur pays d'origine, comme par exemple pour Johannes Bosboom, médaillé à l'exposition de 1855 et qui continue à présenter des œuvres au Salon, auréolé de cette distinction, jusque dans les années 1880. Les livrets recensent en outre les décorations de la Légion d'honneur française attribuées aux artistes étrangers : Jozef Israëls, gratifié d'une médaille de 3e classe à l'Exposition universelle de 1867, se voit décerner la Légion d'honneur au même moment ; l'attribution de sa médaille de 1re classe à l'Exposition universelle suivante, en 1878, coïncide aussi avec sa promotion au grade d'officier de la Légion d'honneur. Les artistes hollandais les plus importants de la période bénéficient tous au moins d'une mention honorable, que ce soit David Artz, Anton Mauve, Jacob Maris ou encore Isaac Israëls, le fils de Jozef. Les médailles permettent en outre d'attirer l'attention de l'administration sur un artiste et de susciter alors des achats de l'État, y compris plus tard au Salon. Hendrik Willem Mesdag, célèbre peintre de marines, présent dans les Salons parisiens et les Expositions universelles durant vingt ans, fait partie des artistes qui bénéficieront par la suite de ces achats[2].

21 **Johannes Bosboom**
L'Intérieur de la Nieuwe Kerk d'Amsterdam, vers 1850
Huile sur bois, 103,9 × 78,9 cm
Munich, Bayerische Staatsgemäldesammlungen,
Neue Pinakothek

L'Exposition universelle de 1855 à Paris est la première organisée par la France. Sur près de 83 000 mètres carrés occupés par les bâtiments de l'exposition, on comptabilise le chiffre faramineux de 24 000 exposants, toutes disciplines confondues. Quatre millions de visiteurs viennent la découvrir au Palais de l'Industrie, au bas des Champs-Élysées **(fig. 22)**. Les Pays-Bas sont représentés par 78 artistes, dont 60 peintres, qui ont envoyé 93 œuvres[3]. Les participants sont les peintres hollandais les plus importants à l'époque. Parmi ceux-ci, on peut citer David Bles, Jozef Israëls, Johannes Bosboom **(fig. 21)**, Cornelis Kruseman, Johannes Franciscus Hoppenbrouwers, Johan Hendrik Weissenbruch, Antonie Waldorp, Johannes Marinus Schmidt Crans, Barend Cornelis Koekkoek ou bien encore Johannes Hubertus Leonardus Haas.

Cette année-là, plusieurs peintres hollandais sont honorés par le jury, dont Bles, Bosboom et Louis Meijer qui remportent une médaille de 3e classe.

L'Exposition universelle de 1867 se déroule d'avril à octobre au Champ-de-Mars, dans un nouveau palais construit pour l'occasion, entre l'École militaire et la Seine, en face du pont d'Iéna. D'une superficie de 140 000 mètres carrés, sa forme circulaire rappelle un Colisée gigantesque, sans compter l'espace du jardin alentour[4] **(fig. 20)**. Cette année-là, les Pays-Bas sont la cinquième nation en termes de nombre d'œuvres présentées[5] avec environ 2 000 mètres carrés, occupés par 504 exposants, toutes disciplines confondues[6]. Sur le plan organisationnel, le commissaire délégué pour les Pays-Bas est J. Wittering, nommé membre du jury de classe

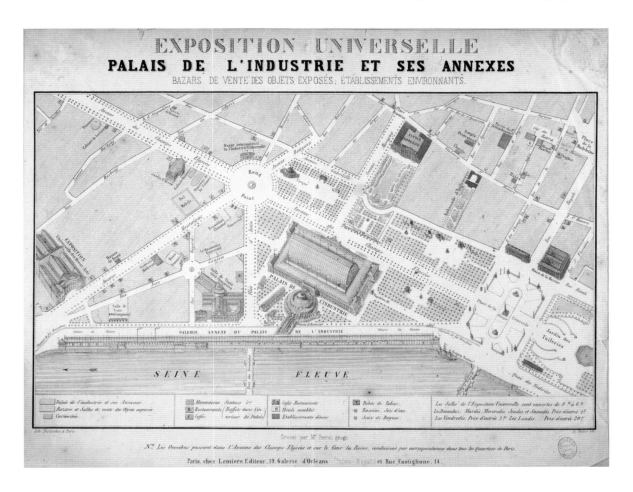

22 *Exposition universelle de 1855,*
plan du Palais de l'Industrie et de ses annexes, 1855
Lithographie
Paris, musée Carnavalet-Histoire de Paris

en peinture et en dessin[7]. Le peintre « hollandais » le plus admiré est Lawrence Alma-Tadema, présent avec 13 œuvres et qui reçoit une médaille de 2e classe.

L'Exposition universelle de 1878, à nouveau située sur le Champ-de-Mars, promet au visiteur un quasi-tour du monde en arpentant la « rue des Nations » **(fig. 23 et 24)**, une grande artère desservant tous les pavillons qui reprennent les architectures typiques nationales. La Hollande est installée dans un grand bâtiment en pierre et brique rouge, surmonté d'un petit beffroi, en référence à l'architecture du XVIIe siècle **(fig. 25)**. Le catalogue de l'exposition recense 103 artistes hollandais. Cette fois-ci, plusieurs peintres siègent à la commission néerlandaise chargée de la sélection des œuvres, dont David Bles, Charles Rochussen, Cornelis Springer,

Herman ten Kate et Pieter Stortenbeker (ces deux derniers étant aussi membres du comité exécutif). Tous les peintres hollandais réputés sont présents à Paris : Johannes Warnadus Bilders, Christoffel Bisschop, D. Bles, J. Israëls, H. Ten Kate, J. Maris, le couple Mesdag, C. Rochussen, Willem Roelofs, Henriette Ronner, A. Mauve, ou encore C. Springer.

L'Exposition universelle de 1889 **(fig. 26)** se tient une nouvelle fois au Champ-de-Mars. En sus de son objectif habituel, la manifestation célèbre aussi le centenaire de la Révolution française, avec une rétrospective couvrant un siècle d'art français. La monarchie néerlandaise refuse une participation « nationale » des Pays-Bas à cette célébration républicaine mais n'interdit pas les participations individuelles, coordonnées par les sociétés artistiques de La Haye et d'Amsterdam.

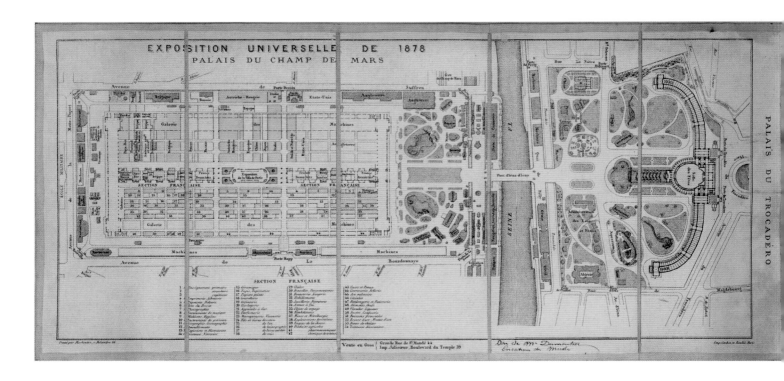

23   *Plan de l'Exposition universelle de 1878,*
palais du Champ-de-Mars, 1878
Estampe
Paris, musée Carnavalet-Histoire de Paris

24   *La Rue des Nations à l'exposition de 1878*
Supplément du *Monde illustré*, n° 1109, 1878
Paris, musée Carnavalet-Histoire de Paris

25   *Exposition universelle de 1878, section des Pays-Bas,*
pavillon des Pays-Bas situé rue des Nations, 1878
Tirage sur papier albuminé monté sur carton
Paris, Bibliothèque historique de la Ville de Paris

Cette année-là, c'est au tour du peintre Adolphe Artz de devenir vice-président du comité de la sélection hollandaise, assisté de Willy Martens. La Hollande est représentée par 88 artistes, qui exposent 288 peintures.

L'Exposition universelle de 1900 se déroule au Grand Palais et au Petit Palais, construits pour l'occasion, et dans divers bâtiments illustrant encore l'architecture d'un pays ou de ses colonies **(fig. 27 et 28)**. La manifestation présente la particularité de proposer en supplément une rétrospective d'un siècle – « Exposition centennale » –, ainsi que des œuvres emblématiques des vingt-huit pays participants. Les peintres hollandais montrent une centaine de tableaux. Aux côtés de Frederik Hendrik Kaemmerer, Therese Schwartze Hijner, Johannes Christiaan Karel Klinkenberg, Louis Apol,

on y retrouve des peintres bien connus du public, tels que H. W. Mesdag, J. H. Weissenbruch et Willem Cornelis Rip, ou encore J. Israëls **(fig. 29)**, qui obtient un énorme succès avec son *Marchand de bric-à-brac*, l'un des tableaux les plus commentés de la section.

À l'ombre du Siècle d'or hollandais

Tôt ou tard, les critiques qui s'intéressent à l'art hollandais contemporain font la comparaison avec les maîtres du Siècle d'or [8]. Ainsi de Louis Énault qui énonce : « L'école hollandaise a jeté un si vif éclat sur le monde qu'on est toujours tenté de beaucoup attendre des descendants de Rembrandt, de Ruysdaël, de Paul Potter, et de tant d'autres génies, dont les œuvres sont aujourd'hui encore l'objet d'une si légitime

26 Neurdein frères
Hollandaises à l'Exposition universelle de 1889, 1889
Négatif sur verre au gélatino-bromure d'argent
Paris, collection Roger-Viollet

27 **Léon et Lévy**
Vue de la section des Pays-Bas, Exposition universelle
de 1900, 1900
Négatif sur verre au gélatino-bromure d'argent
Paris, collection Roger-Viollet

28 **Léon et Lévy**
Vue de la pagode des Indes néerlandaises,
Exposition universelle de 1900, 1900
Vue stéréoscopique, 13 × 21 cm
Paris, collection Roger-Viollet

La peinture hollandaise aux Expositions universelles de Paris (1855-1900)

et si vive admiration [9]. » La première partie du XIXᵉ siècle coïncide avec la période de redécouverte de la peinture du Siècle d'or hollandais. Le voyage en Hollande est alors très en vogue, aussi bien pour les écrivains que pour les artistes. Les guides de musées fleurissent, et certains, ceux de Théophile Thoré par exemple, consacrés aux plus importantes villes et institutions hollandaises, deviennent des références. Les ouvrages sur la peinture ancienne se multiplient : en 1846, l'écrivain Arsène Houssaye publie une *Histoire de la peinture flamande et hollandaise*, tandis que trente ans plus tard, le peintre Eugène Fromentin donne, avec *Les Maîtres d'autrefois*, sa vision de la peinture du Siècle d'or (1876). Les peintres français ou étrangers présentent régulièrement au Salon des sujets

dit « hollandais » (moulins, paysages, troupeaux de vaches…) qui sont très prisés du public. Les collectionneurs s'emparent des tableaux de maîtres anciens qui passent en vente. La peinture hollandaise moderne pâtit dans un premier temps de cet engouement car elle est considérée comme prisonnière des modèles anciens, affadie par la répétition de motifs traditionnels [10].

En 1855, Maxime Du Camp établit un sévère constat : « La Hollande est bien déchue de ses anciennes splendeurs artistiques […]. En fait, tout cela est presque nul et démontre tristement la dégénérescence artistique d'un pays qui a été si glorieux jadis [11]. » En 1878, Charles Blanc, pour qui les Expositions universelles sont le moment où des pays entiers « confessent leur décadence [12] », renchérit : « Les peintres

29 Anonyme
Le Peintre Jozef Israëls, 1874
Tirage sur papier albuminé, 10 × 6 cm
Paris, musée d'Orsay

hollandais s'en tiennent presque tous au paysage et à la marine ; ils se reposent sur la nature du soin de nous émouvoir ou de nous bercer par ses aspects mélancoliques, ses tristes dunes, ses ciels aux nuages ambulants [13]. »

Les commentateurs se plaisent à relever l'un après l'autre, un « affaissement général » de cette peinture : « C'était mou, terne, souvent cotonneux ; c'était de la peinture endormie », notent ainsi Clovis Lamarre et René de La Blanchère à propos des envois hollandais de l'Exposition universelle de 1867 [14]. Pour le critique Gustave Planche, il est important que la Hollande apporte la preuve qu'elle sait encore peindre : « Il faut que toute exposition d'art hollandais puisse être le reflet – même déplacé dans le temps – de la vie hollandaise, quelque chose comme l'œuvre de van Cuyp. Il nous faut surtout, à nous Parisiens,

quelque chose qui fasse souvenir de la visite de Metzu [*sic*], du *Militaire avec la jeune femme* de Terburg [*sic*], de l'*Intérieur hollandais* de Pierre de Hooch. Il ne faut pas qu'en passant du Louvre au Champ-de-Mars, nous puissions nous imaginer qu'on a changé la Hollande [15]. » Louis Gonse le rejoint : « L'héritage de Gérard Dow [*sic*] et de Mieris, héritage mal entretenu, c'est-à-dire l'exagération de la minutie, une facture pauvre, dominèrent la peinture hollandaise à la fin du XVIIIe siècle. Elle se traîna ensuite dans l'imitation lourde et molle de notre école de l'Empire [16], puis fut à peine touchée du bout de l'aile par notre romantisme [17] et, durant de longues années, elle chercha péniblement à reconquérir le vieil esprit [18]. »

En 1855, les scènes de genre ou d'intérieurs domestiques, qui firent la renommée de l'école

30 **Jozef Israëls**
Seule au monde, 1878
Huile sur toile, 90 × 139 cm
Amsterdam, Rijksmuseum

La peinture hollandaise aux Expositions universelles de Paris (1855-1900)

hollandaise, abondent, tout comme les vues d'intérieurs d'église ou les scènes animalières. La marine, toujours très appréciée du public, met les critiques d'accord : on reconnaît aux peintres néerlandais la même supériorité naturelle qu'au XVIIᵉ siècle dans le traitement de la mer. Le paysage, genre alors considéré comme typiquement hollandais, est l'objet de toutes les attentions et de toutes les déceptions. C'est pourtant de lui que va venir le renouvellement total de la vision sur l'école hollandaise moderne. En alliant des thèmes traditionnels (la nature, la mer, les scènes populaires…) à une certaine modernité (une touche plus libre, des couleurs plus nuancées, le goût pour la description des paysages de forêt), les peintres de l'école de La Haye rassemblent tous les éléments du succès – et la critique française s'enthousiasme.

Souvent appelée « grey school », du fait de ses harmonies de couleurs grises et terreuses, cette nouvelle école privilégie tout d'abord un genre qui a fait les belles heures de la peinture hollandaise, celui du paysage. Elle s'inspire aussi en grande partie de l'expérience et de la technique des peintres de l'école française de Barbizon, qui, quant à eux, s'intéressent aux maîtres anciens hollandais.

La période est favorable à leur réception en France car la peinture de paysage y triomphe. Parmi les peintres sélectionnés pour participer à l'Exposition universelle de 1867 figurent d'ailleurs plusieurs paysagistes français de l'école de Barbizon, qui eurent une influence notable sur les artistes hollandais, dont Charles-François Daubigny **(fig. 31)**, Théodore Rousseau ou Constant Troyon. Par ailleurs, Rousseau est alors

31 **Charles-François Daubigny**
Parc à moutons, 1860
Eau-forte sur papier vergé de Hollande filigrané,
53,2 × 136,5 cm
Petit Palais, musée des Beaux-Arts de la Ville de Paris

32 **Willem Roelofs**
Paysage. Un bœuf vient s'abreuver à une mare, 1854
Huile sur toile, 125 × 200 cm
Lille, Palais des Beaux-Arts

La peinture hollandaise aux Expositions universelles de Paris (1855-1900)

honoré à la fois en tant que membre du jury de l'exposition et en tant qu'exposant à celle-ci, médaillé d'honneur, alors même qu'il était, trente ans auparavant, souvent refusé au Salon.

Charles Blanc, en 1867, rappelle ce que les maîtres de Barbizon doivent à la peinture hollandaise ancienne : « Il est juste de dire que beaucoup des nôtres ayant été façonnés par les vieux maîtres des Pays-Bas, nous devons restituer à la Belgique et à la Hollande les peintres qui sont venus apprendre chez nous comment on pouvait recommencer leurs ancêtres. C'est un prêté pour un rendu [19]. » Théophile Thoré, l'un des plus fervents adeptes du mouvement réaliste et grand défenseur de l'école de Barbizon (il est un ami d'enfance de Rousseau) va, à partir de la fin des années 1850, se montrer de plus en plus admiratif de l'œuvre de Willem Roelofs **(fig. 32)** et la juger selon les mêmes critères que ceux de Rousseau. Dans son guide consacré aux musées d'Amsterdam et de La Haye qu'il sous-titre « Études sur l'école hollandaise », Thoré (qui prend alors le pseudonyme de William Bürger) analyse la peinture hollandaise ancienne à l'aune du courant réaliste. Le mot « réalisme » est d'ailleurs plusieurs fois utilisé dans l'ouvrage lui-même et souligne les dettes réciproques entre ces deux écoles modernes et l'art du passé.

Le paysage hollandais moderne, Jozef Israëls et l'école de La Haye

L'Exposition universelle de 1878 correspond à la période de pleine expansion de l'école de La Haye, emmenée par Maris, Mauve, Israëls ou encore Mesdag, après le nouveau départ pris par la peinture hollandaise vers le milieu du siècle. Pour Léonce Bénédite, le retour à « la vraie tradition nationale » s'effectue grâce à l'observation de la nature [20]. Il attribue ce mérite à l'une des figures phares de la peinture hollandaise du moment, Jozef Israëls. Né à Groningue en 1824, élève de l'Académie des beaux-arts d'Amsterdam, Israëls peint d'abord des scènes d'histoire, qu'il abandonne pour les représentations de la vie contemporaine qui font sa renommée **(fig. 30)**. En France, il expose à la fois au Salon annuel et aux Expositions universelles. « Monsieur Israëls appartient un peu à la France », précisent ainsi non sans humour Lamarre et La Blanchère, déjà cités, en rappelant qu'Israëls a débuté en France au Salon de 1861 et qu'il y a connu le succès dès 1867 [21]. Tout le génie d'Israëls serait d'être parvenu à traiter la scène de genre avec une touche et des couleurs inédites, tout en lui donnant une nouvelle intensité d'effet et en conférant noblesse et grandeur à des thèmes issus de la vie laborieuse des pêcheurs hollandais [22]. Israëls serait ainsi le peintre qui aurait réussi à fusionner la tradition des maîtres hollandais du Siècle d'or et l'introduction des nouveautés issues de la peinture française.

Léonce Bénédite voit en Israëls le chef de file de toute une génération et met l'accent sur sa connaissance de la peinture française : « Il est venu en France pour y achever ses études, il a pu à ce moment être en contact avec le courant démocratique qui commençait à prendre la direction de l'inspiration artistique. Il est, toutefois, un type bien national, et ses scènes populaires [...] par leur sentiment profond d'intimité tiède et discrète, leur observation de la vie si pénétrante et si émouvante, ont créé un mouvement de naturalisme expressif qui a relevé entièrement l'école néerlandaise [23]. »

L'Exposition universelle de 1900 : quelle modernité pour l'école hollandaise ?

Au tournant du siècle sonne l'heure du bilan. D'une manière générale, la critique salue les efforts de la Hollande qui regagne sa place en matière de peinture, mais aussi de gravure [24]. Elle encense les œuvres de la « jeune génération » de l'école de La Haye, qui en réalité appartient déjà à l'ordre établi aux Pays-Bas. Reconnaissant le don de ces peintres pour l'observation de la nature, Léonce Bénédite s'interroge néanmoins sur le métier devenu plus lâche, moins précis et minutieux : « Ils sont peintres et même très peintres, on pourrait dire trop peintres. Pour traduire ces excellentes études sur la vie, parfois si émouvantes par leur sentiment profond d'intimité tiède et discrète, il y a trop souvent

33 Louis Willem van Soest
Matinée d'hiver, vers 1900
Huile sur toile, 80,5 × 110 cm
Paris, musée d'Orsay

La peinture hollandaise aux Expositions universelles de Paris (1855-1900)

un abus de cuisine épaisse, de bouillie noirâtre dans lesquelles il est à craindre que ces artistes perdent leurs meilleures qualités[25]. » En 1904, dans son rapport sur l'Exposition universelle de 1900, il souligne l'importance de la figure de Johan Barthold Jongkind (mort en 1891) et son influence sur Eugène Boudin et Claude Monet, tout en portant au pinacle celle de Jozef Israëls qui, pour lui, incarne le mieux le « nouvel idéal » de la peinture hollandaise, « un type bien national » avec ses célèbres scènes populaires. Il cite ensuite les frères Maris, George Hendrik Breitner[26], Bosboom, Mesdag ou Mauve, « dont les toiles grises de paysages peuplés de moutons ont été si longtemps admirées à nos Expositions annuelles[27] » (fig. 34). Seuls quelques nouveaux venus sur la scène parisienne retiennent son attention, tels que Ten Cate, Toorop, qui est vu alors comme le chef de file de la jeune école des symbolistes en Hollande, ou encore Louis Willem van Soest, dont le musée du Luxembourg acquiert en 1900 la sage *Matinée d'hiver* (fig. 33). Gustave Geffroy partage l'opinion de Bénédite et cite en référence les mêmes noms, notamment Jacob Maris et Jozef Israëls[28].

La voix dissonante d'Arsène Alexandre s'élève cependant, qui remarque le manque de renouvellement de la peinture hollandaise présentée à cette édition : « De conclusion, je n'en vois guère, puisqu'il n'y avait pas d'évolution ni de révolution visible dans l'exposition hollandaise par rapport à ce que nous connaissions déjà. L'on peut envier une école qui n'oublie pas la tradition, n'ignore pas le progrès, mais ne souffre pas trop des actuelles inquiétudes[29]. » Le critique fait ainsi allusion aux nouvelles voies picturales ouvertes depuis près d'une décennie déjà par plusieurs artistes hollandais et français, dont Vincent van Gogh, Kees van Dongen, dans le sillage de Paul Gauguin, Georges Seurat, Paul Signac. Alexandre pointe ainsi les limites de ces grandes expositions, incapables de prendre en considération les trajectoires individuelles et les propositions nouvelles des peintres qui évoluent en dehors des circuits officiels et qui annoncent les mutations picturales du XXe siècle.

34 **Anton Mauve**
Le Retour du troupeau, vers 1886-1887
Huile sur toile, 102,2 × 161,3 cm
Philadelphia Museum of Art

1789-1848

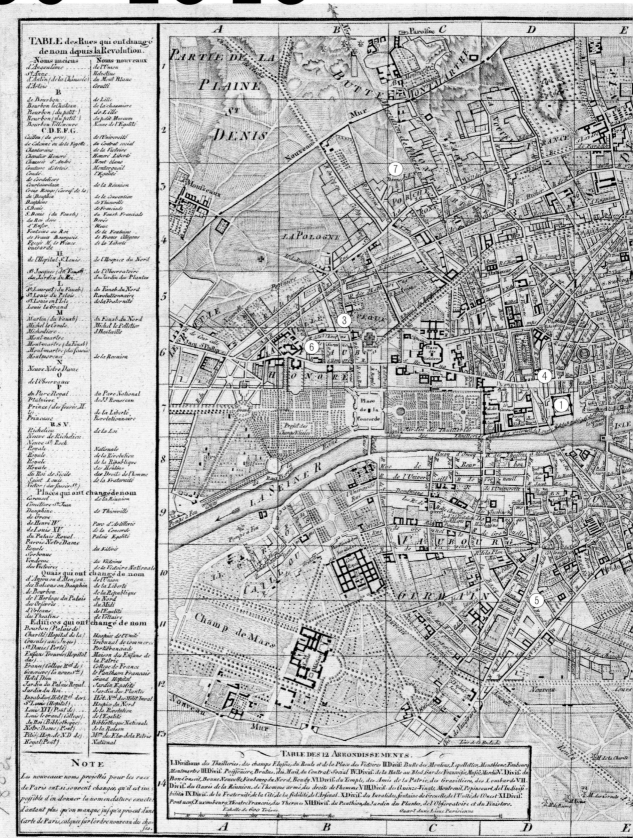

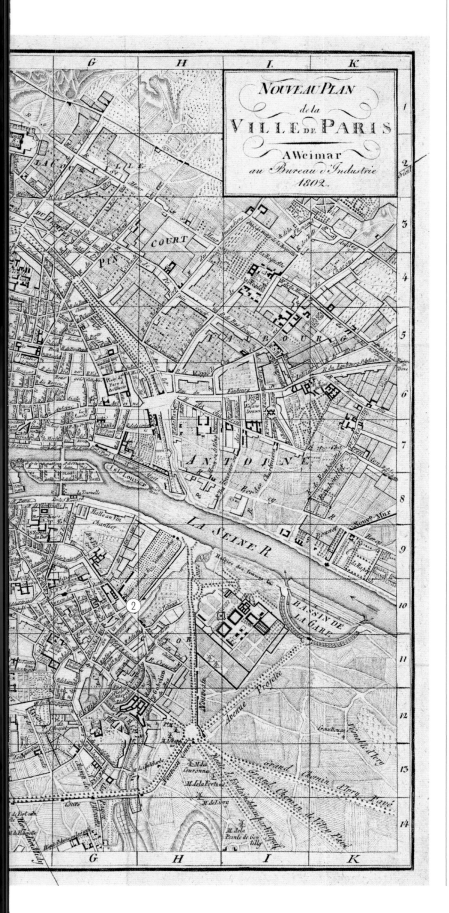

Gérard van Spaendonck
À Paris entre 1769 et 1822

① **Louvre** — 1769-1774 (atelier-logement)
② **Maison de Buffon, Jardin des Plantes** — 1774-1822
(atelier-logement)

Ary Scheffer
À Paris entre 1811 et 1858

③ **36, rue de l'Arcade** — 1811-1813 (atelier-logement)
④ **8, rue Batave** (aujourd'hui **rue de Valois**) — 1814-1819
(atelier-logement)
⑤ **1, rue du Regard** — 1819-1822 (atelier-logement)
⑥ **42, rue de la Ville-l'Évêque** — 1822-1830
(atelier-logement)
⑦ **7, rue Chaptal** (renuméroté 16 en 1841) — 1830-1858
(atelier-logement)

35 **A. Weimar, Bureau d'Industrie**
Nouveau plan de la ville de Paris, 1802
Chicago, University of Chicago Library

36 **Anonyme**
*Panorama de Paris n° 3 du Pont-Royal
jusqu'au quai de la Conférence,* 1828
Gravure et aquarelle, 21,3 × 40,7 cm
Paris, Bibliothèque nationale de France,
département des Estampes et de la Photographie

37 **Georg-Emmanuel Opiz**
La Sortie du n° 113, Palais-Royal, 1815
Encre et aquarelle, 34,7 × 26,8 cm
Paris, Bibliothèque nationale de France

38 **Anonyme**
Le Pont-Royal et le Pavillon de Flore, vers 1814
Plume et lavis à l'encre brune, 16,8 × 21,8 cm
Paris, Bibliothèque nationale de France

39   **Anonyme**
La Galerie du Palais-Royal, vers 1800
Encre de Chine et aquarelle, 31,5 × 45,3 cm
Paris, Bibliothèque nationale de France,
département des Estampes et de la
Photographie

40   **Frederick Nash**
Boulevard du Temple, le Café turc, vers 1820
Plume, encre brune et aquarelle, 8,5 × 14 cm
Paris, Bibliothèque nationale de France

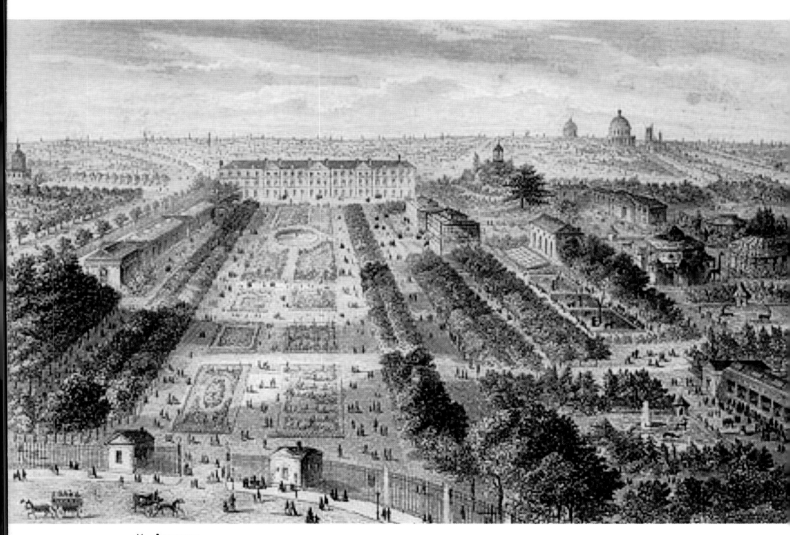

41 **Anonyme**
Panorama du Jardin des Plantes, vers 1860
Lithographie, 15,6 × 20,7 cm
Paris, Muséum national d'histoire naturelle

42   Nicolas Antoine Taunay
Portrait de Gérard van Spaendonck, 1813-1815
Huile sur toile, 51,5 × 42 cm
Bois-le-Duc, Het Noordbrabants Museum

Gérard van Spaendonck

PEINTRE DE COUR ENTRE SCIENCES ET SALON

Mayken Jonkman

Aux alentours de 1770, pour un artiste néerlandais jeune et ambitieux spécialisé dans la peinture de fleurs, il n'y avait pas de meilleur endroit que Paris pour faire carrière. La nature morte aux fleurs jouissait en effet alors d'un regain d'engouement dans les beaux-arts ; les fleurs, les plantes et, de manière plus générale, la nature occupaient une place de premier plan dans les sciences, ainsi qu'en témoignent notamment les publications de Jean-Jacques Rousseau[1].

Les nombreuses découvertes en matière de botanique faites dans le courant du XVIIIe siècle avaient éveillé un grand intérêt pour l'étude des végétaux et leur illustration. La vogue des fleurs dans les sciences et les arts se reflétait dans l'industrie du luxe : des fleurs de soie et de papier ornaient chapeaux, ceintures et coiffures, les parfumeurs utilisaient des fleurs fraîches pour composer leurs parfums et cosmétiques, les meubles s'enrichissaient d'intarses marquetées florales et les services de table se paraient de toutes sortes de décors à motifs fleuris.

Gérard van Spaendonck (1746-1822), qui arriva à Paris en 1769, allait se distinguer dans ces différents domaines **(fig. 20)**. Il ne lui fallut que quelques années pour accéder à la fonction de peintre de cour de Louis XV, dessiner des services de porcelaine pour la manufacture de Sèvres et travailler en tant que peintre botaniste au Jardin des Plantes. Il sut tirer parti de sa nationalité en s'affichant comme l'héritier des peintres de natures mortes néerlandais du XVIIe siècle, alors très prisés[2]. Étranger à Paris, Van Spaendonck parvint donc à se faire une place éminente dans la société française en diversifiant ses activités. Une fois sa situation établie, il se servit de sa position pour aider de jeunes artistes, tant néerlandais que français, à faire de même.

Des relations bien placées

Gérard van Spaendonck naît à Tilbourg le 22 mars 1746. Son père est intendant de la seigneurie de Tilbourg, qui est depuis 1710 la propriété du prince Guillaume VIII, landgrave von Hessen-Kassel. Lorsque celui-ci vend le domaine en 1754, Van Spaendonck père devient maire de Tilbourg ; il appartient donc *a priori* à l'élite de la ville et ses enfants doivent recevoir une bonne éducation. En 1762 cependant, Van Spaendonck, de confession catholique, est démis de sa charge suite à une résolution du Conseil d'État qui réserve désormais la fonction publique aux seuls protestants. Il est fort possible que ce changement dans la position sociale de son père ait contribué à ce que Gérard qui, à l'instar de son frère cadet Cornélis, s'affirme très tôt comme un dessinateur de talent, puisse choisir la vie d'artiste[3]. En 1764, Van Spaendonck se rend à Anvers pour y étudier les bases de la peinture de natures mortes auprès de Jacob III Herreyns, peintre décorateur sur meubles. Cinq ans plus tard, il est de retour dans son Brabant natal, où il participe aux décorations réalisées pour la visite du stathouder Guillaume V à Bréda, dont un arc de triomphe construit pour l'occasion.

Van Spaendonck arrive à Paris au cours de l'été 1769, alors que Louis XV règne sur la France en monarque absolu. En 1774, son petit-fils, Louis XVI, qui a épousé la princesse autrichienne Marie-Antoinette, lui succédera. Sous l'Ancien Régime, la noblesse et le clergé ont tous les pouvoirs, tandis que la société, y compris dans les domaines des arts et des sciences, est en grande partie régie par le patronage, un système complexe de relations personnelles librement contractées où un protecteur ayant autorité offre, souvent de manière tacite, son soutien à un subalterne ou à un client qui, en échange, lui doit loyauté et services. Le principe de réciprocité entre le protecteur et son obligé est caractéristique de ce type de réseau relationnel[4]. De fait, il n'est pas facile, surtout pour un jeune étranger inconnu, de s'y faire une place. Sans protecteur, il aurait donc été difficile à Van Spaendonck de réussir à Paris.

Durant ses premières années parisiennes, le jeune artiste se consacre à la peinture de miniatures et de tabatières, lesquelles sont alors le plus souvent ornées de portraits. Il est un des premiers à décorer ces petites boîtes de natures mortes aux fleurs **(fig. 44)**. À une époque où les articles de luxe constituent plus que jamais

43 **Gérard van Spaendonck**
Pierre François Legrand (graveur)
Tulipes, 1799-1801
Gravure au pointillé et aquarelle, 49,5 × 33,5 cm
Bois-le-Duc, Het Noordbrabants Museum

un élément essentiel de la vie de cour à Versailles, ses bibelots et petits tableaux séduisent les courtisans et la haute société [5]. Ces colifichets décoratifs finissent par attirer l'attention du fermier général Claude-Henri Watelet, un riche collectionneur et homme de lettres qui s'intéresse à l'art et à l'architecture paysagère, et qui publie des ouvrages sur ces sujets [6] ; ses livres sont si appréciés qu'il a été reçu à l'Académie royale de peinture et de sculpture en 1754 [7]. Watelet s'attache à soutenir les jeunes artistes, y compris financièrement, et à les introduire auprès de potentiels commanditaires [8]. L'œuvre de Van Spaendonck le charme tant qu'il ne tarde pas à proposer au jeune Néerlandais son appartement au Louvre pour que celui-ci puisse y travailler tranquillement [9]. Van Spaendonck est également régulièrement invité à Moulin-Joly, la résidence de campagne de Watelet près de Colombes, aux portes de Paris. C'est le lieu de villégiature à la mode des artistes, scientifiques, universitaires et courtisans ; même Louis XVI et Marie-Antoinette s'y rendront à plusieurs reprises [10]. Van Spaendonck utilise le jardin de Watelet comme un atelier, étudiant dans le détail les nombreuses espèces de plantes et de fleurs qui le composent, afin de les reproduire dans ses œuvres.

Désormais sous la protection de Watelet, Van Spaendonck ne tarde pas à devenir un artiste très sollicité. Une lettre écrite en 1774 par un certain Desplaces nous donne la mesure de sa popularité : les œuvres sur lesquelles Van Spaendonck travaille alors sont destinées à des diplomates, hommes politiques, nobles et autres représentants de la bonne société ; Desplaces nous apprend qu'une charge de travail trop importante

44 Gérard van Spaendonck
Nature morte aux fleurs, 1775-1800
Miniature à la gouache sur boîte en écaille de tortue,
env. 9 cm
Bois-le-Duc, Het Noordbrabants Museum

contraint l'artiste à refuser toute commande supplémentaire [11].

Toujours grâce à Watelet, Van Spaendonck fait la connaissance de Georges-Louis Leclerc, comte de Buffon, le célèbre naturaliste qui est depuis 1739 intendant du Jardin du Roi à Paris [12]. Dans ce jardin botanique situé sur la rive gauche de la Seine, des scientifiques et leur personnel cultivent avec soin tout un échantillonnage de plantes exotiques et indigènes. Dès lors, Van Spaendonck va donc pouvoir puiser son inspiration tout près de chez lui [13].

Le jeune peintre a dû faire forte impression sur Buffon car en 1774 le naturaliste lui obtient une charge de « peintre en migniature » à la cour. Concrètement, il est chargé de compléter la collection royale d'illustrations botaniques conservée au Jardin du Roi [14] **(fig. 45)**.

Ces illustrations, dont la première date du début du XVIIᵉ siècle, étaient traditionnellement peintes à la gouache sur vélin – la peau préparée d'un veau mort-né. Van Spaendonck est le premier à utiliser l'aquarelle au lieu de la gouache pour représenter les plantes. L'aquarelle permet en effet un rendu des couleurs beaucoup plus nuancé, et donc un résultat plus réaliste. Au total, Van Spaendonck réalisera environ cinquante-cinq dessins pour la collection. Sa charge au Jardin du Roi lui donnant droit à un logement de fonction, il quitte le Louvre pour la maison de Buffon, où un appartement lui est attribué **(fig. 46)**. Plusieurs scientifiques ont été logés dans ce bâtiment, parmi lesquels le botaniste André Thouin, administrateur du jardin et protégé de Buffon, et le naturaliste Jean-Baptiste Pierre Antoine de Monet, chevalier de Lamarck, lui aussi nommé au Jardin du Roi [15].

Une carrière d'académicien

C'est vers cette même époque que Van Spaendonck commence à peindre des natures mortes de grand format. Il compose avec minutie de luxuriants bouquets, représentant chaque fleur dans les moindres détails **(fig. 47)**. En 1777, il participe pour la première fois au Salon de Paris, où il montre quatre natures mortes ; cette exposition biennale où les artistes présentent leurs dernières œuvres au public se tient dans le Salon carré du Louvre. Dans le catalogue, le nom de Van Spaendonck est accompagné de la mention « agréé », qui indique que l'artiste a reçu l'autorisation d'exposer. Trois ans plus tard, il est admis à l'Académie. En 1781, le catalogue du Salon le donne comme académicien, ce qui signifie qu'il est désormais assuré d'avoir une place au Salon : il y exposera jusqu'en 1796, avec à chaque fois entre deux et quatre œuvres. Là encore, Van Spaendonck a sans doute bénéficié d'un soutien – probablement celui du puissant Charles Claude Flahaut de la Billarderie, comte d'Angiviller, un intime du roi Louis XVI et directeur général des Bâtiments du Roi, Jardins, Arts, Académies et Manufactures royales, dont il peut avoir fait la connaissance au Jardin du Roi. En effet, à partir de 1775, le comte d'Angiviller se voit confier l'organisation des Salons, et deux

45 **Gérard van Spaendonck**
Stipa uffraneius, 1784
Aquarelle sur vélin, 46 × 33 cm
Paris, Muséum national d'histoire naturelle

ans plus tard, il est nommé intendant du Jardin du Roi[16]. L'influent administrateur utilise sa position pour obtenir des commandes de l'État pour différents artistes. Ainsi, en 1784, il commande à la fois *Le Serment des Horaces* à Jacques-Louis David et une nature morte pour le roi à Van Spaendonck. Au Salon de 1785 sont présentés aussi bien la célèbre toile de David que le tableau de Van Spaendonck, représentant une corbeille de fleurs sur un piédestal d'albâtre[17] **(fig. 48)**.

Les critiques d'art sont unanimement enthousiastes quant au rendu de la nature par Van Spaendonck et au réalisme de ses fleurs. D'après Denis Diderot, celles-ci seraient si frappantes de ressemblance que le jeune duc d'Enghien, âgé de huit ou neuf ans, aurait demandé la permission d'en emporter une chez lui[18]. C'est précisément la représentation exacte de la nature, associée

au bon goût, à l'harmonie et à la grâce, qui, aux yeux des critiques, fait de Van Spaendonck un artiste brillant et un digne héritier des peintres de fleurs néerlandais du XVIIe siècle comme Jan van Huysum et Jan Davidsz de Heem[19].

Van Spaendonck a su rendre la nature morte traditionnelle attrayante pour sa riche clientèle en disposant ses compositions florales dans de magnifiques vases et en intégrant dans ses tableaux des références aux œuvres d'autres artistes en vogue. Ainsi, dans sa nature morte exposée au Salon de 1785, le bas-relief sur le piédestal montre une prêtresse romaine présentant une offrande à Éros. Van Spaendonck renvoie ici à une œuvre du célèbre sculpteur contemporain Clodion[20] (pseudonyme de Claude Michel). Le vase ovale enchâssé dans une monture en bronze qui figure près du piédestal est sans doute,

46 **Josephus Augustus Knip**
Vue de la maison de Buffon au Jardin des Plantes, Paris, vers 1805
Gouache sur papier, 45 × 60,9 cm
Paris, Fondation Custodia, collection Frits Lugt

Gérard van Spaendonck

47 **Gérard van Spaendonck**
Bouquet de fleurs dans un vase d'albâtre
sur un entablement de marbre, 1781
Huile sur toile, 100 × 82 cm
Bois-le-Duc, Het Noordbrabants Museum

48 **Gérard van Spaendonck**
Corbeille et vase de fleurs, 1785
Huile sur toile, 116 × 91 cm
Fontainebleau, Musée national du château

Gérard van Spaendonck

quant à lui, l'œuvre de Pierre-Philippe Thomire, un artiste également très sollicité par la cour.

Le succès que connaît alors Van Spaendonck est tel qu'en 1788 l'artiste est nommé conseiller, c'est-à-dire un des membres dirigeants de l'Académie. L'année suivante, la Révolution éclate, sonnant la disparition, en l'espace de trois ans, de presque toutes les institutions officielles de l'Ancien Régime, dont l'Académie royale de peinture et de sculpture [21]. Malgré les liens étroits qu'il entretenait avec la cour déchue, Van Spaendonck est étroitement impliqué dans la réorganisation de la vie culturelle en 1795. Avec son ami Jacques-Louis David, il est chargé de donner forme à l'Institut de France, qui doit succéder à l'Académie [22]. Après 1796, Van Spaendonck n'expose plus au Salon ; son attention est désormais requise par les cours de dessin qu'il dispense au Muséum d'histoire naturelle nouvellement inauguré au Jardin des Plantes (nouveau nom du Jardin du Roi). Cela n'empêchera pas Napoléon Ier, tout juste sacré empereur, de décorer en 1804 l'artiste néerlandais de l'ordre de la Légion d'honneur créé quelques mois auparavant, et que Van Spaendonck est parmi les premiers à recevoir [23].

Van Spaendonck professeur de dessin

Après le décès de Van Spaendonck en 1822, ses contemporains se souviennent essentiellement de son expertise comme professeur de dessin et de son caractère sympathique et diplomate [24]. Ainsi, le secrétaire de l'Académie des beaux-arts, Antoine Quatremère de Quincy, salue en lui « l'homme de mérite et l'aimable homme, un goût

49 **Antoine Chazal**
Hommage à Gérard van Spaendonck, 1830
Huile sur toile, 165 × 117,5 cm
Roubaix, La Piscine, musée d'Art et d'Industrie
André Diligent (dépôt du musée du Louvre)

parfait de délicatesse dans les sentimens, d'urbanité dans les manières, un jugement sain, un caractère modéré, un cœur droit, et par-dessus tout ce fonds de bienveillance inépuisable qui lui valut tant de reconnoissance et lui fit éprouver les douceurs constantes de l'amitié [25] » **(fig. 49)**. Selon cet auteur, le naturel courtois et sociable de Van Spaendonck faisait de lui un excellent professeur, ce que corroborent les propos de Georges Cuvier, alors directeur du Jardin des Plantes, qui affirme que c'est entièrement grâce à Van Spaendonck que le jardin botanique de Paris dispose désormais d'une multitude d'excellents dessinateurs [26].

Depuis sa création, le Jardin des Plantes, sous la direction de divers scientifiques, a toujours eu pour mission de collecter, conserver et étudier les espèces végétales, minérales et animales, exotiques aussi bien qu'indigènes. En 1793, deux nouvelles tâches viennent s'y ajouter : la transmission des savoirs acquis aux jardins botaniques et aux instituts agricoles de toute la France, ainsi que l'introduction d'animaux et de végétaux (exotiques) pouvant nourrir la population [27]. De fait, dans les années 1790, une large attention est accordée à la dissémination de l'arbre à pain – originaire d'Asie du Sud-Est – à travers le pays. Écrits et illustrations présentant des spécimens botaniques, minéraux et zoologiques constituent un aspect important de ces campagnes. C'est pourquoi Van Spaendonck est nommé « professeur d'iconographie naturelle » en 1793. Le ministre de l'Intérieur de l'époque, Jean-Marie Roland de la Platière, s'interroge sur le bien-fondé de ce choix : après tout, Van Spaendonck a été peintre de cour sous le règne de Louis XVI. Mais les douze scientifiques qu'emploie le Jardin

50 **Pancrace Bessa**
Tulipes violettes, prunus blanc, narcisses et chrysanthèmes roses, vers 1820
Huile sur papier, 44 × 57,5 cm
Collection particulière

Gérard van Spaendonck

des Plantes n'ont pas le moindre doute et balaient les hésitations de Roland. Si Van Spaendonck n'est plus chargé de compléter lui-même la collection de dessins botaniques sur vélin, il est désormais responsable de la bonne exécution de ceux-ci, confiée essentiellement à ses élèves, parmi lesquels Pierre-Joseph Redouté et Pancrace Bessa [28] **(fig. 50)**.

Son rôle principal consiste, cependant, à enseigner aux aspirants dessinateurs botaniques à travailler d'après nature sans pour autant oublier l'aspect esthétique et l'effet produit par l'illustration [29]. C'est en particulier ce dernier point qui a décidé les scientifiques du Jardin des Plantes à nommer Van Spaendonck professeur de dessin : si eux-mêmes sont tout à fait capables de dire si un dessin est scientifiquement correct, seul Van Spaendonck sait juger de la conformité d'une étude botanique aux exigences

esthétiques [30]. Grâce à ses efforts, le niveau artistique des vélins produits atteint des sommets. Van Spaendonck recrute personnellement les participants à son cours au moyen d'annonces insérées dans la presse [31] et prépare ses leçons avec beaucoup de soin. Il écrit ainsi à sa mère : « Je me prépare à donner mes cours en tant que professeur. Je commence dans quatre jours, et cela va durer environ trois mois. Le temps ne me laisse pas le loisir d'écrire davantage [32]. » Son cours s'étend donc sur un trimestre, à raison d'une leçon tous les deux jours, qui commence à 11 heures précises. Van Spaendonck apprend non seulement à ses élèves à représenter les végétaux, mais aussi les animaux et les minéraux [33]. Les jours pairs de la décade – la semaine de dix jours du calendrier républicain–, les cours ont lieu dans la bibliothèque du Jardin des Plantes, où se trouvent de nombreux animaux naturalisés et des squelettes [34]. L'enseignement de Van Spaendonck repose surtout sur l'apprentissage du dessin d'après nature, le maître passant d'un élève à l'autre afin de prodiguer ses conseils pour un rendu optimal du modèle sans jamais négliger l'effet et l'aspect artistique [35]. Sont également proposés des spécimens de toutes sortes de plantes, séchées ou fraîchement cueillies directement dans le jardin et préparées pour l'occasion par Van Spaendonck [36]. Celui-ci se sert en outre de la collection de vélins et, entre 1799 et 1801, publie à compte d'auteur une série de gravures spécialement conçue pour la formation des dessinateurs botaniques [37] **(fig. 51)**.

Si un grand nombre des candidats attirés par le cours de Van Spaendonck ne dépassent pas le niveau amateur – pour la plupart, des jeunes filles de bonne famille en quête d'une occupation pour passer le temps qui les sépare du mariage **(fig. 52)** –, quelques-uns feront carrière comme dessinateur botanique professionnel ou comme artiste [38]. La majeure partie des dessinateurs botaniques ou zoologiques employés après 1793 par le Jardin des Plantes ont en effet été formés par Van Spaendonck. D'autres exposent au Salon où celui-ci est régulièrement cité comme ayant été leur professeur au début de leur carrière.

51 **Gérard van Spaendonck**
Pierre François Legrand (graveur)
Mespilus germanica, 1799-1801
Gravure au pointillé et aquarelle, 49,5 × 33,5 cm
Bois-le-Duc, Het Noordbrabants Museum

52 **Philip van Bree**
*Vue de l'atelier de Jan Frans van Dael
à la Sorbonne*, 1816
Huile sur toile, 47 × 58 cm
Worcester Art Gallery (Stoddard Acquisition Fund)

Gérard van Spaendonck

Certains sont actifs dans les deux domaines, à l'instar de leur maître. Redouté, déjà mentionné, et le Flamand Jan Frans van Dael égaleront même le succès de leur ami et inspirateur **(fig. 53 et 54)**. Plusieurs anciens élèves trouvent aussi un emploi dans l'industrie des arts décoratifs, notamment à la manufacture de porcelaine de Sèvres ou à celle de tapisserie des Gobelins. Des artistes comme Élise Bruyère, Jacob Ber et Jan Frans van Dael voient plusieurs de leurs tableaux reproduits sur porcelaine, tandis que le Flamand Christiaan van der Pol crée des cartons pour les Gobelins [39]. Le fait que Van Spaendonck lui-même fournisse des dessins à la manufacture de Sèvres y est certainement pour quelque chose : ainsi, sa série de gravures est destinée non seulement à former les dessinateurs botaniques, mais aussi à servir de motifs aux ateliers [40].

En dehors de son cours de dessin, Van Spaendonck est aussi un mentor et un conseiller pour de jeunes artistes – notamment néerlandais et flamands – à Paris. Ainsi, c'est lui qui introduit Josephus Augustus Knip, originaire comme lui de Tilbourg et arrivé à Paris en 1801, auprès de l'ambassadeur de la République batave, Rutger-Jan Schimmelpenninck, lequel commandera trois tableaux à Knip peu de temps après **(fig. 55)**. La sœur cadette de Knip, Henriette Geertruida, ne tarde pas à venir à son tour à Paris où elle s'inscrit au cours de Van Spaendonck dans le but de devenir peintre de fleurs **(fig. 56)**. Van Spaendonck soutient également Knip en 1808 lorsque ce dernier se présente – avec succès – au Prix de Rome [41] ; Knip obtient ensuite une place dans l'atelier de David où il apprend à dessiner sur le vif, avant de partir en Italie en 1809.

53 **Jan Frans van Dael**
La Maison du peintre à la Sorbonne, 1828
Huile sur toile, 61 × 50 cm
Rotterdam, Museum Boijmans Van Beuningen

54 **Jan Frans van Dael**
Fleurs dans un vase d'agate sur une table de marbre, 1816
Huile sur toile, 84 × 66 cm
Paris, musée du Louvre, dépôt au Musée national
du château de Fontainebleau, 1889

Gérard van Spaendonck

Un catalyseur influent

En tant qu'artiste, dessinateur botanique, administrateur et professeur, Gérard van Spaendonck fut actif à la croisée des arts, des sciences, et de l'industrie de luxe des arts décoratifs. Le succès avec lequel il parvint à conjuguer ces différents domaines fit de lui un catalyseur important de son époque. Bien qu'il n'ait certainement pas été seul à l'origine de l'engouement sans précédent que rencontrèrent alors les motifs floraux dans les beaux-arts français, ses tabatières peintes, ses miniatures et ses décors pour la manufacture de Sèvres y ont incontestablement concouru. Ses tableaux ont en outre contribué à faire connaître du grand public français les peintres de natures mortes néerlandais du XVIIᵉ siècle. En formant de jeunes artistes au métier de dessinateur et de peintre botanique, il influa directement sur la production et la diffusion des représentations florales et végétales. Et en mettant à profit l'influence que lui donna sa position de « patron » dans le milieu artistique officiel – tout comme Watelet l'avait fait pour lui lorsqu'il était encore jeune et inconnu –, il ouvrit les portes à une nouvelle génération d'artistes.

(traduit du néerlandais par Kim Andringa)

55 Josephus Augustus Knip
Vue de l'arrière de l'ambassade batave à Paris du temps de l'ambassadeur Rutger-Jan Schimmelpenninck, 1801
Huile sur toile, 97 × 129,5 cm
Amsterdam, Rijksmuseum

56   Henriette Geertruida Knip
Nature morte avec roses, muguet et fruits, 1834
Huile sur toile, 57 × 42,2 cm
Bois-le-Duc, Het Noordbrabants Museum

Gérard van Spaendonck

57 **Ary Scheffer**
Autoportrait à l'âge de quarante-trois ans, 1838
Huile sur toile, 81,5 × 57 cm
Dordrechts Museum, legs Cornelia Marjolin-Scheffer, 1899

Ary Scheffer

LE SALON ET LES EXPOSITIONS PARALLÈLES

Mayken Jonkman

Curieusement, Ary Scheffer (1795-1858) n'a pas exposé au Salon parisien de 1836[1]. Depuis 1812, l'artiste néerlandais avait envoyé des œuvres à chaque édition du Salon, placé sous l'égide de l'Académie des beaux-arts, où elles avaient attiré l'attention d'un large public et de la presse[2]. En outre, entre 1830 et 1848, grâce à ses liens avec le roi Louis-Philippe et la famille d'Orléans, il réussit à obtenir la plus grosse part des commandes de l'État pour lui-même ou pour ses protégés. Le succès au Salon, les commandes de l'État et la qualité de membre de l'Académie, qui faisait la pluie et le beau temps dans le monde de l'art français, étaient alors pour un artiste les seules vraies possibilités de se faire connaître à Paris. Pourtant, bien qu'on ne lui ait proposé que tardivement dans sa carrière de rejoindre l'Académie, Scheffer est devenu l'un des artistes les plus célèbres et les plus influents de son temps. Il a su saisir toutes les opportunités que lui offrait l'Académie, sans toutefois hésiter à s'opposer à cette puissante institution lorsqu'il estimait qu'elle ne fonctionnait pas correctement. Ainsi en 1836, avec son refus de participer au Salon pour protester fermement contre le fait que le jury de l'exposition refusait systématiquement les œuvres des jeunes artistes d'avant-garde. Très sensible au sort de ces derniers, il les a soutenus chaque fois qu'il le pouvait. En faisant figure

d'« animateur d'art », il a fortement influencé la carrière de nombreux artistes et joué un rôle de premier plan dans les échanges artistiques.

Un libéral dans l'âme

Né à Dordrecht en 1795, Ary Scheffer est le fils des artistes Johan Bernard Scheffer et Cornelia Lamme. Après la mort de son époux, Cornelia décide en 1811 de partir pour Paris où elle estime que ses trois fils auront plus de chances de faire carrière. Pour une femme seule avec des enfants, Paris est alors une ville impitoyable ; la famille est régulièrement menacée de pauvreté au cours des premières années de son installation. À l'âge de seize ans, Scheffer – comme Théodore Géricault et Eugène Delacroix avec lesquels il se liera d'amitié – est élève à l'École des beaux-arts dans l'atelier du peintre d'histoire Pierre Guérin. L'artiste François Pascal Simon Gérard, dit le baron Gérard, lui aussi professeur aux Beaux-Arts, s'intéresse au jeune peintre néerlandais et l'introduit en 1817 auprès du marquis de La Fayette. Ary Scheffer passe l'été au château de ce dernier où il peint son portrait à plusieurs reprises. La Fayette, qui avait participé à la guerre d'Indépendance américaine, était un fervent opposant au régime des Bourbons en place, qui avait remis en cause tous les acquis de la Révolution[3]. Les trois frères Scheffer font rapidement partie de l'entourage de La Fayette et coopèrent activement aux complots contre les Bourbons[4]. En 1821, Gérard introduit Scheffer auprès d'un personnage encore plus important, Louis-Philippe, duc d'Orléans, qui recherche alors un professeur de dessin pour ses enfants ; Scheffer est nommé à ce poste peu de temps après[5]. C'est le début d'une longue relation de confiance entre l'artiste néerlandais et le duc d'Orléans **(fig. 58)**. La famille d'Orléans achète l'un des tableaux de Scheffer envoyés au Salon de 1827 et lui demande un an plus tard de réaliser une grande scène historique pour la galerie de peinture du Palais-Royal, la résidence des Orléans[6].

En juillet 1830, l'opposition aux mesures antilibérales du gouvernement aboutit à une révolution qui met fin au règne de Charles X, le dernier roi de la dynastie des Bourbons. Scheffer et ses frères se rangent immédiatement aux côtés des insurgés et jouent un rôle important pendant la révolution de Juillet. Lorsqu'il apparaît clairement que le roi a l'intention d'abdiquer, c'est Scheffer qui accompagne l'homme politique, journaliste et historien Adolphe Thiers à la résidence de Louis-Philippe pour lui proposer la couronne. Le duc d'Orléans accepte – et dès lors, Scheffer fait partie des intimes de la maison royale. Cette relation privilégiée lui procure assurément des avantages : il est ainsi immédiatement chargé de peindre le portrait officiel du roi, ainsi que celui de plusieurs autres membres de la nouvelle dynastie **(fig. 59)**. Il fait également partie des artistes sollicités pour réaliser des tableaux pour le musée de l'Histoire de France qui va bientôt voir le jour au château de Versailles[7]. En outre, la famille royale achète régulièrement les œuvres qu'il expose au Salon.

Scheffer peut enfin faire l'acquisition d'une maison avec un atelier de travail et des espaces de réception. Rue Chaptal, en plein cœur du nouveau quartier au nom éloquent de « Nouvelle-Athènes » (dans l'actuel 9ᵉ arrondissement de Paris) – très prisé des artistes –, il achète en 1830 une petite villa blanche aux volets verts, avec de chaque côté de la cour-jardin des bâtiments qu'il transforme en ateliers[8] **(fig. 60 et 61)**. Avec son frère Henry, il y dispense bientôt des cours. Comme dans la plupart des ateliers de l'époque, les élèves doivent d'abord copier les maîtres anciens et dessiner d'après des modèles en plâtre avant de pouvoir travailler d'après le modèle vivant. Mais à la différence de l'enseignement artistique traditionnel, les leçons des frères Scheffer mettent fortement l'accent sur l'expression du sentiment dans la peinture[9].

Scheffer a un cercle d'amis et de connaissances étendu et très varié. Il fréquente des artistes célèbres tels que Delacroix et Géricault, déjà cités, mais aussi Jean-Auguste-Dominique Ingres,

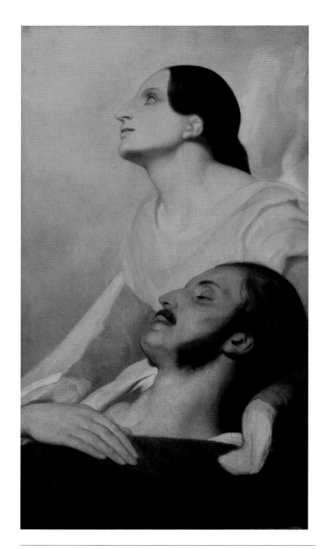

58 Ary Scheffer
Ferdinand-Philippe d'Orléans
sur son lit de mort, 1842
Huile sur toile, 80 × 45 cm
Dordrechts Museum, legs Cornelia Marjolin-Scheffer, 1899

59   Ary Scheffer
Le duc d'Orléans reçoit à la barrière du Trône
le 1er régiment de hussards commandé
par le duc de Chartres, 4 août 1830, 1836
Huile sur toile, 119 × 90,5 cm
Musée national des châteaux de Versailles et de Trianon

Ary Scheffer

Paul Delaroche, Horace Vernet, Jules Dupré et Théodore Rousseau **(fig. 62)**. Sa passion pour la musique et la littérature l'amène à rencontrer également les compositeurs Frédéric Chopin et Franz Liszt, la cantatrice Pauline Viardot, ainsi que la femme de lettres George Sand et les poètes Alphonse de Lamartine et Pierre-Jean de Béranger. En outre, il s'attire la sympathie d'historiens comme Henri Martin et Augustin Thierry, et côtoie de nombreux hommes politiques importants, notamment La Fayette et Adolphe Thiers, le baron Auguste Jean Marie de Schonen, député de l'Assemblée nationale, et François Guizot, ministre des Affaires étrangères et plus tard premier ministre de Louis-Philippe.

De nature loyale et serviable, Scheffer assiste régulièrement ses amis. Pauline Viardot, par exemple, écrit que Scheffer l'a sauvée au moment où elle était si malheureuse en amour qu'elle envisageait de se suicider[10]. Pierre-Jean de Béranger le sollicite également à plusieurs reprises. Ainsi, il obtient un rendez-vous avec Scheffer pour le jeune peintre aujourd'hui oublié Antoine Chintreuil, mais ce dernier lui fait faux bond à plusieurs reprises. Béranger, déçu, souligne dans une lettre à son protégé le discernement et l'obligeance de Scheffer, lui rappelant que l'artiste néerlandais occupe une position influente et qu'il pourrait agir favorablement sur sa carrière[11].

La bataille du Salon

Le Salon parisien, qui était encore au XVIIIe siècle une exposition réservée aux artistes et aux amateurs d'art, devient au siècle suivant, notamment pendant le règne de Louis-Philippe, un événement de masse. Il est bien difficile aujourd'hui de mesurer l'énorme influence qu'exercent alors ces expositions d'art contemporain. À une époque où les images sont encore loin d'avoir la place qu'elles ont maintenant, le Salon est pour une grande partie des centaines de milliers de visiteurs qui s'y pressent le seul moment de l'année où ils peuvent admirer une multitude de représentations en couleur. Pendant trois mois, les journaux et les revues abondent en comptes rendus et en critiques – souvent publiés sous forme de feuilleton – sur les œuvres exposées. Pour les artistes, c'est le moment le plus important, voire la seule occasion de présenter leur travail au public et à d'éventuels acheteurs. L'artiste et chroniqueur d'art Zacharie Astruc évoque dans ce contexte la « bataille sanglante des aspirations », ajoutant que « les coups d'épée sont des coups de pinceau – mais aussi mortels[12] ». Les œuvres – peintures, dessins et gravures – passent devant un jury qui peut les accepter ou les refuser. Celles qui sont sélectionnées sont ensuite accrochées les unes à côté des autres, de la plinthe jusqu'au plafond – ce qui fait que seule

60 **Ary Johannes Lamme**
Le Petit Atelier de la rue Chaptal, 1850
Huile sur toile, 60 × 73,5 cm
Dordrechts Museum, legs Cornelia Marjolin-Scheffer, 1899

61 Ary Johannes Lamme
Le Grand Atelier de la rue Chaptal, 1851
Huile sur toile, 60,1 × 73,4 cm
Dordrechts Museum, legs Cornelia Marjolin-Scheffer, 1899

Ary Scheffer

une petite partie d'entre elles peut être vue dans de bonnes conditions. On a conservé des centaines de lettres d'artistes qui se plaignent que les visiteurs ne peuvent pas voir convenablement leurs œuvres et qui supplient le comité d'accrochage de leur accorder un meilleur emplacement[13]. Il y va de la réputation des artistes et la plupart des visiteurs suivent l'opinion du jury : un emplacement bien visible est considéré par le public comme un signe de qualité de l'œuvre. En revanche, une œuvre marquée d'un « R » rouge au verso (pour « Refusé ») – qui indique traditionnellement que celle-ci n'a pas été sélectionnée – devient pratiquement invendable.

Pendant les premières années de la participation de Scheffer au Salon, ses peintures passent inaperçues – de dimensions relativement petites, elles sont probablement mal placées. Le peintre connaît cependant son premier succès en 1817 avec *La Mort de saint Louis*, qui obtient une médaille d'or. L'artiste et chroniqueur d'art Charles-Paul Landon loue les qualités supérieures du tableau pour le sentiment exprimé, mais en critique le style, qu'il trouve lourd et sec[14].

À cette époque, une lutte acharnée sévit entre l'« avant-garde romantique », à laquelle appartiennent Delacroix et Géricault, et le « classicisme académique » défendu par Ingres[15]. Au début, c'est de ses camarades d'étude Delacroix et Géricault que Scheffer se sent le plus proche, comme le montrent ses œuvres d'après 1825. On observe ainsi chez les trois artistes des compositions, une utilisation de la couleur et un traitement de la peinture – avec de larges traits de pinceau – comparables. Tous trois choisissent également des thèmes similaires,

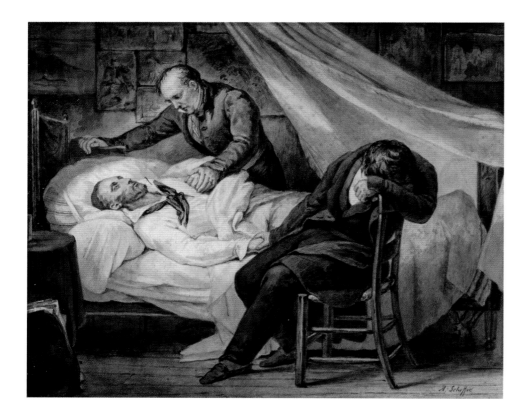

62 **Ary Scheffer**
Théodore Géricault sur son lit de mort, vers 1826
Aquarelle sur papier, 21,4 × 26 cm
Dordrechts Museum, legs Cornelia Marjolin-Scheffer, 1899

tirés notamment d'œuvres de Johann Wolfgang von Goethe ou de Walter Scott, ou s'inspirant d'événements contemporains **(fig. 63 et 64)**. Lorsque Scheffer présente son chef-d'œuvre *Les Femmes souliotes* au Salon de 1827, les critiques le rangent unanimement dans le camp de l'« avant-garde romantique [16] » **(fig. 65 et 66)**. Dans le courant des années 1830, il s'oriente vers des thèmes religieux. Ces œuvres, de facture beaucoup plus classique et lisse, le font rapidement considérer comme l'un des chefs de file d'un troisième courant auquel on a donné le nom de « juste milieu ».

Lorsque Louis-Philippe devient roi en 1830 et qu'il réorganise (entre autres) le monde de l'art, il essaie de ménager les partisans de tous les courants artistiques. Le style officiel – autrement dit le style préféré des Bourbons et de l'État –

était jusqu'alors le classicisme académique. La majorité des commandes de l'État et des récompenses était attribuée aux artistes qui peignaient dans ce style. L'opinion dominante était que le Salon devait présenter un art noble, aux antipodes des intérêts commerciaux. Parce qu'un artiste ne pouvait pas réaliser chaque année une œuvre d'une telle qualité – faute de temps – le Salon était organisé tous les deux ans. Mais les artistes de l'avant-garde romantique comme ceux du juste milieu, qui avaient besoin du Salon pour se faire connaître auprès du public et de la presse, plaidaient déjà depuis un certain temps pour que l'exposition devienne annuelle. Leur vœu se réalise en 1830, date à partir de laquelle l'exposition a lieu tous les ans, au grand dam et à la colère des adeptes du classicisme académique qui, estimant que l'idéal du Salon

63 Eugène Delacroix
Marguerite à l'église, vers 1826
Lithographie, 26,5 × 22 cm
Art Institute of Chicago

64 Ary Scheffer
Marguerite à l'église, 1832
Huile sur bois, 30 × 19,5 cm
Dordrechts Museum, legs Cornelia Marjolin-Scheffer, 1899

Ary Scheffer

65   Théodore Géricault
Le Radeau des naufragés de la frégate « La Méduse », 1818
Plume sur papier, 40,6 × 59 cm
Amsterdam Museum, legs C. J. Fodor

66 Ary Scheffer
Esquisse pour Les Femmes souliotes, 1823
Huile sur toile, 24,5 × 32,6 cm
Dordrechts Museum, legs Cornelia Marjolin-Scheffer, 1899

Ary Scheffer

a été bafoué, dénoncent ce qui n'est plus – à leurs yeux – qu'un « bazar » ordinaire.

Pour tenir compte des objections des partisans du classicisme académique, Louis-Philippe décide que la nomination des membres du jury doit relever désormais de la responsabilité de l'Académie des beaux-arts. Or, comme nous l'avons déjà dit, les membres de l'Académie ont généralement des idées plutôt conservatrices[17]. Les jeunes artistes réformateurs peinent donc à s'imposer au Salon pendant la monarchie de Juillet. En 1831 – un an après la révolution et alors que souffle un vent libéral –, seuls deux pour cent des œuvres envoyées sont refusées – mais deux ans plus tard, leur nombre atteint quarante et un pour cent. Dans les années qui suivent, le pourcentage d'œuvres refusées reste exceptionnellement élevé et les choix du jury sont souvent difficiles à comprendre. Scheffer et beaucoup d'autres artistes – parmi lesquels également des membres de l'Académie tels qu'Ingres et Delaroche – protestent contre les procédés du jury, notamment en adressant des pétitions au roi et en refusant d'envoyer des œuvres[18]. La réaction de Scheffer semble avoir porté à conséquence : ses œuvres ne sont pas refusées par le jury mais plus aucune médaille ne leur est attribuée. Les prix et les commandes qu'il obtient encore sont décernés par l'État et par la famille d'Orléans[19]. Plusieurs artistes de sa génération avec des états de service similaires se voient proposer de devenir membres de l'Académie, mais Scheffer est écarté. Il ne reçoit cette invitation que vers la fin de sa vie, alors que la situation politique et la composition de l'administration de cette institution ont complètement changé[20].

Protestations et expositions parallèles

Non seulement Scheffer et son frère Henry donnent des cours à des dizaines de jeunes artistes débutants, mais ils soutiennent aussi financièrement plusieurs d'entre eux, parmi lesquels Théodore Rousseau[21]. Ils ont fait sa connaissance vers 1830, et dès 1831, Rousseau donne l'adresse des Scheffer – 7, rue Chaptal – pour son envoi au Salon *Vue prise des côtes à Granville*[22]. Deux ans plus tard, Henry reçoit cette œuvre en échange des portraits

des parents de Rousseau qu'il a peints[23]. En outre, les Scheffer introduisent ses œuvres auprès des membres de la maison royale et d'autres collectionneurs influents. En 1834, l'œuvre que Rousseau envoie au Salon a déjà été acquise par Ferdinand-Philippe, le fils aîné de Louis-Philippe, à l'instigation d'Ary Scheffer[24]. Et en 1835, Rousseau n'est pas à Paris mais plusieurs études d'après la nature de sa main sont envoyées par le jeune frère du prince héritier, François Ferdinand, prince de Joinville, là encore sur les conseils de Scheffer[25]. Étant donné le nom de l'illustre expéditeur, les œuvres ne peuvent pas être refusées par le jury[26]. D'autres artistes n'ont pas cette chance : le jury recommence en effet à refuser des milliers d'œuvres. Pour protester contre ces refus, Scheffer, Ingres et quelques autres artistes de renom n'envoient pas d'œuvres l'année suivante[27].

67   Théodore Rousseau
Étude pour La Descente des vaches dans les montagnes du Haut-Jura, 1834-1835
Huile sur toile, 114 × 59,8 cm
La Haye, De Mesdag Collectie

68 **Théodore Géricault**
Officier de chasseurs à cheval de la garde
impériale chargeant, 1811-1812
Huile sur papier, 52,5 × 40 cm
Paris, musée du Louvre

Ary Scheffer

Mais Rousseau a d'autres ambitions : il passe l'été dans le Jura où il puise le sujet d'une peinture monumentale. Son atelier aménagé dans les combles d'une maison de la rue Taitbout, non loin de la rue Chaptal, étant trop petit, Scheffer lui propose de s'installer dans son propre atelier pour peindre *La Descente des vaches dans les montagnes du Haut-Jura* **(fig. 67)**. L'artiste néerlandais conseille en outre à Rousseau d'utiliser du bitume, un pigment de même composition que l'asphalte et qui donne des noirs veloutés, mais qui présente l'inconvénient de ne pas sécher et de continuer à s'assombrir[28]. Malgré le « tour de force » de Rousseau, le jury refuse impitoyablement son envoi en 1836. Il n'est pas le seul : presque toutes les œuvres des jeunes artistes novateurs, dont celles des paysagistes Jules Dupré et Paul Huet, sont refusées, mais aussi celles d'artistes consacrés tels que Delacroix et Louis Boulanger. Les esprits s'échauffent tellement que les peintres Horace Vernet et Paul Delaroche démissionnent du jury[29].

Les frères Scheffer décident alors de mettre leur atelier à la disposition des refusés pour exposer leurs tableaux[30]. Rousseau et Huet acceptent l'offre, de même que Delacroix qui y montre sa *Scène d'Hamlet*. Eugène Lami souhaite également présenter une œuvre parmi tous ces artistes « qui ont une réputation », mais le directeur adjoint du musée du Louvre, Alphonse de Cailleux, le lui interdit[31]. Ladite œuvre est probablement une commande de l'État, destinée au musée de l'Histoire de France à Versailles, et l'administration publique ne veut pas prendre part aux expositions de protestation, de peur de donner l'impression de se prononcer contre le Salon officiel. Des critiques tels que Gustave Planche et Théophile Gautier commentent l'exposition organisée dans l'atelier des Scheffer et incitent leurs lecteurs à aller la voir[32].

Bien que Scheffer choisisse en 1836 d'agir en dehors du Salon, il n'a pas encore complètement perdu sa confiance dans le système du jury. Il écrit à Rousseau, après le refus de son œuvre, qu'il ne doit pas renoncer et lui conseille d'entreprendre immédiatement un nouveau tableau à partir d'une de ses anciennes études pour pouvoir présenter à tout prix quelque chose au Salon suivant – car « vous êtes perdu sans cela[33] », ajoute-t-il. Mais le jury persiste dans sa manière rigide de sélectionner les envois et l'œuvre de Rousseau est à nouveau refusée. Au fil des années, Scheffer, ne croyant plus que le Salon aura jamais un jury raisonnable, cherche de plus en plus souvent des solutions marginales pour faire connaître ses œuvres et celles de ses amis. Il envoie encore des peintures au Salon à trois reprises – en 1837, 1839 et 1846 –, tout en décidant en parallèle d'exposer aussi son travail à l'étranger, notamment à Berlin, Boston, Bruxelles, Amsterdam et Londres. À Paris, il préfère participer à des expositions organisées par d'autres institutions que l'Académie. En 1846, l'Association des artistes montre des tableaux de maîtres contemporains dans un magasin parisien, le Bazar Bonne-Nouvelle. Scheffer est étroitement associé à l'organisation de cette exposition où il présente lui-même quatre œuvres, parmi lesquelles *Les ombres de Francesca da Rimini et de Paolo Malatesta apparaissent à Dante et à Virgile*[34] **(fig. 69)**. Il prend de plus en plus souvent part à la création d'associations d'artistes : en 1836, il a déjà fondé, entre autres avec Decamps, Delacroix, Rousseau et Dupré, le Cercle des arts, qui a pour but de défendre les droits des artistes et de stimuler l'entraide[35]. En 1847, il tente à nouveau d'organiser une exposition sans jury[36].

Dans les années 1830, Scheffer traite avec le marchand d'art et d'estampes Goupil & Cie, qui reproduit assez régulièrement ses œuvres à partir de 1835[37]. Il semble bien que, parallèlement aux expositions mentionnées plus haut, Scheffer considère ces reproductions – dont le nombre augmente de façon exponentielle après 1846 – comme le moyen le plus sûr d'attirer l'attention d'un large public sur son œuvre, surtout depuis qu'il ne participe plus au Salon. Il a même sans doute réalisé plusieurs peintures, parmi lesquelles son *Christ rémunérateur* de 1847, avec pour principal objectif d'en faire des gravures[38]. De fait, c'est en partie grâce aux nombreuses reproductions de ses œuvres en circulation que Scheffer est devenu l'un des artistes les plus fameux de son temps[39].

Scheffer, un relais essentiel entre les Pays-Bas et la France

Ary Scheffer était un idéaliste et surtout un homme prêt à monter au créneau pour défendre ses convictions et celles de ses amis. Les initiatives qu'il a prises – y compris en dehors du Salon – pour attirer l'attention sur ses œuvres, associées à la position influente qu'il a acquise dans le milieu de l'art français, ont fait de lui un artiste célèbre et lui ont donné la possibilité de venir en aide à des artistes néerlandais et français. Scheffer a fait en sorte que les œuvres de ses protégés soient exposées ; il a conseillé ceux-ci et a veillé à ce qu'ils obtiennent des commandes de l'État. Le jeune Octave Tassaert a ainsi reçu plusieurs commandes de tableaux pour l'aménagement du nouveau musée de l'Histoire de France au château de Versailles ; il a peint entre autres *Les Funérailles de Dagobert, roi des Francs, à Saint-Denis en janvier 638*, qui se trouve toujours à Versailles [40]. Certaines de ses œuvres peuvent être rapprochées de peintures de Scheffer. En effet, il est très probable que sa composition de *Ciel et enfer* de 1850 s'inspire du tableau *Les Douleurs de la terre* que Scheffer a entrepris vers 1845 **(fig. 70 et 71)**. Mais alors que les figures de Scheffer possèdent des qualités surnaturelles, celles de Tassaert sont des êtres charnels qui expriment une certaine sensualité malgré le sujet du tableau.

Grâce aux expositions et aux nombreuses reproductions qui l'ont fait connaître, l'œuvre de Scheffer a influencé d'autres artistes. Jozef Israëls fut si impressionné par la copie de Scheffer de *Marguerite au rouet* – qui appartenait alors à un collectionneur d'Amsterdam – qu'il décida

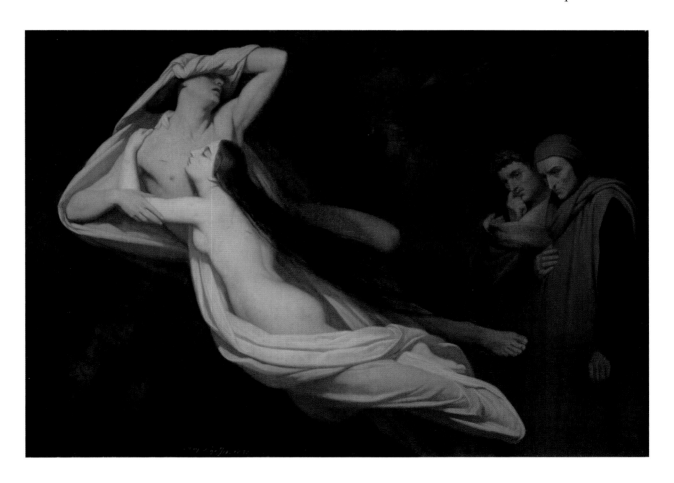

69 **Ary Scheffer**
Les ombres de Francesca da Rimini et de Paolo Malatesta apparaissent à Dante et à Virgile, 1854
Huile sur toile, 58,2 × 80,5 cm
Hamburger Kunsthalle

70 **Ary Scheffer**
Les Douleurs de la terre, vers 1845
Huile sur toile, 219 × 141,5 cm
Dordrechts Museum, legs Cornelia Marjolin-Scheffer, 1899

71 **Octave Tassaert**
Ciel et enfer, 1850
Huile sur toile, 212,5 × 143 cm
Montpellier Méditerranée Métropole, musée Fabre,
don Alfred Bruyas, 1868

Ary Scheffer

de se rendre à Paris en 1846 [41]. N'ayant pas réussi
à avoir une place dans l'atelier de Scheffer, il devint
l'élève de François-Édouard Picot, professeur
à l'École des beaux-arts. Cependant, il reçut
des conseils de Scheffer dont l'œuvre continua
de l'inspirer, même après son retour aux Pays-Bas.
Son tableau *Rêverie* de 1850 présente de
nombreuses ressemblances avec la *Jeune fille
en pleurs* peinte par Scheffer entre 1823 et 1827
(fig. 72 et 73). Il est tout à fait possible qu'Israëls
ait vu cette œuvre, qui ne quittait jamais l'atelier
de Scheffer, à l'occasion d'une visite à l'artiste
admiré en 1846. En 1849, Scheffer envoya
une autre version du même thème, intitulée
La Plainte de la jeune fille (datant à l'origine
de 1837 mais reprise ultérieurement),
au collectionneur rotterdamois Edward Levien
Jacobson. Comme la collection de Jacobson
pouvait être visitée sur rendez-vous, il est fort
probable aussi qu'Israëls y ait vu le tableau [42].
Même les scènes de pêcheurs auxquelles
Israëls devra plus tard sa renommée peuvent
être rapprochées d'œuvres de Scheffer, tel

L'Enterrement du jeune pêcheur de 1823 [43].
Scheffer a profité de sa position influente pour
soutenir notamment de jeunes artistes français ;
c'est en partie grâce à lui que plusieurs membres
de l'école de Barbizon, notamment Théodore
Rousseau, ont pu faire leurs premiers pas
dans le monde de l'art. Il a ainsi joué le rôle d'un
« animateur d'art » et stimulé les échanges
artistiques [44]. En outre, grâce à son œuvre connue
internationalement par la diffusion d'estampes,
par ses envois à l'étranger aussi bien que par ses
expositions aux Pays-Bas, Scheffer a fait figure
de modèle pour de nombreux jeunes artistes.

(traduit du néerlandais par Henri-Philippe Faucher)

72 **Ary Scheffer**
Jeune fille en pleurs, 1823-1827
Huile sur toile, 33 × 48 cm
Dordrechts Museum, legs Cornelia Marjolin-Scheffer, 1899

73 **Jozef Israëls**
Rêverie (Ophélie), vers 1850
Huile sur toile, 137 × 205 cm
Dordrechts Museum

Ary Scheffer

1849-1870

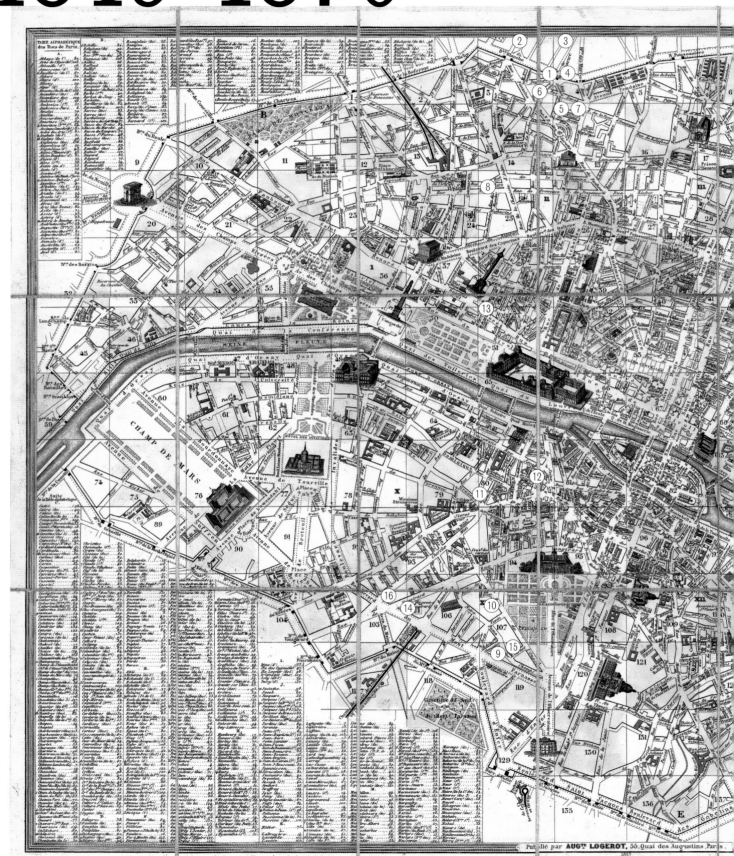

Johan Barthold Jongkind
À Paris de 1846 à 1890

① **1, place Pigalle** (aujourd'hui n° 7) — 1846-1847
(atelier-logement)

② **2, impasse Cauchois** (aujourd'hui **2, rue Cauchois**) —
1847-1848 avec Martinus Kuytenbrouwer
(atelier-logement)

③ **19 bis, rue Neuve-Pigalle** (aujourd'hui **rue Germain-
Pilon**) — 1848-1849 (atelier-logement)

④ **1, place Pigalle** (aujourd'hui n° 7) — 1850-1852
(atelier-logement)

⑤ **21, rue Bréda** (aujourd'hui **rue Henry Monnier**) —
1850-1852 (atelier-logement)

⑥ **60, rue Pigalle** (aujourd'hui **rue Jean-Baptiste Pigalle**) —
1852-1853 (atelier-logement)

⑦ **21, rue Bréda** (aujourd'hui **rue Henry Monnier**) —
1853-1855 (atelier-logement)

⑧ **69, rue Saint-Nicolas-d'Antin** (aujourd'hui
rue de Provence) — 1860-1861 (atelier-logement)

⑨ **9, rue de Chevreuse** (aujourd'hui n° 5) — 1861-1890
(atelier-logement)

Frederik Hendrik Kaemmerer
À Paris de 1865 à 1902

⑩ **62-64, rue de l'Ouest** — 1865-1866 (atelier-logement)
⑪ **33, rue du Dragon** — 1866-1868 (atelier-logement)
⑫ **3, rue de l'Abbaye** — 1868-1869 (atelier-logement)
⑬ **324, rue Saint-Honoré** — 1869-1870 (atelier-logement)
⑭ **95, rue de Vaugirard** — 1870-1899 (atelier-logement)
⑮ **70 bis, rue Notre-Dame-des-Champs** — 1892
(atelier-logement)
⑯ **25, boulevard du Montparnasse** — 1893-1899
(atelier-logement)

Jacob Maris
À Paris de 1865 à 1871

⑩ **62-64, rue de l'Ouest** — 1865-1866 (atelier-logement)
169, rue Marcadet (sur la face nord de la butte
Montmartre, **hors plan**) — 1866-1870 (atelier-logement)

74 Auguste Logerot
*Nouveau plan de Paris : à l'usage des promeneurs
d'après la méthode Zugenbuhler,
auteur d'un atlas universel*, 1857
Chicago, University of Chicago Library

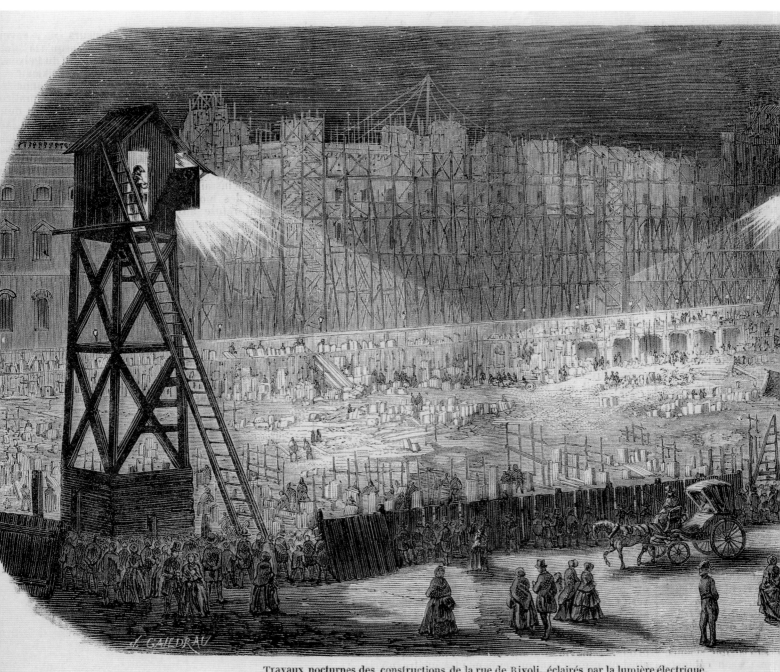

Travaux nocturnes des constructions de la rue de Rivoli, éclairés par la lumière électrique.

75 **Jules Galdrau**
«Travaux nocturnes des constructions de la rue de Rivoli,
éclairés par la lumière électrique », gravure publiée dans
L'Illustration, n° 605, 30 septembre 1854

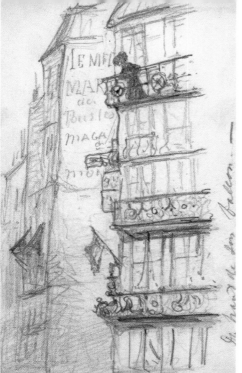

77 Martial (Adolphe-Martial Potément)
Le Siège de la Société des aquafortistes, 1864
Gravure, 35 × 46,7 cm
New York, The Metropolitan Museum of Art, The Elisha Whittelsey Collection,
The Elisha Whittelsey Fund, 1950

76 Maria Vos
*Figure sur le plus haut balcon
d'un immeuble à l'angle d'une rue de Paris*, 1867
Crayon sur papier, 15,5 × 32 cm
Amsterdam, Rijksmuseum

78 Morin
Aspects des boulevards à Paris en soirée, 1870
Lithographie, 24,8 × 33,3 cm
Paris, Bibliothèque nationale de France,
département des Estampes et de la Photographie

1849-1870

79 **Charles Marville**
Percement de l'avenue de l'Opéra (Paris, 1er et 3e arrondissements), vers 1877
Paris, musée Carnavalet-Histoire de Paris

80 **Charles Marville**
Les Bords de la Bièvre, au bas de la rue des Gobelins, vers 1865
Paris, musée Carnavalet-Histoire de Paris

81 **Anonyme**
Panorama de Paris : ponts sur la Seine, églises et immeubles, 1878-1890
Tirage sur papier albuminé, 16 × 20,9 cm
Amsterdam, Rijksmuseum

82 Johan Barthold Jongkind
Autoportrait, 1817
Huile sur toile, 18 × 15 cm
Musée d'Ixelles

Johan Barthold Jongkind

L'UNIVERS ARTISTIQUE DES CAFÉS

Stéphanie Cantarutti

« La Hollande est beau à peindre, mais pour exploiter ce qu'on fait comme étude,
il n'y a qu'à Paris où on trouve les juges pour encourager et pour dire ce qu'il faut
et ce qu'il manque. »
Lettre de JOHAN BARTHOLD JONGKIND à son marchand, Adolphe Beugniet, 14 octobre 1856

Johan Barthold Jongkind (1819-1891 ; **fig. 82**) passe près de quarante-cinq années de sa vie en France, dont une large partie à Paris, ce que l'histoire de l'art retiendra comme le meilleur de sa peinture [1]. Arrivé dans la capitale en 1846, à l'âge de vingt-sept ans, seuls un long retour en Hollande de cinq ans, de 1855 à 1860, puis quelques étés sur place de 1867 à 1869, l'éloignent momentanément de la France, qu'il voit lui-même comme sa seconde patrie. Il fait ce choix parce que Paris lui apporte davantage en termes d'opportunités et de reconnaissance. Lui qui parlera et écrira toujours un français assez rudimentaire trouve néanmoins sa place parmi les artistes novateurs de son temps. Et s'il conserve sa vie durant la nationalité néerlandaise, son faire-part de décès indique son prénom francisé (« Jean-Baptiste »), en hommage à la patrie qui a si bien su l'accueillir, où il a tant d'amis et de soutiens, et où il est enterré en 1891, à Saint-Égrève (Isère).

Jongkind entame ses études à l'Académie de dessin de La Haye en 1837 et suit en parallèle des cours dans l'atelier privé du peintre Andreas Schelfhout (1787-1870), connu pour ses paysages hivernaux et ses scènes de la vie de pêcheurs. Schelfhout, également professeur à l'Académie, l'encourage à pratiquer l'aquarelle, mais pas la peinture en plein air qu'il juge inutile. En 1845, sur l'invitation de son maître, Jongkind assiste aux festivités données à La Haye pour l'inauguration d'une statue à Guillaume le Taciturne [2], réalisée par Émilien, comte de Nieuwerkerke, sculpteur puis surintendant des Beaux-Arts en France. Le peintre français Eugène Isabey (1803-1886) compte au nombre des invités. Jongkind lui est présenté par Schelfhout. Isabey – artiste en vue et maître respecté en France – propose alors au jeune homme une place dans son atelier parisien. Ayant fait le tour de ce que l'enseignement artistique hollandais propose de plus novateur, ce dernier accepte bien volontiers la proposition. Grâce à l'entremise de Ludolph van Bronkhorst, secrétaire du prince d'Orange (futur roi Guillaume III) qu'il avait rencontré en 1843, Jongkind obtient une bourse du prince pour ses frais de voyage et de séjour.

La découverte de Paris et les circuits alternatifs

Son arrivée à Paris en 1846 s'annonce sous les meilleurs auspices : pourvu d'une bourse royale, Jongkind devient l'élève d'un célèbre artiste français, l'un des tenants du romantisme et héraut du Salon officiel. Formé à l'école des peintres anglais (John Constable, Joseph Mallord William Turner, Richard Parkes Bonington), Isabey excelle dans l'art du paysage, des scènes de naufrages et de batailles navales (**fig. 83**). Ces sujets sont très prisés en Hollande et Jongkind s'y montre déjà habile. Il s'installe près de l'atelier d'Isabey, avenue Frochot, non loin de la place Pigalle. Le quartier est le point de rendez-vous de jeunes artistes, notamment les Français Théodore Chassériau, Théodore Rousseau, Eugène Cicéri,

mais aussi des Belges et des Hollandais, avec lesquels il sympathise. Isabey conseille à son élève de diversifier sa formation. Jongkind s'inscrit alors dans l'atelier privé du peintre néoclassique François-Édouard Picot (1786-1868). Il y rejoint plusieurs de ses compatriotes dont Jacobus van Koningsveld, Jozef Israëls et Martinus Kuytenbrouwer, ce dernier devenant l'un de ses meilleurs amis. Il suit aussi les cours d'Alexandre Dupuis (« le père Dupuis ») qui possède une école de dessin rue Richer, à proximité. Parmi les artistes qu'il côtoie également à Paris en 1847, on peut citer Alfred de Dreux, spécialisé dans les représentations équestres, ou Charles Hoguet, peintre de marines. Jongkind conservera des liens très forts avec son maître Isabey, lequel l'aidera parfois à trouver des clients. Ensemble, ils se rendront régulièrement sur les côtes françaises

83 **Eugène Isabey**
Pont de bois, 1850-1886
Huile sur toile, 27 × 40 cm
Paris, musée du Louvre

pour y puiser l'inspiration. Leur relation prendra un tour plus ombrageux lorsque Isabey, soucieux de la santé de son protégé, lui fera remarquer sa vie déréglée par la consommation d'alcool[3].

Lors de ce premier séjour à Paris, Jongkind expérimente la vie de bohème. Faute de revenus réguliers et conséquents, il change régulièrement d'adresse dans le quartier. Son premier atelier, au 1, place Pigalle, lui est procuré par Isabey ; d'autres peintres y vivent et y travaillent, tels que Théodore Rousseau, Georges Michel et Martinus Kuytenbrouwer. C'est par leur intermédiaire qu'il rencontre Constant Troyon et visite son atelier. Jongkind déménage ensuite au 11, place Pigalle[4] ; il y reste la première partie de l'année 1847 avant de s'installer au 2, impasse Cauchois, où le peintre Félix Ziem possède également un atelier. Le 3 juin 1848, il repart pour quelques mois aux Pays-Bas

sur invitation de son protecteur, le prince d'Orange ; à son retour à Paris en 1849, il emménage au 19 bis, rue Pigalle. De 1851 à 1853, il est de nouveau domicilié place Pigalle, puis déménage encore pour un atelier situé 21, rue Bréda, sans doute par l'intermédiaire de Ziem qui y vit depuis 1852.

Le quartier est prisé en raison de ses loyers modestes (Jongkind note d'ailleurs qu'il est assez difficile de trouver un atelier vacant rue Bréda). Les cafés – lieux d'échanges de prédilection des jeunes artistes désargentés – et les restaurants bon marché y abondent. Pour toute cette population, c'est un quartier plaisant où il fait bon travailler, d'autant qu'un marché aux modèles s'y tient le dimanche matin ; les artistes s'y retrouvent pour discuter d'art passionnément. Son caractère aimable, jovial, permet à Jongkind de nouer très rapidement de fortes amitiés. Les biographes

84 **Camille Corot**
Pont Saint-Michel, 1823-1824
Huile sur toile, 46 × 63 cm
Paris, musée Carnavalet-Histoire de Paris

Johan Barthold Jongkind

85 Johan Barthold Jongkind
La Seine au Pont-Royal, pavillon de Flore, 1853
Huile sur toile, 26 × 41 cm
Paris, Fondation Custodia, collection Frits Lugt

du peintre s'accordent sur sa consommation excessive d'alcool, favorisée par sa fréquentation assidue des cafés parisiens. Il se rend ainsi souvent au fameux café d'artistes Le Divan Le Peletier, où il rencontre notamment Gustave Courbet et Charles Baudelaire en 1852[5]. Cette vie lui donne l'opportunité de se faire de nombreuses relations et de se tenir informé de l'actualité artistique. C'est ainsi que Jongkind surprend en 1853 une discussion très animée entre Gustave Courbet et Thomas Couture, qu'il rapporte dans sa correspondance : « La conversation est montée si haut que le public est resté devant la porte et que la rue était accomblée de monde[6]. » Les deux peintres finiront par s'entendre sur le fait que l'on parlera encore d'eux un siècle après leur mort.

Aussi curieux que cela puisse paraître, le peintre hollandais n'a laissé que très peu de dessins ayant pour thème les cafés parisiens : quelques devantures, des vues depuis la rue mais jamais de scène d'intérieur de ces lieux, au contraire de certains impressionnistes comme Degas, Manet ou Caillebotte. Sans doute cette vision « du dedans » n'était-elle pas une préoccupation de l'artiste, tout entier tourné vers la « rue » et la nature.

La boutique de Pierre-Firmin Martin dit « le père Martin », rue de Mogador – qui vend des œuvres de Jongkind –, est aussi un lieu de rendez-vous apprécié des artistes dans les années 1840-1850. C'est avec ce marchand que Jongkind tisse les liens les plus forts et les plus durables au cours de son séjour parisien. Il est une figure clé pour lui. Avant même son arrivée à Paris, c'est Martin qui procure au peintre une chambre pour s'y installer.

86 **Johan Barthold Jongkind**
Saint-Valéry-en-Caux, soleil couchant, 1852
Huile sur toile, 107 × 169 cm
Otterlo, Kröller-Müller Museum

Mme Martin, qui ouvre sa table aux artistes impécunieux, est aussi une figure réconfortante pour un jeune homme exilé tel que Jongkind. Celui-ci entretient une correspondance suivie avec Martin, y compris lorsqu'il retourne temporairement aux Pays-Bas, en 1855. Le père Martin soutient moralement et financièrement son protégé, et lui envoie régulièrement des avances sur les ventes de ses œuvres, en cherchant toujours à en obtenir le meilleur prix. Enfin, il faut souligner que c'est chez ce marchand que Jongkind rencontre Joséphine Fesser, « son ange gardien » et sa compagne à partir des années 1860. Chez Martin se forme aussi un groupe – baptisé le « cercle de Mogador[7] » –, constitué de Théodore Rousseau, Jules Dupré, Narcisse Diaz de la Peña, Constant Troyon, Félix Ziem et Jongkind. À l'exception du Hollandais,

tous ces peintres appartiennent à l'école de Barbizon – le mouvement le plus novateur du moment –, qui renouvellent l'art du paysage, en travaillant en plein air à Barbizon, non loin de la forêt de Fontainebleau. Jongkind rend visite à Troyon dans son atelier et note qu'il anime ses paysages de « torraux » et de « vasches » – des motifs récurrents de la peinture hollandaise. Troyon, ami intime de Diaz et de Dupré, s'efforce de trouver des clients à Jongkind. C'est par son entremise que celui-ci parvient à vendre en 1852 un *Port d'Anvers* à Détrimont, marchand de tableaux et encadreur au 27, rue Laffitte, la prestigieuse rue du commerce de l'art[8]. Troyon est représentatif de ce cercle d'amis qui le défendent et vendent ses toiles[9]. Lorsque, à la fin de sa vie, Jongkind visite le musée de Grenoble, il montre qu'il est resté fidèle aux

87   Félix Tournachon, dit Nadar
Portrait-charge de Jongkind, 1852
Fusain et rehauts de blanc sur papier brun, 22 × 15 cm
Paris, musée d'Orsay

œuvres des autres peintres français de sa génération en remarquant : « Il manque absolument toutes [*sic*] les artistes de notre temps ainsi qu'il n'y a pas Troyon – non plus Corrot [*sic*] ni Rousseau ni Decamps et de suite il manque Poittevin Roqueplan – Isabey Gudin Audigny [*sic*] Diaz et quelques autres lesquelles [*sic*] depuis 1830 – ou depuis 50 ans ont donner [*sic*] un caractère nouveau et de grand talent à la peinture [10]. »

Jongkind s'immerge dans la vie artistique de la capitale, bien plus dynamique que celle de La Haye ou même d'Amsterdam. Il visite les expositions, le Salon, et découvre le romantisme français. Il s'intéresse aux artistes importants du moment, Horace Vernet, Jean Auguste Dominique Ingres, Eugène Delacroix, Thomas Couture, mais aussi Camille Corot, fait chevalier de la Légion d'honneur en 1846, qui triomphe alors dans la peinture de paysage, en lui apportant une modernité où transparaît davantage la personnalité de l'artiste, mettant l'accent sur le rendu atmosphérique, l'émotion ressentie devant la nature et le souvenir du site représenté **(fig. 84 et 85)**. Jongkind, très admirateur de son travail [11], s'en inspire notamment pour ses vues des ponts de Paris, aux somptueux effets de lumière. En outre, il se lie d'amitié avec Louis-Auguste Lapito, un paysagiste dans le sillage de Corot, mais aussi avec Théodore Chassériau (qui le prit un jour comme modèle), Eugène Cicéri, un cousin d'Isabey, et encore Isidore Pils, rencontré chez Picot.

Dans les années 1840 à Paris, le paysage est un genre à succès, apprécié de la clientèle bourgeoise qui ne s'intéresse pas à la peinture

88   **Camille Corot**
Souvenir d'amis
Crayon sur papier
Localisation inconnue

d'histoire. Jongkind tente sa chance. En 1848, une de ses œuvres, un *Port de mer*, est acceptée au Salon. À partir de cette date, il y participe régulièrement, en tant qu'élève d'Isabey. S'il en est absent en 1849, il présente dès l'année suivante *Une vue du port de Harfleur* (œuvre acquise par l'État et déposée au musée de Picardie, à Amiens), suite à sa découverte avec Isabey des côtes normandes l'été précédent. Au Salon de 1852, il expose *Le Tréport, effet du matin* et une œuvre encore très « hollandaise », *Saint-Valéry-en-Caux, soleil couchant* **(fig. 86)**, qui lui vaut une médaille de troisième classe. En 1853, l'État français lui achète à nouveau une toile qui figure au Salon : *Le Pont de l'Estacade* (déposé au musée d'Angers). Malgré ses succès officiels, Jongkind connaît des difficultés financières. Son maître Isabey lui recommande de peindre des clairs de lune, un thème encore peu exploré par les artistes et susceptible de plaire aux amateurs. Il cède à cette veine plus commerciale, même s'il indique à ses amis qu'il n'oublie pas « le soleil » et « les combats de navale ». Il loge près de l'atelier de Félix Ziem (1821-1911), paysagiste de deux ans son cadet lié à l'école de Barbizon qui rencontre alors un grand succès commercial. Il espère que cette proximité géographique lui donnera l'occasion de croiser la route de quelques amateurs et marchands d'art qui pourraient s'intéresser à sa peinture et le prendre sous leur aile [12].

Jongkind fonde beaucoup d'espoirs sur ses présentations au Salon [13]. En 1855, dans une lettre au collectionneur Théophile Bascle qui l'invite à venir exposer à Bordeaux, il répond qu'il doit beaucoup travailler pour le Salon à Paris qui approche et ajoute : « Paris est unique pour moi par tant de célébrités [14]. » Il aimerait que ses œuvres soient acquises par l'État pour le musée du Luxembourg, alors musée des artistes vivants [15]. Rien ne le rend plus heureux que les coupures de presse vantant ses succès parisiens qu'on lui envoie des Pays-Bas **(fig. 87)**. C'est pour cette raison que Jongkind vit très douloureusement l'absence de reconnaissance officielle à l'Exposition universelle de 1855, à laquelle il s'est inscrit, par stratégie et afin d'augmenter ses chances, dans la section française. Il y présente trois vues de Paris qui,

bien qu'étant longuement commentées dans la presse, ne remportent pas de prix et ne sont pas achetées par l'État.

Il écrit à son ami Eugène Smits : « Ce que j'ai éprouvé, c'est incroyable. [...] On ne m'a même pas donné une mention honorable, rien [16]. » La critique, pourtant, se montre élogieuse à son propos. Edmond About souligne son originalité et voit en lui un « coloriste très fin », notant que « sa couleur un peu trop vive n'appartient qu'à lui, [que] ses paysages vivement ébauchés ont grand caractère, [que] ses tableaux se reconnaissent entre mille ; c'est un mérite assez rare aujourd'hui. Monsieur Jongkind s'est frayé dans l'art un fort joli chemin, qui n'est pas une route royale, mais où il marche seul et sans être coudoyé [17] ». Des accès de mélancolie, sans doute amplifiés par ses dettes (sa bourse a été supprimée en 1853), l'aggravation de son alcoolisme [18] et la mort de sa mère cette même année le plongent dans une profonde dépression. Il décide de rentrer aux Pays-Bas.

Son séjour à Rotterdam ne lui apporte pas le soulagement psychique escompté. Les Néerlandais lui reprochant de s'être présenté – à leurs yeux – comme un peintre français, il ne s'y sent plus chez lui. Ses amis français lui manquent. Le père Martin lui envoie périodiquement un peu d'argent pour subvenir à ses besoins élémentaires et cherche les moyens de le faire revenir à Paris.

Ce soutien, qui n'est pas seulement d'ordre financier mais qui prouve que l'on croit en son avenir à Paris, est primordial dans ces années douloureuses. Le 11 mars 1856, pour payer les dettes de son protégé, Martin organise une vente de ses œuvres à l'hôtel Drouot. Le produit de celle-ci, insuffisant, est complété par l'un de ses amis, Emmanuel Sano. Pendant ce temps, aux Pays-Bas, Jongkind travaille à des vues hollandaises qu'il envoie à Paris, mais il souffre physiquement et moralement. Durant cinq ans, il reçoit le soutien de ses amis Adolphe-Félix Cals, François Bonvin ou encore du comte Doria. En 1860, sa détresse est perçue comme une situation sans retour ; ainsi, le 20 février, Claude Monet écrit-il à Eugène Boudin à propos de Jongkind : « Vous savez que le seul bon peintre de marines que nous ayons, Jongkind, est mort pour l'art. Il est complètement fou. » Ses amis unissent

89 **Johan Barthold Jongkind**
Notre-Dame de Paris vue du quai de la Tournelle, 1852
Huile sur toile, 28 x 40,5 cm
Petit Palais, musée des Beaux-Arts de la Ville de Paris

Johan Barthold Jongkind

90 **Johan Barthold Jongkind**
Rue Notre-Dame, Paris, 1866
Huile sur toile, 39 × 47 cm
Amsterdam, Rijksmuseum

91   Johan Barthold Jongkind
Vue sur le boulevard Royal, 1877
Huile sur toile, 42,2 × 66,5 cm
Londres, The National Gallery, legs Kenneth et Helena Levy

Johan Barthold Jongkind

92 Johan Barthold Jongkind
Rue des Francs-Bourgeois-Saint-Marcel, 1868
Huile sur toile, 33,9 × 41,9 cm
La Haye, Gemeentemuseum

de nouveau leurs forces pour organiser une vente de leurs œuvres et permettre ainsi son retour. C'est Cals qui est dépêché pour aller chercher, non sans mal, un Jongkind très éprouvé. Contre toute attente, ce retour en France signe un nouveau départ personnel [19] et une nouvelle période de sa carrière plus florissante. En effet, ses œuvres séduisent un nombre croissant d'amateurs et commencent même à être copiées [20].

Peindre Paris

Malgré son succès commercial, et contrairement à ce qui fut le cas lors de son premier séjour parisien, la reconnaissance officielle se fait attendre et ses œuvres sont régulièrement refusées par le jury du Salon. En 1863, il n'en va pas autrement, mais cette année-là, l'État organise un Salon des refusés, où les œuvres de Jongkind peuvent être admirées par un large public. En 1873, il est tellement blessé par un nouveau refus de ses œuvres au Salon, qu'il décide de ne plus les y soumettre.

En 1862, Jongkind rejoint la Société des aquafortistes, qui vient juste d'être créée et qui compte parmi ses membres Corot, Daubigny, Manet ou encore Millet **(fig. 88)**. Baudelaire s'intéresse à son travail d'aquafortiste lors de la publication chez Cadart de l'album des *Vues de Hollande* (1862). Mais si l'artiste continue à produire des vues de son pays natal, la représentation de Paris, la transcription sur la toile de son urbanisation galopante l'occupent toujours davantage. Il reprend dans les années 1860 certains motifs traités lors de son premier séjour à Paris (la cathédrale Notre-Dame par exemple, **fig. 89**), tout en témoignant des changements architecturaux de la capitale. Il note lui-même que sa peinture sert à enregistrer les modifications et les démolitions de vieux quartiers. Dans une lettre qu'il adresse à un client en 1878, il indique : « J'espère que ce petit tableau a dû faire plaisir à votre oncle et qu'il a été content de voir peint une rue dans l'intérieur de Paris dans laquelle on respire l'air de la capitale de France dans les quartiers exacts du bon vieux temps,

93 **Eugène Boudin**
À la ferme Saint-Siméon, 1862
Aquarelle sur papier
Collection particulière, courtesy galerie Schmit, Paris

Johan Barthold Jongkind

encore heureux de se reconnaître avant tant de changements et qu'on ressent dans les mouvements de tous les braves gens l'un sur l'autre occupés à circuler[21]. » Après une visite à Jongkind en compagnie du critique Philippe Burty, Edmond de Goncourt raconte : « Il a sur son chevalet un tableau de la banlieue de Paris, avec une berge glaiseuse d'un tripotis délicieux. Il nous fait voir des vues de Paris, du quartier Mouffetard, des abords de Saint-Médard, où l'enchantement des couleurs grises et barboteuses du plâtre de Paris semble avoir été surpris par un magicien dans un rayonnement aqueux[22] » **(fig. 90 et 91)**. Tout l'intérêt du Paris de Jongkind réside aussi dans la vision qu'il donne des berges de la Seine, animées par les bateaux-lavoirs, les déchargeurs sur les quais mais aussi par le chatoiement des enseignes parisiennes visibles sur les murs des immeubles **(fig. 92)**. Émile Zola – dont Jongkind était avec Corot le paysagiste préféré – se montre également charmé par la modernité du peintre, qui prend comme sujet de ses tableaux, non pas une nature sauvage et verdoyante, mais des éléments quotidiens de la vie citadine. Nul besoin pour un artiste, selon lui, d'aller chercher des sites exotiques – Paris regorge de motifs intéressants et nouveaux à traiter : « Nos paysagistes ont depuis longtemps rompu franchement avec la tradition. [...] Le paysage classique est mort, tué par la vérité. [...] J'aime d'amour les horizons de la grande cité. Selon moi, il y a là toute une mine féconde, tout un art moderne à créer. Les boulevards grouillent au soleil ; [...] les quais allongent leurs berges pittoresques, la bande moirée de la Seine dont l'eau verdâtre est tachée du noir de suie des chalands ; les carrefours dressent leurs hautes maisons, avec les notes joyeuses des tentes, la vie changeante des fenêtres. [...] [Jongkind] a compris que Paris reste pittoresque jusque dans ses décombres, et il a peint l'église Saint-Médard, avec le coin du nouveau boulevard qu'on ouvrait alors. C'est une perle, une page d'histoire anecdotique. Tout un quartier, le quartier Mouffetard, est là, avec ses petites boutiques si curieuses de couleur, son pavé gras, ses murs blafards, son peuple de femmes et de passants[23]. »

« Chez lui, tout gît dans l'impression »

Jongkind est également vu par la critique comme le « père de l'impressionnisme ». Du point de vue technique, son utilisation de tons plus clairs, sa juxtaposition de taches de couleur et son exécution plus libre annoncent en effet la peinture impressionniste. L'artiste tient cependant toujours à opérer une recomposition du paysage dans son atelier. À partir de 1862, il passe ses étés en Normandie, au Havre, à Trouville, à Honfleur. Cette année-là, il fait la connaissance de Monet ; il fréquente la ferme Saint-Siméon, près du Havre, tenue par la mère Toutain[24] **(fig. 93)**. Jongkind y retrouve Boudin, Cals, Courbet, Corot, Daubigny, Monet, Diaz de la Pena[25] **(fig. 94)**. La liberté technique du Hollandais encourage les jeunes peintres à des audaces et des voies nouvelles. Son travail à l'aquarelle a une influence décisive sur Boudin et Monet : la spontanéité du rendu, l'aptitude à capter les changements de lumière et d'atmosphère leur plaisent immédiatement. Zola décrit ainsi sa manière : « Il a des largeurs étonnantes, des simplifications suprêmes. On dirait des ébauches jetées en quelques heures, par crainte de laisser échapper l'impression première. La vérité est que l'artiste travaille longuement ses toiles, pour arriver à cette extrême simplicité et à cette finesse inouïe[26]. » Le critique Jules Castagnary ne s'y trompe pas, qui déclare dès 1863 : « Je l'aime ce Jongkind. Pour moi, il est artiste jusqu'au bout des ongles. Je lui trouve une vraie et rare sensibilité. Chez lui, tout gît dans l'impression ; sa pensée marche, entraînant la main. Le métier ne le préoccupe guère, et cela fait que, devant ses toiles, il ne vous préoccupe pas non plus. L'esquisse terminée, le tableau achevé, vous ne vous inquiétez pas de l'exécution ; elle disparaît devant la puissance ou le charme de l'effet[27]. »

Les artistes qui l'ont côtoyé revendiquent très tôt cette influence sur leur travail[28]. Ainsi, pour Boudin, surnommé « le roi des ciels » **(fig. 96)**, « Jongkind commençait à faire avaler une peinture dont l'écorce un peu dure cachait un fruit excellent et des plus savoureux. J'en profitais pour entrer aussi par la porte qu'il avait forcée, et je commençais, quoique timidement encore,

94 **Alfred Sisley**
Le Remorqueur, le Loing à Saint-Mammès, vers 1883
Huile sur toile, 64,5 × 73,5 cm
Petit Palais, musée des Beaux-Arts de la Ville de Paris

95 **Claude Monet**
Vétheuil, 1879
Huile sur toile, 65 × 92,5 cm
Triton Collection Foundation

96 Eugène Boudin
Marée basse à Étaples, 1886
Huile sur toile, 79 × 109 cm
Bordeaux, musée des Beaux Arts

à offrir mes marines. [...] Plus on regarde ses aquarelles, plus on se demande comment cela est fait ! C'est fait avec rien, et pourtant la fluidité et la densité du ciel et des nuages sont traduites avec une précision inimaginable. [...] Rien ne lui impose, succès, honneurs, fortunes, attaques ni dédains. Il pèse les hommes. Il sait que Corot dédaigné est le maître du paysage, il sait que Monet injurié sera bientôt la gloire de son temps ; il sait démêler les faiblesses dans l'art d'Isabey ou de Troyon [29] » **(fig. 97)**. Monet évoque aussi cette influence lors de son séjour à Honfleur avec Boudin et Jongkind : « [Ce dernier] se fit montrer mes esquisses, m'invita à venir travailler avec lui, m'expliqua le pourquoi et le comment de sa manière et, complétant par là l'enseignement que j'avais déjà reçu de Boudin, il fut à partir de ce moment mon vrai maître. C'est à lui que je dois l'éducation définitive de mon œil [30]. » Manet reconnaît que Jongkind est bien le père de l'école des paysagistes de cette époque et Pissarro note que « le paysage sans Jongkind aurait eu un aspect totalement différent ». Edmond de Goncourt le situe à la base même de l'évolution de la peinture de paysage française : « Une chose me frappe, c'est l'influence de Jongkind. Tout le paysage qui a une valeur, à l'heure qu'il est, descend de ce peintre, lui emprunte ses ciels, ses atmosphères,

ses terrains. Cela saute aux yeux et cela n'est dit par personne [31]... » La même conclusion est apportée, deux ans avant la mort du peintre, par Paul Signac. Dans son ouvrage *De Delacroix au néo-impressionnisme*, il octroie à Jongkind une position de pionnier – « le premier », dit-il, qui « répudie la teinte plate, morcelle sa couleur, fractionne sa touche à l'infini et obtient les colorations les plus rares par des combinaisons d'éléments multiples et presque purs [32] ». Et dans celui de 1927, sobrement intitulé *Jongkind*, glorifiant une nouvelle fois le talent de dessinateur du Néerlandais, Signac affirme que Jongkind représente en définitive le « fort maillon qui doit raccorder à la chaîne de nos amis coloristes de Fontainebleau et de Ville-d'Avray celle de nos impressionnistes dont il est le génial précurseur [33] ».

97   Claude Monet
La Gare Saint-Lazare, 1877
Huile sur toile, 54,3 × 73,6 cm
Londres, The National Gallery

98 **Matthijs Maris**
Portrait de Jacob Maris, 1857
Huile sur papier marouflé sur bois, 40 × 33 cm
Amsterdam, Rijksmuseum

Jacob Maris

QUITTER LA VILLE : DE PARIS À BARBIZON

Maite van Dijk

« Paris a fait de Jacob Maris un peintre paysagiste », concluait l'historien de l'art Max Eisler en 1913 à propos de la période française de Maris[1]. De prime abord, ces paroles peuvent sembler contradictoires. Paris n'était-elle pas en effet la métropole des Grands Boulevards animés, des immeubles majestueux et des plaisirs ? Mais dans les années 1860, lorsque Jacob Maris (1837-1899) se rend à Paris, les intérieurs parisiens – les galeries, les salons et les appartements – abondent en peintures et dessins montrant des forêts sauvages, des rivières idylliques et des scènes de la vie paysanne. Vers le milieu du XIXᵉ siècle, le paysage est devenu le genre le plus important de la peinture française. Les artistes ont abandonné le paysage classique et romantique pour peindre des vues sobres de la nature de tous les jours. Vers 1850, les critiques d'art français évoquent une ère nouvelle, où la peinture d'histoire, admirée jusqu'alors comme le genre le plus élevé et le plus intellectuellement exigeant, aurait définitivement cédé la place au paysage. À l'occasion du Salon de 1859, le critique d'art Maxime Du Camp parle d'une « nouvelle révolution » et considère le paysage « comme le genre artistique le plus important » de l'époque[2]. Il fait allusion aux grandes toiles de Théodore Rousseau, Charles-François Daubigny, Constant Troyon et Jean-François Millet, dans lesquelles ses contemporains voient des représentations monumentales d'un paysage français insignifiant.

Travailler dans les bois

Cette prédilection nouvelle pour la nature fait que de nombreux artistes quittent la ville, à la recherche de paysages pittoresques. Le petit village de Barbizon, situé à une soixantaine de kilomètres au sud-est de Paris, dans la forêt de Fontainebleau, devient très vite l'une de leurs destinations préférées. Ancien domaine de chasse des rois de France depuis le Moyen Âge et site préservé, la forêt de Fontainebleau, qui compte parmi les plus grandes et les plus belles de France, a échappé à l'agriculture comme à l'industrie, et abrite des arbres séculaires et des rochers magnifiques **(fig. 99 et 100)**. À partir des années 1820, quelques artistes français viennent régulièrement à Barbizon pour travailler dans les bois et les bourgades des environs. Le village est facilement accessible depuis Paris – un train au départ de la gare de Lyon y conduit même directement à partir des années 1850 – et à l'auberge du père Ganne, le toit est accueillant et la chère est bonne. Plusieurs peintres, notamment Théodore Rousseau et Jean-François Millet, s'installent d'ailleurs définitivement à Barbizon[3].

La pratique du dessin et de la peinture en plein air prend de l'importance et fait couler beaucoup d'encre. Les nombreuses peintures, caricatures et anecdotes évoquant des artistes qui parcourent la forêt avec leurs toiles et leurs boîtes de couleurs en témoignent. Certes, le travail en extérieur était déjà chose courante depuis le milieu du xviiie siècle, mais les peintres se limitaient alors à la réalisation de dessins et d'esquisses à l'huile qu'ils transposaient ensuite à l'atelier dans des compositions élégantes et équilibrées. De nouveaux outils comme des chevalets et des boîtes de couleurs portatifs viennent grandement faciliter leur mobilité. Des innovations telles que les tubes de peinture (à partir de 1839), la peinture à l'huile à séchage rapide et de nouveaux pigments jouent également un rôle essentiel dans l'émergence de la peinture en plein air [4].

Se détachant de la tradition académique, qui privilégie le récit et considère que la facture du tableau doit rester invisible, les peintres de Barbizon préfèrent représenter la nature qu'ils ont devant les yeux et souligner la matérialité du tableau en appliquant la peinture de manière explicite et en laissant leurs toiles à l'état d'ébauche, voire inachevées [5].

Ces paysages sobres – souvent de grand format et à l'aspect esquissé – font fureur au Salon de Paris à partir des années 1850. Dans les expositions, on ne compte plus les tableaux montrant des arbres remarquables, des mares mystérieuses et des rochers imposants de la forêt de Fontainebleau, ainsi que des scènes de la vie paysanne de Barbizon et des alentours. Les critiques ne tarissent pas d'éloges sur la nouvelle école de paysage ; l'État français fait l'acquisition de plusieurs toiles pour

99 Camille Corot
Lisière de la forêt de Fontainebleau, 1850
Huile sur papier marouflé sur toile, 29 × 43 cm
La Haye, De Mesdag Collectie

les collections nationales et les achats d'œuvres de peintres de Barbizon se multiplient au sein de la bourgeoisie. Les paysages foisonnent dans le commerce de l'art parisien et séduisent rapidement les collectionneurs étrangers.

Le paysage français et les Pays-Bas

Ces paysages français d'une nouvelle facture intéressent immédiatement des collectionneurs néerlandais. Ainsi, le négociant en charbon C. J. Fodor et le parlementaire Simon van Walchren van Wadenoyen en achètent dès avant 1860 [6]. Fodor lègue sa collection à la Ville d'Amsterdam en 1860 à la condition que soit construit un musée pour l'accueillir – trois ans plus tard, l'ouverture du Museum Fodor sur le Keizersgracht permet au public néerlandais

de l'admirer pour la première fois. Cette collection comprend entre autres une peinture de Charles Jacque, que Fodor a acquise à Paris en 1858 à la vente de la succession Abraham Willet, ainsi que des œuvres de Rosa Bonheur, qui allait peindre dans la forêt de Fontainebleau en habits d'homme. Fodor possédait également une toile de 1839 de Georgius Jacobus Johannes van Os **(fig. 103)**, l'un des premiers artistes néerlandais à s'être rendu à Barbizon pour peindre le paysage sur place. Les Expositions des maîtres vivants qui se tiennent à La Haye et à Amsterdam permettent aussi d'étudier des œuvres de peintres de Barbizon – *Paysage boisé* de Constant Troyon y figure déjà en 1844 –, bien que le nombre d'exposants étrangers n'augmente véritablement que dans la seconde moitié du XIXe siècle. Des artistes tels que Daubigny, Decamps, Troyon

100 **Jacob Maris**
Rochers près de Barbizon, 1864
Huile sur toile, 30 × 41 cm
Ryswick, Rijksdienst voor het Cultureel Erfgoed

101 **Jozef Israëls**
Cottage Madonna, vers 1867
Huile sur toile, 134,6 × 99,7 cm
Detroit Institute of Arts, legs Nell Ford Torrey

102 **Jean-François Millet**
Femme faisant manger son enfant (La Bouillie), 1867
Huile sur toile, 114 × 99 cm
Marseille, musée des Beaux-Arts

et Courbet sont alors régulièrement présentés dans ces expositions[7].

L'intérêt pour l'école de Barbizon prend un essor considérable dans les dernières décennies du XIXᵉ siècle. Les collectionneurs néerlandais sont de plus en plus nombreux à acquérir des œuvres de ses représentants, et les collections du peintre de l'école de La Haye Hendrik Willem Mesdag (La Haye, De Mesdag Collectie), du libraire haguenois W. J. van Randwijk et de la baronne Van Lynden van Pallandt (toutes les deux léguées au Rijksmuseum d'Amsterdam) font partie des plus grandes et des plus belles du pays[8]. À la mort de certains maîtres de Barbizon dans les années 1870 (Daubigny, Millet, Troyon, Diaz de la Peña), le goût pour leurs œuvres s'accroît fortement en France, en Grande-Bretagne et aux Pays-Bas.

Aujourd'hui, l'école de Barbizon est très bien représentée dans les collections publiques néerlandaises, aussi bien quantitativement – avec deux cent cinquante œuvres environ – que qualitativement[9].

Des Néerlandais à Barbizon

À l'instar des premiers peintres français qui sillonnent la forêt autour de Barbizon, des artistes néerlandais, tel Van Os précédemment cité, ne tardent pas à s'intéresser à la région. Grâce à une bourse du prince d'Orange, Martinus Kuytenbrouwer part étudier à Paris en 1847, où il fait notamment la connaissance de Théodore Rousseau. Kuytenbrouwer se rend presque immédiatement à Fontainebleau, comme le montrent le tableau qu'il envoie à une exposition

103 Georgius Jacobus Johannes van Os
Un bois à Fontainebleau, 1839
Huile sur toile, 62 × 48 cm
Amsterdam Museum, legs C. J. Fodor

à La Haye en 1847 et le dessin de paysage qu'il adresse au roi[10] **(fig. 104)**. La région lui fait si forte impression qu'il achète une maison à Avon, près de Fontainebleau. Jozef Israëls se rend lui aussi à Barbizon dès son premier séjour à Paris en 1845 ; il peint des vues de la forêt de Fontainebleau lorsqu'il y revient en 1853[11]. Louwrens Hanedoes visite Barbizon pour la première fois en 1851, puis séjourne à Marlotte, à quelques kilomètres de là, en 1856 et 1857. Son tableau *Vendange à Marlotte* est présenté à l'Exposition des maîtres vivants à La Haye en 1861[12]. Willem Roelofs, qui a vu des œuvres de Jules Dupré lors d'une exposition à Bruxelles en 1849, entreprend le voyage à Barbizon en 1852. Il loge pendant deux mois à l'auberge du père Ganne et exécute le magnifique dessin *Arbres près de la mare à Piat, Fontainebleau* **(fig. 105)**, qui rappelle fortement les œuvres de Rousseau **(fig. 106)**. Sa reproduction fidèle du paysage dans des couleurs tonales est directement inspirée de ce dernier, que Roelofs a rencontré à Barbizon.

Mais le voyage à Paris et, dans son prolongement, une exploration de la nature sauvage de Fontainebleau ne sont pas permis à tout le monde. Gerard Bilders souhaite ardemment découvrir de ses propres yeux le paysage français après avoir vu des peintures de l'école de Barbizon exposées à Bruxelles, mais il ne parvient pas à convaincre son mécène, Johannes Kneppelhout ; celui-ci permettra pourtant quelques années plus tard à David Artz de se rendre à Paris[13]. Ce revirement de la part de Kneppelhout s'explique notamment par l'évolution du climat artistique aux Pays-Bas dans les années 1860. L'intérêt pour le paysage français s'affirme alors

104 **Martinus Kuytenbrouwer**
Les Gorges d'Apremont, vers 1845
Huile sur toile, 94 × 128 cm
Rotterdam, Museum Boijmans Van Beuningen

et l'orientation artistique se déplace de l'Allemagne vers la France. C'est ainsi que Bilders déclare en juillet 1862 : « Les Français sont exigeants envers la nature et vivent en communion avec elle ; les Allemands sont toujours attachés à la tradition et prisonniers des règles, et ils sont peu sensibles au coloris, ce qu'exige pourtant le paysage [14]. »

Les artistes de Barbizon, quant à eux, puisent leur inspiration dans les peintures et les gravures des maîtres hollandais du XVIIe siècle, tels que Jacob van Ruisdael, Meindert Hobbema et Rembrandt, dont ils admirent le caractère naturel des paysages [15]. Ils peuvent en étudier de brillants exemples au musée du Louvre et dans les nombreuses collections particulières parisiennes. Daubigny, qui, au début de sa carrière, travaille quelque temps au Louvre en tant que restaurateur, réalise des eaux-fortes d'après des œuvres de Ruisdael conservées au musée. Rousseau possède une grande collection d'estampes avec, entre autres, cinq eaux-fortes de Rembrandt et des œuvres par et d'après Ruisdael. Toutes les eaux-fortes connues de Rembrandt sont également photographiées et publiées pour la première fois en 1853 [16]. En outre, certains peintres français, dont Corot (en 1849) et Daubigny (en 1871), font le voyage aux Pays-Bas pour voir de leurs propres yeux le paysage hollandais. Et en 1858, l'écrivain français Théophile Thoré publie un ouvrage en deux tomes sur la peinture hollandaise, qui influence fortement les paysagistes français [17]. C'est ainsi que des motifs typiquement hollandais comme les moulins et les chemins de campagne font leur apparition dans les œuvres de l'école de Barbizon [18].

105 **Willem Roelofs**
Arbres près de la mare à Piat, Fontainebleau, 1852
Crayon et craie noire sur papier, 23,5 × 32,2 cm
Paris, Fondation Custodia, collection Frits Lugt

Jacob Maris à Barbizon

Maris se rend pour la première fois dans la région de Fontainebleau en 1860, lorsque, au retour d'un voyage en Allemagne avec son frère Matthijs, il fait étape à Barbizon et à Paris. Nous ne connaissons malheureusement pas d'esquisses ou d'études exécutées lors de ce voyage [19]. L'artiste retourne probablement en forêt de Fontainebleau en 1864 **(fig. 100 et 108)**. La date de cette dernière œuvre a fait débat, étant donné que le tableau est directement rattaché à une toile plus grande qui, elle, est datée de 1870 (Rotterdam, Museum Boijmans Van Beuningen). Des recherches récentes entreprises dans l'atelier de restauration du Van Gogh Museum à Amsterdam ont cependant montré que la date de 1864 est autographe et qu'il n'y a aucune raison de penser que Maris a antidaté

le tableau ultérieurement. L'aspect simple et relâché du dessin sous-jacent rend plausible le fait que celui-ci ait été réalisé sur place. Les couches de peinture ont été appliquées par la suite en une séance [20]. L'artiste a probablement renommé la scène à la demande de la galerie parisienne Goupil & Cie, qui a vendu plus tard la grande version de 1870 au Britannique James Staats Forbes, grand collectionneur de tableaux des peintres de Barbizon et de Maris [21].

Ces séjours en France incitent le Néerlandais à venir passer quelque temps à Paris pour se perfectionner. Selon plusieurs lettres, son départ pour la capitale française est généralement daté du début 1864, de l'automne 1864 ou du début 1865 [22]. Cette dernière date nous semble la plus vraisemblable si l'on se réfère à deux lettres de son ami le peintre Frederik Hendrik Kaemmerer

106 **Théodore Rousseau**
Un vieux chêne près de Fontainebleau, 1852
Huile sur toile, 82 × 100,6 cm
La Haye, De Mesdag Collectie

107 **Narcisse Diaz de la Peña**
Dans la forêt de Fontainebleau, vers 1865-1870
Huile sur bois, 42,8 × 56 cm
La Haye, De Mesdag Collectie

108 **Jacob Maris**
Rochers, 1864
Huile sur papier marouflé sur toile, 27 × 45 cm
Dordrecht, collection particulière

Jacob Maris

qui accompagne Maris à Paris. Dans la première, probablement d'avril 1865, Kaemmerer décrit le petit appartement du 62-64, rue de l'Ouest à Montparnasse où les deux artistes viennent tout juste de s'installer : « Quand on ouvre la porte, on [pénètre] d'abord dans l'atelier de Maris où sont accrochées des toiles et des études, et où il n'y a rien d'autre que son lit, son chevalet et lui-même lorsqu'il n'est pas assis quelque part[23]. » Dans la seconde, datée du 24 mai, il évoque la « première période coûteuse » des deux mois passés à l'hôtel du Grand Balcon[24] (52, rue Dauphine, près de l'Odéon). Maris et Kaemmerer ont donc dû quitter La Haye pour Paris en janvier ou en février 1865[25].

Le lendemain de leur arrivée, ils vont voir plusieurs personnalités importantes : les marchands d'art Vincent van Gogh (l'oncle du peintre) et Adolphe Goupil, et les peintres Jean-Léon Gérôme et Ernest Hébert qui dirigent des ateliers importants. Ils visitent également le Louvre[26]. Quelques jours plus tard, Maris retourne chez Hébert « pour lui montrer quelques études, puisqu'il est admis à l'académie[27] ». Cette « académie » n'est autre que l'atelier d'Hébert. Pendant environ six mois, Maris y suit le cours d'« élégance picturale », où il apprend à manier le pinceau avec raffinement et à introduire de la grâce et de la distinction dans les détails et le modelé[28]. Selon Kaemmerer, son ami voulait entrer à la « grande académie », c'est-à-dire à l'École des beaux-arts, mais il n'y avait pas de place – et c'est probablement Van Gogh qui l'a introduit chez Hébert. Le marchand de tableaux haguenois et Adolphe Goupil se sont associés en 1861, et tous deux tirent profit de cette collaboration : la maison Goupil & Cie développe ses activités aux Pays-Bas grâce au réseau de Van Gogh, tandis que celui-ci peut accéder au marché de l'art parisien[29].

L'association de Goupil et de Van Gogh est également très favorable aux jeunes artistes néerlandais qui ont désormais accès à la plus grande galerie parisienne. Van Gogh connaissait Maris qu'il avait rencontré aux Pays-Bas et l'inventaire qu'il doit dresser pour Goupil en 1861 montre qu'il possédait déjà un tableau d'intérieur de l'artiste[30]. En 1863, ce tableau ou une peinture comparable est vendu par Goupil à un certain

M. Goekoop à La Haye[31]. Goupil & Cie est la source de revenus la plus importante de Maris pendant son séjour à Paris. Entre 1865 et 1871 – année de son retour à La Haye –, il écoule une centaine de toiles par l'intermédiaire de ce marchand d'art et compte parmi les artistes de la maison qui se vendent le mieux[32]. Les livres de ventes de Goupil nous apprennent que le prix des œuvres de Maris augmente rapidement : si en 1865, celles-ci coûtent environ 300 francs, dès l'année suivante, une « Italienne » est vendue pour la somme de 750 francs[33]. Les tableaux de « jeunes filles italiennes » sont alors très prisés et Maris les multiplie pendant ses années parisiennes. C'est également avec une *Italienne* qu'il fait ses débuts au Salon parisien de 1866[34]. Ce tableau témoigne clairement de l'influence d'Hébert, connu pour ses *Italiennes* sensuelles, même si Maris, à la différence de son maître, place souvent ses figures dans un paysage réaliste[35]. Des collectionneurs du monde entier achètent leurs tableaux chez Goupil et la peinture de Maris connaît ainsi un succès international. Ses œuvres intègrent des collections en Autriche, à Saint-Pétersbourg, à New York et à Londres. Nous ne savons pas exactement combien ces transactions lui rapportent. Les livres de ventes de Goupil laissent penser que l'artiste reçoit des sommes fixes, quel que soit le prix de vente final. Les premières années, Goupil lui achète des tableaux pour 100, 150, 200, voire 300 francs, puis à partir de 1870, les prix augmentent jusqu'à atteindre 600 francs. Les marges bénéficiaires du marchand varient, mais elles se situent généralement entre vingt-cinq et cinquante pour cent. Maris répond aussi parfois à des commandes de Goupil. C'est ainsi qu'il réalise une copie du célèbre tableau *Les Deux Amis* d'Hippolyte Bellangé, que Goupil vend en 1869 pour la coquette somme de 1 500 francs[36].

Les affaires parisiennes de Maris semblent donc plutôt prospères, mais une lettre de Kaemmerer nous rappelle qu'il n'en a pas toujours été de même : « À propos de pauvreté, je me souviens d'une scène plutôt cocasse. Nous étions tous les deux sans le sou et nous devions nous rendre l'autre jour (lundi) chez Van Goch [sic]. Plusieurs peintures de Maris étaient trop grandes pour que nous les portions et il décida donc de prendre une voiture. Puisque nous avions dépensé nos derniers sous pour manger un morceau, nous montâmes, sans un centime en poche, dans la voiture qui devait nous mener chez Van Goch. En chemin, nous nous moquions de la mauvaise figure que nous ferions au cas où Van Goch serait malade ou mort et que nous ne pourrions pas payer notre course. Mais quelle ne fut pas notre surprise à notre arrivée quand nous demandâmes à parler au sieur Van Goch et que l'on nous répondit que "Monsieur Van Goch était en voyage et que c'était aussi le cas de monsieur Goupil". Après avoir révélé notre pauvreté, nous avons appris qu'un troisième associé était supposé arriver d'ici peu [...]. Nous étions déjà prêts à nous faire conduire chez les "Lombards" pour y engager nos montres. Heureusement, cela ne fut pas nécessaire et nous en rions aujourd'hui[37]. »

Au début du mois de janvier 1866, Kaemmerer et Maris s'installent dans un atelier avec deux artistes français, Leduc et Pinchart, au 25, rue Alexandre de Humboldt, dans le 19e arrondissement. Mais les artistes se querellent et, en octobre 1866, Maris vit au 19 de la rue Marcadet, non loin de Montmartre, dans un logement qu'il partage avec son compatriote David Artz. Kaemmerer ne le suit pas, prétextant qu'il lui faudrait une heure en omnibus et à pied pour se rendre de la rue Marcadet à l'École des beaux-arts. Il reste cependant en contact étroit avec Maris comme avec Artz, dont il sera le témoin à son mariage avec la Néerlandaise Catharina Hendrika Horn.

À l'été 1867, les trois artistes partent peindre en forêt de Fontainebleau[38]. Maris se réjouit de ce voyage, comme en témoigne l'une des rares lettres à son frère qui ont été conservées : « Viens donc... passer quelques semaines à Paris [...] à Fontainebleau, tu y verras une nature magnifique. Tu te souviens sans doute du château de Baden-Baden et de ses rochers, eh bien ! c'est un peu la même ambiance, mais en plus sauvage et plus grand. J'ai exécuté plusieurs études, mais je me suis surtout beaucoup amusé. Il y avait une trentaine d'artistes et d'étudiants venus de Paris [...] nous avons chassé le porc-épic en pleine nuit et nous avons fait un grand feu avec les branches

que nous avions glanées et que nous portions sur notre dos[39]. » Pendant ce séjour, Maris peint plusieurs jeunes femmes avec, à l'arrière-plan, l'église de Montigny-sur-Loing, où il s'était déjà rendu en 1864 (fig. 109). L'été suivant, il retourne dans les environs de Montigny et de Marlotte. À propos de Marlotte, il écrit à Matthijs : « C'est fichtrement beau et j'ai aussitôt commencé une peinture [...] empreinte d'une poésie sombre, avec peu de couleurs et des lignes très variées[40]. » Il peint plusieurs vues du village et de la rivière. Daubigny était venu ici dix ans auparavant et, comme Maris, avait représenté des femmes de pêcheurs au bord de l'eau (fig. 111 et 112). De fait, les œuvres de Maris de cette période sont directement influencées par celles de Daubigny.

Il semble que Maris n'ait pas eu de contact direct avec les peintres français qui travaillaient alors à Barbizon. En 1900, Théophile de Bock écrit à ce sujet : « Curieusement, Jacob Maris n'a jamais cherché à rencontrer les artistes de la grande école de Barbizon, bien qu'il connût de vue certains de ses représentants. Il était d'un naturel modeste et réservé, et il n'aimait pas non plus fréquenter les peintres, en leur qualité d'artistes. "Ce qu'ils ont de plus cher", disait-il, "se trouve dans leurs œuvres. C'est là qu'ils donnent le meilleur d'eux-mêmes"[41]. » Les toiles de ces artistes sont alors visibles un peu partout dans Paris, par exemple à l'Exposition universelle de 1867, où l'on peut admirer les œuvres iconiques *Printemps* (1857) de Daubigny, *Des glaneuses* (1857) de Millet, ainsi que huit tableaux de Rousseau, l'un des plus fameux peintres de Barbizon. Cette même année, Rousseau est représenté au Salon par quatre œuvres, tandis qu'une grande rétrospective lui est consacrée au Cercle des arts : quatre-vingts études à l'huile et vingt-neuf toiles, réunies par les marchands d'art Brame et Durand-Ruel[42]. Maris a très certainement visité ces expositions.

En 1868, il envoie pour la première fois un paysage au Salon, *Jeune berger près d'un fleuve*, qui est vendu par Goupil[43]. Malheureusement, nous ne connaissons aucune critique de ce tableau dans la presse néerlandaise ou française de l'époque. Le premier compte rendu français sur Maris date de juin 1870 ; il est dû à la plume élogieuse de Jeanne Herton : « De M. Maris, une *Jeune femme lisant une lettre*, peinte dans une gamme tranquille et harmonieuse qui séduit extrêmement[44]. » Un mois plus tard, l'éclatement de la guerre franco-prussienne entraîne une paralysie du commerce de l'art. Goupil ferme ses portes et tous les rendez-vous d'affaires sont annulés. L'année suivante, Maris retourne définitivement aux Pays-Bas avec sa famille, où il va devenir l'un des plus grands représentants de l'école de La Haye. À l'instar de Herton, les critiques néerlandais apprécient son « harmonieuse » gamme chromatique.

Comme nous l'avons déjà vu au début de cet essai, Max Eisler affirme en 1913 que Jacob Maris a trouvé sa vocation à Paris, qu'il y a découvert « une sensibilité et une profondeur dans l'approche du paysage », que c'est en France qu'il a fait progresser « la largeur de sa vision et la force de sa plastique » pour arriver « à la clarté » – et que, finalement, « le nouveau Maris est né de l'interaction fructueuse entre l'étude et l'observation[45] ». L'historien de l'art souligne ainsi l'un des aspects les plus importants de la période parisienne de Maris : une période au cours de laquelle l'artiste néerlandais a beaucoup appris, s'imprégnant de l'art des paysagistes français de son temps ; une période qui lui a permis de développer une approche picturale de la nature hautement personnelle – avec de larges traits de pinceau dans les couleurs tonales – qu'il a également appliquée à la peinture du paysage hollandais lors de son retour aux Pays-Bas en 1871.

109 Jacob Maris
Jeune fille assise devant une maison, 1867
Huile sur panneau, 32,7 × 20,9 cm
Londres, The National Gallery, legs de Mary James Mathews
à la Tate Gallery, en mémoire de son mari,
Frank Claughton Mathews, 1944 ; transféré en 1956

110 **Jacob Maris**
Bougival, 1870
Huile sur toile, 45 × 80 cm
Dordrecht, collection particulière

Jacob Maris

111 Charles-François Daubigny
Vue de Montigny-sur-Loing , 1857-1859
Huile sur panneau, 24 × 49,9 cm
Édimbourg, National Galleries of Scotland,
legs Dr John Kirkhope, 1920

112 Jacob Maris
Vue de Montigny-sur-Loing, 1864
Huile sur toile, 22,4 × 35,4 cm
Amsterdam, Van Gogh Museum

Barbizon aux Pays-Bas

Dans la seconde moitié du XIXᵉ siècle, l'intérêt des artistes néerlandais pour le voyage à Barbizon tel que l'ont entrepris Maris et ses contemporains semble faiblir. La peinture paysagiste française se répand aux Pays-Bas et peut être admirée dans l'une des nombreuses expositions qui y sont organisées ou à l'occasion de l'ouverture de certaines collections particulières, comme celle de Hendrik Willem Mesdag. Les artistes découvrent également la beauté simple du paysage hollandais et se rendent en nombre dans la forêt d'Oosterbeek, située dans la province de Gueldre, où se forme rapidement une colonie de peintres paysagistes [46]. La lande à Laren et les étangs des environs de La Haye sont également des lieux de prédilection pour peindre la nature dans toute sa simplicité. Beaucoup de peintres néerlandais se montrent sensibles au charme de l'expérience française de la nature et en témoignent dans leurs œuvres, sans avoir effectué eux-mêmes le voyage dans la région de Fontainebleau. Ainsi Anton Mauve admire chaque année les maîtres français du paysage au Salon de Paris lorsqu'il vient voir ses propres envois mais, à notre connaissance, il n'est jamais allé plus au sud. De même, Vincent van Gogh, dans ses lettres, évoque souvent les paysagistes français, qu'il place au « cœur de l'art moderne », sans qu'il ait lui-même mis les pieds dans la forêt de Fontainebleau [47].

Johan Hendrik Weissenbruch, qui a choisi le paysage comme sujet principal de ses œuvres, attend la fin de sa vie pour entreprendre le voyage dans ce lieu mythique de la peinture. En 1900, alors âgé de soixante-dix-huit ans, il séjourne à Barbizon, où il emploie une splendide palette de couleurs claires pour peindre la forêt alentour **(fig. 114)** et la rue de la maison de Jean-François Millet **(fig. 115)**. Les jeunes artistes Théophile de Bock et Willem Bastiaan Tholen viennent également à Barbizon vers la fin du XIXᵉ siècle. Tholen y dessine l'atelier qui a probablement appartenu à Rousseau **(fig. 113)**. De Bock était un grand admirateur de l'œuvre de Maris, et son séjour à Barbizon entre 1878 et 1880 a très bien pu le conduire sur les traces du peintre. En 1900, il consacre un magnifique livre à Jacob Maris qui s'est éteint le 7 août 1899 [48].

(traduit du néerlandais par Henri-Philippe Faucher)

113 Willem Bastiaan Tholen
Atelier présumé de Théodore Rousseau à Barbizon, 1889
Craie noire et blanche sur papier, 24,9 × 35 cm
Groninger Museum, prêt Fondation J. B. Scholtenfonds

114 **Johan Hendrik Weissenbruch**
Vue d'une forêt près de Barbizon, 1900
Huile sur toile, 48,5 × 64 cm
Amsterdam, Rijksmuseum

115 Johan Hendrik Weissenbruch
La Maison de Jean-François Millet, 1900
Huile sur toile, 24 × 33 cm
Collection particulière

Jacob Maris

116 Jacob Maris
Artiste vu de dos ou *Le Peintre Kaemmerer*
au travail, vers 1863
Huile sur papier marouflé sur bois, 30 × 42 cm
Dordrechts Museum

Frederik Hendrik Kaemmerer

L'ENFANT CHÉRI DU MARCHÉ DE L'ART

Mayken Jonkman

Au début du printemps 1865, Frederik Hendrik Kaemmerer (1839-1902), vingt-cinq ans, et son ami et camarade d'études Jacob Maris, vingt-sept ans, arrivent par le train à Paris, à la gare du Nord[1]. Répondant à l'invitation d'un des plus importants marchands d'art de l'époque, Goupil & Cie, les deux artistes viennent dans la capitale française pour achever leur formation et travailler pour cette maison. Depuis les années 1830, les marchands d'art parisiens cherchent de plus en plus activement à contrôler tout ou partie du marché de l'art contemporain. À partir de 1850 notamment, ils s'efforcent de passer des accords avec les artistes pour s'attacher leurs services et ainsi avoir la main sur la production artistique. De plus, grâce à des techniques de vente ingénieuses, ils parviennent à créer un marché de niche dans le monde de l'art officiel, dominé par le Salon et l'Académie. Kaemmerer et, dans une certaine mesure aussi, Maris illustrent parfaitement la manière de procéder de Goupil qui propose à de jeunes artistes professionnels une formation leur permettant de réaliser des œuvres en adéquation avec le goût de la maison. Ainsi, les marchands pèsent consciemment sur les écoles d'art traditionnelles. La formation en France, qui a toujours été un bastion dispensant une idée noble de l'art et de la pratique artistique, devient dès lors un élément actif du marché de l'art[2]. Les activités dudit marché ont pour effet secondaire de favoriser la circulation internationale des œuvres et des artistes, et par là même les échanges artistiques.

Un heureux hasard : Kaemmerer et Goupil se rencontrent

La maison Goupil ouvre ses portes à Paris en 1827. À l'origine, elle se consacre à l'édition et à la vente d'estampes et de reproductions. Les affaires prospèrent, à tel point qu'au début des années 1840, Goupil ouvre deux succursales, l'une à Londres, l'autre à New York. Vers cette même époque, le marchand d'art et galeriste se lance aussi dans la vente de tableaux. En 1857, il acquiert un terrain situé rue Chaptal, dans le 9e arrondissement de Paris, où il fait construire un impressionnant hôtel particulier doté d'un espace d'exposition et d'une imprimerie où sont produites les estampes **(fig. 118)**. Les deux étages supérieurs abritent des ateliers d'artistes ; l'un d'entre eux est loué – par souci d'efficacité, pourrait-on dire – à un photographe professionnel qui travaille régulièrement pour la galerie[3].

En 1863, le propriétaire de la société, Adolphe Goupil, demande à un marchand d'art haguenois, Vincent van Gogh (l'oncle du peintre), de devenir son associé et de se charger de la vente de tableaux à Paris [4]. Suite à ce partenariat, le commerce de Van Gogh à La Haye est intégré dans l'empire de la maison Goupil, permettant à cette dernière de s'implanter aussi aux Pays-Bas. Grâce au réseau familial de Van Gogh – son frère aîné, Hendrik Vincent, est marchand d'art à Bruxelles [5] –, le marché belge est également couvert. Dans le courant des années 1860, Goupil ouvrira encore des succursales à Vienne et à Berlin. L'entrepreneur parisien dispose par ailleurs d'un important réseau international de marchands d'art, des confrères avec lesquels sa maison s'associe régulièrement pour acheter et revendre des œuvres d'art, tels que Frans Buffa & Zonen à Amsterdam, Durand-Ruel à Paris, Michael Knoedler & Co à New York, Louis Friedrich Sachse à Berlin et Arthur Tooth and Sons à Londres [6].

Frederik Hendrik Kaemmerer naît en 1839 à La Haye. À l'âge de douze ans, il commence à suivre des cours de dessin à l'Académie royale de La Haye [7]. Entre 1851 et 1863, il reçoit une solide éducation artistique, suivant notamment durant plusieurs années l'enseignement dispensé par le peintre haguenois Samuel Verveer. Se révélant être un paysagiste de talent, Kaemmerer emporte plusieurs prix avant même d'avoir terminé son apprentissage. En 1863, il expose pour la première fois en tant qu'artiste accompli à l'Exposition des maîtres vivants à La Haye [8]. Son tableau intitulé *Bûcherons* est bien accueilli par une partie de la critique [9] ; il impressionne tant l'industriel et collectionneur rotterdamois Edward Levien Jacobson que celui-ci passe commande [10] à Kaemmerer. L'artiste peint pour lui *Jour de lessive*, qui sera envoyé à l'Exposition des maîtres vivants à Rotterdam l'année suivante [11]. Le collectionneur conseille alors à Kaemmerer de se rendre à Paris pour « y étudier et aussi pour [s']y policer le plus possible [12] ».

Le jeune artiste ne se fait pas prier et Jacobson prend rapidement contact avec Van Gogh à Paris. Le marchand propose, au nom de son associé Goupil, de partager les frais du séjour du jeune Néerlandais. Van Gogh fait aussi en sorte que Kaemmerer puisse continuer son apprentissage dans l'atelier de Jean-Léon Gérôme, l'un des plus célèbres peintres de Salon de l'époque et professeur à l'École des beaux-arts [13]. Durant trois ans, Kaemmerer suit les cours de Gérôme ; ses sujets évoluent peu à peu sous l'influence de ce dernier [14]. Plutôt que des paysages et des travailleurs néerlandais, il choisit désormais de peindre des scènes de genre historiques – un registre dans lequel excelle son maître. Mais à la différence de Gérôme, qui s'est surtout fait connaître par ses sujets orientalisants, Kaemmerer opte pour des scènes se déroulant sous le Directoire, la période

117 **Anonyme**
Frederik Hendrik Kaemmerer, 1894
Tirage sur papier albuminé, 9,3 × 6,3 cm
La Haye, RKD – Nederlands Instituut
voor Kunstgeschiedenis

après la Révolution. Il dépeint la fin du XVIIIe siècle comme un univers pittoresque, peuplé de personnages vêtus avec élégance et animé par de joyeuses fêtes galantes **(fig. 119)**. Le Néerlandais est loin d'être le seul artiste à représenter ce type de sujets : il s'agit de fait d'un thème très populaire dans l'art et la littérature des années 1860, à l'apogée du Second Empire [15]. L'empereur Napoléon III et ses fonctionnaires soulignent volontiers les points communs entre le régime en place et cette période relativement paisible, soixante-cinq ans plus tôt. Sans doute le choix de Kaemmerer pour le Directoire lui a-t-il été largement insufflé par Van Gogh et Goupil. Ce « retour à » permet en effet de toucher un public aisé dans les couches supérieures de la société, dont au moins une partie doit sa fortune aux grands travaux de Napoléon III [16].

Kaemmerer au travail pour Goupil & Cie

En 1869, Kaemmerer quitte l'atelier de Gérôme. À partir de ce moment, il expose au moins une toile à chaque édition du Salon [17]. Par ailleurs, dès juin 1867 [18], Goupil a commencé à vendre régulièrement des tableaux de sa main. Une œuvre de jeunesse, *Le Perroquet*, datée de 1868 et vendue cette même année au marchand new-yorkais Michael Knoedler, nous montre qu'à cette époque Kaemmerer doit encore beaucoup à son maître français, comme le révèlent le rendu détaillé et le fini lisse du tableau. À compter de 1870, l'artiste représente de plus en plus souvent des scènes contemporaines, montrant notamment les loisirs de la haute société : il peint ainsi de riches bourgeois se prélassant à la plage ou jouant au croquet dans un parc. Son œuvre devient

GALERIE DE TABLEAUX DE LA MAISON GOUPIL ET COMPAGNIE, ÉDITEURS D'ESTAMPES.

118 **Auguste Jourdain** (d'après **Alfred A. Guesdon**)
Galerie de tableaux de la maison Goupil & Cie, rue Chaptal
Gravure sur bois, publiée dans *L'Illustration*, n° 889,
10 mars 1860

119 Frederik Hendrik Kaemmerer
Un baptême sous le Directoire, 1878
Huile sur toile, 110 × 76 cm
Folkestone, collection Ian et Jane Bothwell

120 Frederik Hendrik Kaemmerer
Feuilles d'automne, vers 1876
Huile sur toile, 40 × 25,4 cm
New York, collection Lawrence Steigrad Fine Arts

Frederik Hendrik Kaemmerer

121 Eugène Boudin
Scène de plage, Trouville, vers 1860-1870
Huile sur panneau, 21,6 × 45,8 cm
Londres, The National Gallery, legs Miss Judith E. Wilson, 1960

122 Frederik Hendrik Kaemmerer
Au bord de la mer, 1873
Huile sur toile, 15,5 × 24 cm
Localisation inconnue

d'une facture plus libre, presque impressionniste. La thématique du Directoire continue cependant à y occuper une place importante.

Dans une des premières lettres adressées à son père depuis Paris, Kaemmerer évoque déjà la possibilité de se mettre au service exclusif de Goupil : « Si au bout de deux ans, je suis devenu une personne qu'ils peuvent présenter comme quelqu'un de talentueux et surtout de civilisé, alors, ils [Goupil] me proposeront par exemple de ne travailler que pour eux et ils feront alors connaître mon nom le plus possible, puisque ce sera dans leur intérêt, mais aussi dans le mien, évidemment [19]. » Kaemmerer est néanmoins conscient qu'il dépend de Goupil et que sa situation n'est pas idéale. Un peu plus de trois mois après son arrivée dans la capitale française, il écrit : « Je sais bien que la branche sur laquelle je m'appuie a des épines, et qu'elle me pique souvent, mais n'ayez pas peur : je la jetterai quand je n'en aurai plus l'usage [20]. » Kaemmerer, qui sera le seul peintre néerlandais de sa génération à s'installer à Paris de manière définitive, restera cependant fidèle à Goupil toute sa vie durant [21]. Si nulle trace n'a jamais été trouvée d'un contrat écrit entre l'artiste et le marchand, les indications de leurs liens étroits ne manquent pas. Ainsi, les registres des ventes montrent que Goupil a un droit de préemption sur l'ensemble de la production de Kaemmerer. De plus, l'artiste néerlandais donne généralement l'adresse de la maison-mère de Goupil – 9, rue Chaptal – quand il envoie ses toiles dans des expositions, signalant ainsi que cette dernière est son représentant en matière d'expositions, de ventes et de publicité [22].

D'autres artistes dont la maison Goupil vend les œuvres passent des accords de ce type avec celle-ci. Là encore, nous ne connaissons pas de contrats juridiques officiels, mais la correspondance de divers artistes, parmi lesquels Giovanni Boldini, permet de déduire que de tels arrangements existaient [23]. Les nombreuses lettres échangées en 1872 entre Goupil et Giuseppe de Nittis en constituent un bon exemple. L'artiste italien s'engage à vendre exclusivement à Goupil l'ensemble de ses œuvres, à l'exception des portraits et travaux de décoration. En contrepartie, il reçoit

150 francs par mois. Goupil, de son côté, conserve tous les bénéfices que rapporte la vente des reproductions des œuvres de De Nittis – ce qui signifierait que ce dernier lui a aussi cédé ses droits de reproduction. La somme reçue par l'artiste pour chaque tableau correspond à la moitié du prix de vente à laquelle s'ajoutent cinquante pour cent des bénéfices réalisés, après déduction des frais d'encadrement, etc. Le marchand se charge des aspects pratiques de la vente, mais stipule que De Nittis s'engage à recevoir dans certains cas – non précisés – les acheteurs potentiels dans son atelier [24]. Initialement, Goupil laisse à l'artiste italien toute liberté dans le choix de ses sujets. Ce n'est que lorsque les ventes baissent de manière dramatique que le marchand commence à s'en mêler. Il l'incite alors à se concentrer sur « "des sujets", des costumes », autrement dit sur les tableaux de genre historiques [25]. Comme De Nittis résiste, il est bientôt mis fin à leur arrangement, l'artiste laissant une énorme dette à son départ [26].

Sans doute les termes de l'accord passé entre Kaemmerer et Goupil sont-ils similaires, mais, dans ce cas, les deux parties y trouvent leur compte. Sur deux cent soixante-deux tableaux que l'artiste confie au marchand au fil du temps, seuls onze invendus lui sont retournés. Les registres de ventes de Goupil indiquent qu'entre 1867 et 1899, la maison a versé au peintre environ 477 000 francs – un montant amplement suffisant pour mener une vie confortable à Paris [27]. Sur cette même période, ses tableaux rapportent près de 754 000 francs, ce qui signifie que Goupil réalise un bénéfice brut d'environ vingt-cinq pour cent sur chaque tableau vendu. Les livres de comptes montrent également que, pour plusieurs œuvres, Kaemmerer touche un pourcentage sur les bénéfices [28]. Finalement, le marché passé avec Kaemmerer rapporte à Goupil au minimum vingt pour cent de bénéfices – ce qui fait somme toute un bon investissement.

Entre 1874 et 1883, Kaemmerer multiplie les succès. En 1874, il remporte sa première médaille au Salon avec *La Plage de Scheveningue*, bientôt suivie par deux autres **(fig. 124)**. Il reçoit plusieurs commandes officielles, dont en 1891 celle pour

123 **Giovanni Boldini**
Les Dômes (Versailles), 1875
Huile sur panneau, 50,1 × 33 cm
Avon, Connecticut, collection particulière

la décoration de la salle des mariages de la mairie du 12e arrondissement. Sa réussite publique est couronnée en 1899 par l'attribution de la Légion d'honneur, qui lui est décernée pour son envoi à l'Exposition universelle [29]. Avec autant de distinctions, la renommée de Kaemmerer est égale à celle d'un peintre français de l'Académie, chose assez remarquable pour un artiste étranger de son temps. À cette époque, ses œuvres se vendent en moyenne 4 300 francs, soit presque 2 000 francs de plus qu'à aucun autre moment de sa carrière. Son plus grand succès est sans conteste le tableau *Une ascension en l'an VIII*, exposé au Salon de 1880, qui lui vaudra une médaille **(fig. 125)**. La toile est achetée pour pas moins de 33 000 francs par le magnat des chemins de fer William Henry Vanderbilt, un des nombreux collectionneurs américains qui s'intéressent à l'œuvre de Kaemmerer. Près de la moitié de ses toiles sera en effet acquise par des collectionneurs et des marchands d'art aux États-Unis [30]. Après 1883, toutefois, les tableaux de Kaemmerer trouvent moins facilement preneur et les marges bénéficiaires se réduisent. Son style est passé de mode : l'impressionnisme et divers autres courants novateurs se sont popularisés, et leurs œuvres s'écoulent facilement. Malgré cela, Goupil parvient encore à vendre les tableaux de l'artiste néerlandais à des prix considérables.

Les stratégies commerciales de Goupil

Les marchands d'art ont de tout temps essayé d'influencer le marché. Au XIXe siècle, leur façon de procéder est élevée au rang d'art [31].

124 Frederik Hendrik Kaemmerer
La Plage de Scheveningue, 1874
Huile sur toile, 69,9 × 139,7 cm
Collection particulière

Grâce à sa double activité d'éditeur d'estampes et de marchand de tableaux, Adolphe Goupil figure sans doute parmi les acteurs les mieux placés sur ce marché. Bien qu'il vende des tableaux depuis les années 1840, il faudra attendre 1861 – année de son installation dans les locaux de la rue Chaptal et de son association avec un expert en peinture en la personne de Vincent van Gogh – pour que la maison se lance vraiment à la conquête du marché. L'une des premières tactiques commerciales, et parmi les plus probantes, repose sur les droits de reproduction des œuvres : Goupil combine la vente de tableaux avec l'édition d'estampes et de photographies réalisées d'après ceux-ci. Dès les années 1830, il rachète les droits de reproduction du célèbre artiste néerlandais Ary Scheffer, également installé à Paris [32]. Goupil débourse une somme exorbitante, mais grâce à la vente de l'œuvre originale et des reproductions, à quoi il faut encore ajouter les licences accordées à des tiers, il n'a aucune difficulté à rentrer dans ses frais et même à réaliser des bénéfices. Initialement, le marchand d'art mise beaucoup sur la visibilité des tableaux présentés au Salon. Les œuvres à succès, c'est-à-dire celles dont parlent le public et la critique et qui remportent des médailles, font l'objet de reproductions. Goupil propose ses estampes dans différentes catégories de prix, de sorte que presque tout le monde peut s'offrir la reproduction d'un célèbre tableau du Salon [33]. Outre des cartes de visite, des lithographies et des gravures d'œuvres retentissantes, il édite régulièrement de beaux albums reliés plein cuir contenant des photogravures d'après les œuvres les plus populaires de la maison – celles de Kaemmerer y figurent en bonne place [34].

À partir de l'année 1855, Goupil envoie systématiquement des tableaux des peintres qu'il représente aux Expositions universelles. Dès 1857, il expose aussi lui-même des œuvres de son catalogue dans sa galerie de la rue Chaptal. Les acheteurs potentiels peuvent ainsi les admirer dans une ambiance intime et de bon goût, qui leur permet de se faire une meilleure idée du rendu du tableau une fois ce dernier accroché chez eux. Les Américains apprécient particulièrement

cette façon d'exposer. La maison ouvre également quelques succursales à proximité des Grands Boulevards [35] **(fig. 126)**. Goupil se mobilise en outre pour les sociétés d'artistes de Paris et d'ailleurs, telles que les Sociétés des amis des arts, et fait partie des fondateurs de l'International Art Union aux États-Unis [36]. Ces différentes activités permettent au marchand d'art de se faire mieux connaître, d'attirer de nouveaux clients et de se créer de nouveaux débouchés [37].

En 1863, une occasion se présente à Goupil d'augmenter la production et la distribution des tableaux. C'est l'année du mariage de sa fille Marie avec Jean-Léon Gérôme, qui sera nommé professeur à l'École des beaux-arts peu après. Ce lien de famille ouvre à Goupil les portes des ateliers de la plus prestigieuse école de France – une opportunité dont il se saisit avidement,

125 **Frederik Hendrik Kaemmerer**
Une ascension en l'an VIII, 1880
Huile sur toile, 181 × 100,5 cm
Localisation inconnue

comme nous le montre l'exemple de Kaemmerer. À la même époque, la maison place en outre d'autres jeunes peintres prometteurs dans différents ateliers particuliers dirigés par des artistes avec lesquels Goupil a conclu des arrangements. Jacob Maris fait ainsi son apprentissage avec Ernest Hébert, tandis que l'artiste britannique George Clausen se forme auprès de William Bouguereau[38]. Par la suite, ces deux jeunes artistes vendront leurs œuvres par l'intermédiaire exclusif de la maison Goupil.

De leur côté, Gérôme et ses collègues des Beaux-Arts ont maintenant la possibilité d'aider de jeunes étudiants talentueux à faire leurs premiers pas sur le chemin professionnel. Gérôme profite en effet de la relation de parenté qui le lie au marchand d'art pour présenter plusieurs de ses élèves à Goupil et à Van Gogh. Étienne Prosper Berne-Bellecour, Giovanni Boldini, Pascal-Adolphe-Jean Dagnan-Bouveret, Giuseppe de Nittis, Émile Auguste Pinchart – qui partagera l'atelier de Kaemmerer pendant des années – et Jean-François Raffaëlli sont autant d'artistes qui bénéficieront de l'intercession de Gérôme. Tous ont vendu des œuvres par l'intermédiaire de Goupil, dont certains en si grande quantité que l'on peut supposer qu'ils avaient eux aussi conclu des accords avec lui[39]. D'autres étudiants ne confient pas la vente de leurs œuvres à Goupil, mais occupent, pour une durée plus ou moins longue, un atelier dans l'hôtel particulier de la rue Chaptal[40].

Goupil et Van Gogh font régulièrement usage du réseau qu'ils ont constitué grâce à leurs relations avec Gérôme et d'autres maîtres français qui dirigent des ateliers particuliers. Ils demandent aux peintres débutants dont ils se sont attaché

126 Anonyme
Galerie Goupil, place de l'Opéra, Paris, vers 1886
Tirage sur papier albuminé
Localisation inconnue

127 **Coen Metzelaar**
Atelier du peintre Frederik Hendrik Kaemmerer,
126 bis, boulevard Vaugirard, 1877-1878
Huile sur toile, 37,5 × 45,5 cm
Oss, collection particulière

les services de recruter de nouveaux talents. *De facto*, ceux-ci sont donc employés comme agents de la maison. De Nittis est ainsi chargé de demander à Francesco Michetti s'il accepterait de travailler pour Goupil. Michetti n'est pas intéressé, mais ses compatriotes Alceste Campriani, Vittorio Corcos, Antonio Mancini et Alberto Pasini acceptent bien volontiers de se mettre au service du marchand d'art en échange d'un revenu mensuel fixe[41]. Kaemmerer, quant à lui, introduit plusieurs jeunes artistes néerlandais auprès de Goupil, tels que David Adolphe Constant Artz et Coen Metzelaar, tandis que Jacob Maris amène son frère, Matthijs[42]. Tous ces artistes produisent de grandes quantités d'œuvres que Goupil s'empresse de vendre[43].

Pratiques commerciales et échanges artistiques

Les stratégies de vente pratiquées par Goupil produisent plusieurs effets secondaires, dont les plus marquants sont les échanges artistiques. Ici encore, Kaemmerer constitue un bon exemple. En effet, bien qu'il vive à Paris, le peintre continue d'entretenir des relations avec ses amis et collègues néerlandais. Souvent, des artistes, auteurs ou collectionneurs néerlandais lui demandent des lettres d'introduction, et c'est ainsi que Kaemmerer ne tarde pas à jouer un rôle d'intermédiaire informel entre les Pays-Bas et la France[44]. À ce titre, il conseille David Adolphe Constant Artz, qui arrive à Paris en 1867. Alors âgé de trente ans, celui-ci n'a pas encore réussi à se faire une place sur le marché de l'art ; dans un premier temps, en partie sur les conseils de Kaemmerer, il s'essaie à la représentation de scènes renvoyant à l'époque du Directoire et montrant des femmes mondaines, avant de s'orienter vers les scènes de pêche et de plage[45]. Coen Metzelaar, qui travaille dans l'atelier de Kaemmerer durant l'hiver 1877, bénéficie également de son aide **(fig. 127)**.

Le cas d'échange artistique le plus parlant est celui de Kaemmerer avec son ami Anton Mauve, célèbre peintre de l'école de La Haye renommé pour ses toiles évoquant la vie des pêcheurs,

des bergers et de leurs troupeaux, ou encore des bûcherons à l'œuvre dans les bois[46]. Chaque été, Kaemmerer voyage en Europe, suivant en cela le conseil que donne Gérôme à ses élèves ; souvent, il va s'installer dans un des villages côtiers de la province de Hollande-Méridionale. Pendant l'été 1873, Kaemmerer, Mauve et la femme de ce dernier, Jet Mauve-Carbentus, louent une maisonnette à Katwijk aan Zee. Les deux artistes observent avec attention les dunes et la vie de la plage. Chacun peint un portrait intimiste de Jet Carbentus assise dans les dunes **(fig. 128 et 129)**. Mauve, en artiste chevronné et jouissant d'une grande réputation, n'hésite pas à expérimenter le style de son collègue « français » Kaemmerer. Les carnets d'esquisses de Mauve révèlent que le peintre s'intéressait déjà à ce type de sujets auparavant, mais c'est la première fois qu'il se risque à les transposer sur la toile. À l'issue de leur séjour à Katwijk, il réalise deux tableaux aux sujets plus mondains : *Chevauchée matinale sur la plage* **(fig. 130)** et *À Scheveningue*. S'inspirant de la prédilection de Kaemmerer pour les costumes historiques, Mauve, dans *À Scheveningue*, nous montre deux dames en tenue d'autrefois scrutant la mer à travers des jumelles, tandis que sur la plage des femmes de pêcheurs attendent le retour de la flottille **(fig. 131)**.

Mauve vend sa *Chevauchée matinale* à Goupil, qui réalisera un bénéfice conséquent en la revendant au collectionneur britannique James Staats Forbes. L'autre tableau restera dans l'atelier de Mauve jusqu'à sa mort, puis sera acquis par le peintre et collectionneur néerlandais Hendrik Willem Mesdag, grâce à l'entremise de Goupil. Si Mauve peindra épisodiquement d'autres œuvres dans cette veine au cours des années 1880, il ne deviendra cependant jamais le peintre néerlandais de la vie mondaine. En effet, la demande du marché pour ses traditionnels paysages hollandais peuplé de moutons est trop forte et sa situation financière trop précaire pour qu'il prenne le pari risqué de se convertir à une thématique plus moderne[47].

Kaemmerer, de son côté, n'adoptera pas les scènes champêtres par lesquelles se distingue Mauve. S'il peint des tableaux représentant la vie mondaine sur les plages hollandaises dans les années

128 **Anton Mauve**
Jet Mauve-Carbentus, l'épouse de l'artiste,
dans les dunes, 1873
Huile sur toile, 19,5 × 33,8 cm
Collection particulière, courtesy Ubbens Art, Bussum

129 **Frederik Hendrik Kaemmerer**
Jet Mauve-Carbentus dans les dunes, 1873
Huile sur toile, 17,5 × 26,3 cm
Collection particulière, en dépôt au Teylers Museum, Haarlem

130 **Anton Mauve**
Chevauchée matinale sur la plage, 1876
Huile sur toile, 43,7 × 68,6 cm
Amsterdam, Rijksmuseum

Frederik Hendrik Kaemmerer

suivant son retour à Paris, à l'automne 1872, son style se démarque très nettement de celui de son ami **(fig. 132 et 133)**. Néanmoins, après son séjour à Katwijk, il paraît employer des couleurs moins vives pour se tourner, à l'instar de Mauve, vers une palette plus tonale.

De la peinture de paysages à la scène de genre

En 1864, Kaemmerer est en voie de devenir l'un des peintres paysagistes de l'école de La Haye quand il est repéré par un marchand d'art dynamique associé à la maison Goupil & Cie, qui financera la suite de sa formation à Paris. Après quelques hésitations initiales, Kaemmerer ne tarde pas à se sentir tout à fait à l'aise dans le milieu artistique parisien. Moins de deux ans plus tard, il abandonne la peinture de paysage et ses figures de travailleurs pour ne plus réaliser que des scènes de genre à la française dans un style académique. Goupil et Gérôme sont en partie à l'origine de cette réorientation : ils tirent

un avantage financier de la formation de jeunes artistes talentueux encore inconnus tels que Kaemmerer, qui sont prêts à peindre des toiles populaires et faciles à vendre ; grâce aux accords passés avec ces artistes, ils peuvent acheter à bon prix leurs toiles, très prisées au Salon, pour les revendre à grand profit.

L'intervention du marchand d'art a aussi pour effet de favoriser la circulation internationale des œuvres et des personnes, permettant aux artistes de toute l'Europe et des États-Unis de voir ce qui se fait ailleurs et d'y confronter leur propre vision. L'installation de Kaemmerer à Paris a placé l'artiste dans une position d'intermédiaire entre ses amis, connaissances et relations aux Pays-Bas et en France, et facilité l'échange d'idées sur l'art entre les deux pays.

(traduit du néerlandais par Kim Andringa)

131 **Anton Mauve**
À Scheveningue, 1876
Huile sur toile, 28 × 42,5 cm
La Haye, De Mesdag Collectie

132   Frederik Hendrik Kaemmerer
Vue de Scheveningue, vers 1870
Huile sur toile, 27 × 41,5 cm
La Haye, Haags Historisch Museum

133   Frederik Hendrik Kaemmerer
Élégantes sur la plage de Scheveningue, 1871
Huile sur carton, 15,5 × 24 cm
Ede, collection Simonis & Buunk

1871-1914

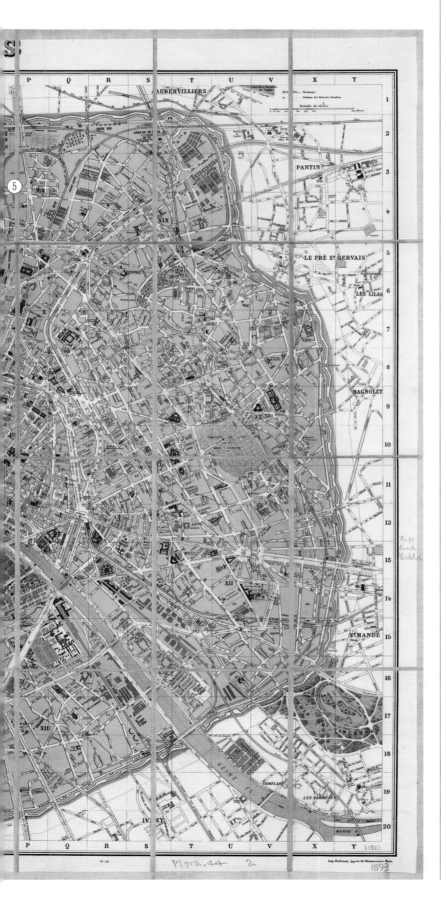

George Hendrik Breitner
À Paris de mai à novembre 1884

① **8, rue Boinod** (atelier-logement)
② **11, rue Constance** (atelier-logement)

Vincent van Gogh
À Paris de février 1886 à février 1888

③ **25, rue Laval** (aujourd'hui **25, rue Victor-Massé**) —
février-juin 1886
④ **54, rue Lepic** — juin 1886-février 1888

Kees van Dongen
À Paris en 1897 puis de 1899 à 1916

⑤ **95, rue Ordener** — 1899 (atelier-logement)
⑥ **10, impasse Girardon** — 1899-1906 (atelier-logement)
⑦ **13, rue Ravignan (Bateau-Lavoir)** — 1906-début 1907
(atelier)
⑧ **35, rue Lamarck** — octobre 1907-1908
(atelier-logement)
⑨ **6, rue Saulnier**— octobre-novembre 1909-1913
(atelier-logement)
⑩ **33, rue Denfert-Rochereau** — 1912-1916 (atelier
puis logement)

Piet Mondrian
À Paris de 1912 à 1914

⑪ **33, avenue du Maine** — mars-mai 1912
⑫ **26, rue du Départ** — mai 1912-juillet 1914

134   A. Vuillemin
Plan de Paris, 1893
Chicago, University of Chicago Library

135 **Neurdein frères**
Promenoir du premier étage de la tour Eiffel, vers 1900
Paris, collection Roger-Viollet

136 **Anonyme**
Vue de la butte Montmartre et du maquis, vers 1890

137 **Anonyme**
Construction de la première plate-forme, 15 mai 1888
Paris, musée d'Orsay

138 **Anonyme**
Boulevard des Italiens, Paris, vers 1875
Tirage sur papier albuminé, 21,3 × 27,6 cm
Amsterdam, Rijksmuseum

139 Albert Harlingue
Spectacle de french cancan, salle du Moulin-Rouge, 1906
Paris, collection Roger-Viollet

140 Stéphane Passet
Le Moulin-Rouge, 1914
Autochrome, 12 × 9 cm
Boulogne-Billancourt, musée départemental
Albert Kahn – Archives de la Planète

141 Anonyme
Messieurs attablés en terrasse à Paris, 1903
Tirage sur papier albuminé, 7 × 5,5 cm
Amsterdam, Rijksmuseum

142 **Stéphane Passet**
Le Faubourg et la Porte Saint-Denis, 1914
Autochrome, 9 × 12 cm
Boulogne-Billancourt, musée départemental
Albert Kahn – Archives de la Planète

1871-1914

153

143 **George Hendrik Breitner**
Autoportrait, 1882
Huile sur toile, 40 × 30 cm
Rotterdam, Museum Boijmans Van Beuningen,
prêt de la Fondation Willem van der Vorm

George Hendrik Breitner

FLÂNER ET S'ÉMOUVOIR

Malika M'rani Alaoui et Jenny Reynaerts

De mai à décembre 1884, George Hendrik Breitner (1857-1923 ; **fig. 143**) effectue un premier séjour dans la capitale française, selon toute probabilité pour se perfectionner dans la peinture de figures. Au printemps 1889, il y retourne brièvement, à l'occasion de l'Exposition universelle. Ces deux parenthèses parisiennes sont peu documentées[1]. La production de Breitner entre 1884 et 1890 révèle cependant des évolutions significatives qui trahissent une influence de la peinture française de l'époque. Les développements qui suivent abordent ces expériences parisiennes en s'attachant particulièrement à cerner l'influence en question sur le dessin et la peinture du Hollandais.

Un artiste prometteur

George Hendrik Breitner naît en 1857 à Rotterdam dans un milieu étranger aux arts. C'est Charles Rochussen qui lui transmet les rudiments du métier. En partie grâce à ce peintre et illustrateur qui affectionnait, entre autres, les scènes de genre militaires, le jeune homme conçoit un amour réel et durable pour la représentation des chevaux[2]. En 1877, Breitner décroche le diplôme qui lui permet d'enseigner le dessin à l'Académie des beaux-arts de La Haye, dirigée à l'époque par Jan Philip Koelman[3]. Marqué par des années d'activité en Italie, ce dernier, peu sensible

aux nouvelles évolutions, se montre un fervent défenseur de l'art académique classique[4]. Apte à donner des cours dans cet établissement, Breitner n'en continue pas moins d'y suivre l'enseignement qui y est dispensé ; il s'oppose toutefois toujours plus à l'approche frileuse du Haguenois Koelman. En juin 1880, son attitude rebelle et ses absences répétées lui valent d'être renvoyé de l'Académie[5].

À partir de l'été 1880, Breitner suit donc sa propre voie, de laquelle il ne déviera plus. De nature entêtée, il se montre très tôt pénétré de sa vocation. Parallèlement, il ne cesse de douter de son talent et va longtemps éprouver le besoin de parfaire sa technique – en particulier pour ce qui a trait à la représentation de la figure humaine, à laquelle l'Académie ne consacre pas, selon lui, l'attention qu'elle mérite. En cette même année 1880, Breitner s'installe chez le peintre paysagiste et animalier Willem Maris, membre de l'école de La Haye. Si celui-ci ne manque pas de lui prodiguer des conseils pendant les heures qu'ils passent ensemble dans l'atelier, il se refuse à le regarder comme son élève, le jeune homme maîtrisant déjà bien trop son sujet[6].

Durant ses années d'étude et de formation, Breitner bénéficie du soutien financier de l'employeur de son père, le négociant en céréales rotterdamois A. P. van Stolk[7]. En outre, il tire quelques revenus des leçons de dessin qu'il donne à Leyde. Une étape importante survient alors dans son parcours : il fait la connaissance d'un autre représentant de l'école de La Haye, Hendrik Willem Mesdag, lequel l'invite à peindre les pièces d'artillerie et le village de son célèbre *Panorama de la plage de Scheveningen*[8].

À La Haye, en 1882, le Rotterdamois rencontre Vincent van Gogh qui vient de s'installer dans la ville pour se livrer à son art. Les deux hommes se lient d'amitié[9]. Ils partagent la même admiration pour les romans naturalistes d'Émile Zola et des frères Goncourt, ainsi que pour les essais de l'historien Jules Michelet. Les descriptions réalistes que ces écrivains livrent des petites gens des villes incitent Breitner à se faire « peintre du peuple » plutôt que peintre de scènes militaires. En compagnie de Van Gogh, il erre dans les quartiers populaires de La Haye et de Scheveningen, à la recherche de sujets tirés de la vie quotidienne. Au cours de cette période, les deux artistes croquent des lavandières, des nécessiteux agglutinés devant les soupes populaires, des scènes de rue… On peut penser que, confronté à ces nouveaux sujets, l'importance de la peinture de figures a ramené Breitner aux insuffisances de sa formation académique. Dans les lettres qu'il adresse à son mécène, il exprime en effet le besoin de se perfectionner dans ce domaine. Pour ce faire, il envisage de s'inscrire dans l'un des ateliers de l'École des beaux-arts de Paris, mais en 1882 il échoue à l'examen d'entrée[10].

Comme la plupart des artistes néerlandais de cette époque, Van Gogh et Breitner considèrent que l'école de Barbizon incarne toujours la peinture française la plus moderne. En 1882, l'académie de La Haye accueille une exposition des maîtres de Barbizon et de quelques autres peintres français ; on y retrouve par exemple Charles-François Daubigny, Camille Corot et Gustave Courbet[11]. Breitner se rend probablement à cette manifestation qui l'aura tout autant enthousiasmé que Van Gogh[12].

En réalité, un nouveau courant s'était manifesté en France : l'impressionnisme. Bien que l'Exposition des maîtres vivants – l'équivalent néerlandais du Salon annuel parisien – attirât des artistes étrangers, aucun impressionniste français n'avait encore saisi cette opportunité[13]. Les revues d'art des Pays-Bas fournissaient peu ou pas d'éléments sur ce mouvement, au sujet duquel la plupart des critiques se contentaient de reprendre ce qu'écrivaient leurs confrères français, sans avoir eu eux-mêmes l'occasion de contempler les œuvres en question[14]. Les rares à s'être déplacés tournaient en ridicule les toiles impressionnistes – ainsi du futur romancier Marcellus Emants dans son compte rendu du Salon des refusés de 1875 : « […] si on ne renverse pas la perspective, si on ne peinturlure pas les arbres en bleu, en vert ou en violet, si nos descendants, suivant en cela nos ancêtres, ne barbouillent et ne badigeonnent pas toute la nature, alors on peut prédire sans risque de se tromper que cette bouffonnerie ne méritera jamais d'être qualifiée d'art[15]. » Certes, en 1883, la presse hollandaise n'a pas passé sous silence la mort d'Édouard Manet, mais elle a concentré son attention sur la commotion provoquée par ses œuvres. Autrement dit, plutôt que de s'intéresser à celles-ci, les journalistes ont préféré rappeler les circonstances dans lesquelles elles ont été révélées au monde[16].

Dans les années 1883-1884, Henry Havard publie une série de chroniques parisiennes dans le quotidien *Het Algemeen Handelsblad*, offrant ainsi à des lecteurs comme Breitner des appréciations de première main relatives à la scène artistique de la capitale française ; cependant, le critique émet un avis négatif sur les impressionnistes. Ainsi, évoque-t-il Manet comme un anarchiste opiniâtre : « Sans doute ne vais-je rien vous apprendre de nouveau en disant qu'on le considérait, au sein de l'école picturale, comme le chef de l'anarchisme et de l'intransigeance. Bien que sa formation initiale laissât beaucoup à désirer et que l'on pût discuter son talent, il n'en est pas moins devenu l'apôtre d'une nouvelle école qui a compté, pendant un certain temps, des disciples[17]. »

Breitner a peut-être vu des œuvres de peintres académiques français contemporains lors de l'Exposition internationale et coloniale organisée à Amsterdam en 1883, qui accueillait en effet des représentants de tous les pays[18]. À la différence de ceux des Pays-Bas, les envois français comptaient les incontournables nus signés Albert Aublet, Achille Benouville, Emmanuel Benner, Henri-Paul Motte, Édouard Sain. Aublet et Motte étaient présentés comme des élèves de Jean-Léon Gérôme, Benouville et Sain comme ceux de Francois-Édouard Picot, le maître de Jozef Israëls dans les années 1840. Benner, le peintre de figures le plus réputé des cinq, avait suivi l'enseignement de Léon Bonnat. Peut-être ces précisions, mentionnées dans le catalogue, ont-elles conduit Breitner à suggérer à son mécène, Van Stolk, de lui donner les moyens d'aller parfaire sa formation à Paris, dans l'atelier de Gérôme [19]. En outre, ses camarades de l'académie de La Haye Frits Jansen (1881, atelier Bonnat) et Willem de Zwart (1883) venaient de séjourner plus ou moins longuement à Paris [20]. Le rêve parisien de Breitner a ainsi pu être encouragé par ces différents facteurs.

Il a donc fallu attendre 1883 pour voir exposées les premières œuvres d'impressionnistes français aux Pays-Bas. Parallèlement à l'Exposition internationale et coloniale d'Amsterdam, le marchand d'art Durand-Ruel présentait en juillet, à Rotterdam, des toiles pour attirer l'attention sur ces peintres. L'événement se déroulait au Kunstclub, cercle artistique et commercial fondé depuis peu par les frères De Kuyper. Les sources relatives à cette manifestation ne sont pas nombreuses mais une lettre de Camille Pissarro à son fils révèle que celle-ci rencontre un certain succès : « Il [Durand-Ruel] paraît très satisfait de la tournure d'une exposition de nos œuvres faite ces jours-ci à Rotterdam [21]. » Outre celles de Pissarro, les visiteurs ont probablement pu découvrir des toiles d'Auguste Renoir, d'Alfred Sisley et de Claude Monet. Peu avant, le 29 mai, De Kuyper n'avait-il pas acheté à Durand-Ruel un tableau du premier [22] (*Jeune fille endormie*, 1880) ? L'exposition a ensuite voyagé à Berlin, Londres et Boston ; en se basant sur les œuvres montrées dans ces villes, on peut en déduire que des tableaux de Monet et de Sisley figuraient également à Rotterdam [23].

Les activités des frères De Kuyper n'échappent pas à Breitner, lequel expose d'ailleurs à l'automne 1883 au Kunstclub [24]. Il est vraisemblable qu'il a visité la manifestation de juillet. Quand Van Stolk lui reproche, à la fin de cette même année, d'adopter « la manière bâclée des impressionnistes », l'artiste lui répond : « [...] vous parlez d'impressionnisme, dont vous me pardonnerez de vous dire que vous ne semblez pas y entendre goutte [25]. » Si la date de cette dernière lettre incite à penser que Breitner renvoie aux impressionnistes exposés

peu avant au Kunstclub, rien ne nous dit que ceux-ci ont motivé son choix de se rendre à Paris. La raison de son départ réside essentiellement, semble-t-il, dans la volonté de l'artiste de se perfectionner dans l'art de la représentation de la figure humaine.

1884 : apprentissage à Paris

En mai 1884, Breitner gagne Paris en train. Deux semaines plus tard, il adresse une première lettre à Van Stolk. Il a alors déjà eu l'occasion de se rendre au Louvre, au musée du Luxembourg et au Salon, d'où il est sorti très satisfait. Selon lui, ses compatriotes y sont bien représentés ; il ne dit pas un mot au sujet des artistes des autres pays. Il n'en exprime pas moins son admiration pour la manière des Français – un « métier » qu'il ne maîtrise pas mais qu'il est convaincu d'acquérir à Paris. Dans la même lettre, il demande à Van Stolk de lui envoyer un peu plus d'argent. Il laisse entendre que les portes de l'atelier d'Alexandre Cabanel ou de celui de Fernand Cormon lui sont ouvertes à condition qu'il soit à même de payer les leçons. Il se plaint de la cherté de la vie parisienne, d'autant qu'un jeune artiste éprouve les pires difficultés à vendre ses œuvres [26].

On ignore si Van Stolk donna suite à la demande de Breitner. Ce qui est certain, c'est que celui-ci n'a pas pu séjourner six mois de plus sur les bords de la Seine – dont un en se formant auprès de Cormon – sans aide financière [27]. Cormon, qui venait de reprendre l'atelier de Léon Bonnat, était réputé pour la qualité de sa technique, qualité qui a sans doute joué un rôle dans le choix de Breitner. Connu pour être un maître ouvert et indulgent, il était populaire auprès des jeunes peintres. Les avant-gardistes tels que Vincent van Gogh, Émile Bernard et Henri de Toulouse-Lautrec ont suivi son enseignement ; aux yeux de l'historien d'aujourd'hui, l'atelier de Cormon passe pour avoir été un véritable foyer des innovations de l'époque [28]. Toulouse-Lautrec a donc peut-être été un condisciple de Breitner. Toutefois, on ne garde aucune trace des contacts qui ont pu s'établir entre eux, pas plus que des liens que le Hollandais aurait pu tisser avec d'autres élèves de l'atelier. On est d'ailleurs en droit de se demander s'il a fréquenté le lieu avec une réelle assiduité. Les carnets de croquis qui subsistent de cette période donnent l'impression qu'il a conservé à Paris ses habitudes haguenoises : vagabonder en ville, croquer des scènes du quotidien.

Trois carnets nous fournissent un bon aperçu de ses errances et des sujets qui retiennent alors son attention[29]. Au début de son séjour, Breitner habite dans une chambre au 8, rue Boinod, dans le 18e arrondissement ; après la « période Cormon », on le retrouve au 11, rue Constance, non loin de Montmartre[30], un quartier populaire et pauvre, bien loin des mondanités. Point de grands magasins, point de luxe, point de grands boulevards, mais des petites maisons délabrées dans des venelles, des chevaux efflanqués[31]. Pour Breitner – le « peintre du peuple » –, ces ruelles escarpées sont autant de sources d'inspiration. Ses carnets de croquis confirment son attachement aux sujets saisis sur le vif. Ses thèmes favoris – chevaux, scènes de rue et passants **(fig. 144 et 145)** – reviennent à maintes reprises.

Breitner ne se limite d'ailleurs pas à Montmartre ; il s'est promené dans toute la ville et a par exemple laissé une esquisse de la place des Ternes. Ses carnets regorgent aussi de scènes militaires et d'études d'armures, peut-être inspirées de pièces d'artillerie vues à l'hôtel des Invalides[32]. Autorisé à visiter les collections de statues de l'École des beaux-arts, le Hollandais a pu observer des modèles en plâtre[33]. En outre, il crayonne un certain nombre de figures et de portraits. L'un d'eux représente, ainsi que nous l'apprend une mention ultérieure de la main même de Breitner, le peintre anglo-américain Robert Wickenden qu'il a beaucoup fréquenté à Paris. Étudiant à l'École des beaux-arts, ce dernier, à la différence de l'artiste néerlandais, travaillait dans le style de l'école de Barbizon[34]. Ces rapports amicaux se révèlent d'autant plus intéressants qu'on avait cru jusqu'à présent que Breitner n'avait pour ainsi dire lié réellement connaissance avec personne

144 **George Hendrik Breitner**
Immeubles parisiens, 1884
Craie noire et lavis gris au pinceau sur papier, 12 × 19 cm
Amsterdam, Rijksmuseum

à Paris. Il n'y a donc pas mené une existence aussi solitaire qu'on a pu l'imaginer.

Au cours de son séjour parisien, Breitner a également peint quelques tableaux. La palette sombre, les sujets et la touche déliée de ces œuvres montrent en premier lieu une réelle continuité avec ses créations antérieures, par exemple les scènes de rue de La Haye ou les scènes d'artillerie. À y regarder de plus près, on remarque que l'environnement parisien l'a réellement influencé, comme en témoigne *Le Cheval de Montmartre* (dit encore *Soirée à Paris* ou *Souvenir de Montmartre* ; **fig. 147**) : cette scène nocturne montre un cheval blanc attendant tout seul dans la rue, tandis que des passants se hâtent sans daigner lui accorder un regard. Le fort clair-obscur crée une atmosphère mystérieuse ; la perspective retenue place le spectateur dans un face-à-face avec l'animal. Pareille scène de rue constitue un sujet typique de la littérature naturaliste française – les descriptions que Breitner avait entre autres lues dans *Manette Salomon*, le roman des frères Goncourt, prenaient ainsi vie sous ses yeux[35].

Dans ses carnets parisiens, Breitner inscrit des noms et des adresses. On trouve notamment les coordonnées du marchand d'art hollandais Elbert Jan van Wisselingh, domicilié 56, rue Lepic[36], qui tenait une galerie au 52, rue Laffitte. On sait aussi que le peintre a rendu visite à Theo van Gogh, chacun ayant noté l'adresse de l'autre[37]. Depuis 1879, le frère de Vincent van Gogh travaillait à Paris où il s'était associé avec le marchand d'art Adolphe Goupil (maison rebaptisée Boussod, Valadon & Cie à compter de 1884). Ce dernier n'était pas du tout un inconnu dans le monde de l'art parisien. À la tête de plusieurs succursales en France et à l'étranger, il avait fait fortune en vendant des reproductions et des œuvres académiques populaires. Au milieu

145 **George Hendrik Breitner**
Vue d'un chemin avec charrette, 1884
Craie noire sur papier, 12 × 19 cm
Amsterdam, Rijksmuseum

des années 1880, grâce entre autres aux efforts de Theo van Gogh, Goupil commença à vendre également des œuvres des peintres impressionnistes. S'il est peu probable que Breitner ait vu des toiles impressionnistes chez Goupil, on peut imaginer, en revanche, qu'il a discuté avec Van Gogh des évolutions les plus récentes de l'art et qu'ils ont visité ensemble des expositions. Theo Van Gogh montrait un grand intérêt pour les créations de son temps ; il admirait en particulier Edgar Degas – un génie selon lui –, qui était à la peinture ce que Zola était à la littérature [38].

Au XIXe siècle, nombre de marchands d'art étaient établis rue Laffitte. Ils utilisaient leurs vitrines pour y exposer de nouveaux travaux ; se promener dans cette artère revenait en quelque sorte à visiter un musée. Breitner a sans doute contemplé là bien des œuvres récentes. L'un des galeristes parmi les plus connus, Paul Durand-Ruel, est resté dans l'histoire de l'art comme l'un des grands promoteurs de l'impressionnisme [39]. En 1884, le marchand, alors au bord de la faillite, n'organisa pas de grande exposition [40]. Il n'en

continua pas moins à présenter des œuvres dans sa vitrine. On peut penser que Breitner y a vu quelques tableaux de Degas. Toujours réticent à se défaire de ses créations, celui-ci, après un refus de huit mois, avait tout de même fini par en vendre quelques-unes en janvier à Durand-Ruel – pour l'essentiel des pastels et des dessins de jockeys et de danseuses. Le 30 juin, le marchand acquit par ailleurs un tableau figurant un champ de courses qui a sans aucun doute trouvé lui aussi une place dans sa vitrine, étant donné le peu de visibilité des œuvres du peintre [41]. Le sujet ne pouvait bien entendu qu'attirer l'attention de Breitner. Pour sa part, il s'était attelé en 1883 à une grande toile (105 x 304 cm) figurant un groupe de chevaux au galop : *Rencontre* (dit aussi *Charge de hussard* ; La Haye, Gemeentemuseum). Il acheva cette œuvre à son retour aux Pays-Bas et l'envoya en 1885 à l'Exposition universelle d'Anvers, puis en 1889 à celle de Paris [42].

C'est justement à l'occasion de l'Exposition universelle de 1889 que Breitner revient

146 **George Hendrik Breitner**
Démolition boulevard Montmartre (La Charrette), 1884
Huile sur toile, 27,5 × 35,5 cm
Zwolle et Heino-Wijhe, musée De Fundatie

147　**George Hendrik Breitner**
Le Cheval de Montmartre, 1884
Huile sur toile, 89 × 146 cm
Amsterdam, Stedelijk Museum

George Hendrik Breitner

148 **George Hendrik Breitner**
Rue de Paris, vers 1900
Tirage moderne
La Haye, RKD-Nederlands Instituut voor Kunstgeschiedenis

149 **George Hendrik Breitner**
Chevaux de trait à Paris, vers 1900
Tirage moderne
La Haye, RKD-Nederlands Instituut voor Kunstgeschiedenis

150 **George Hendrik Breitner**
Rue avec un fiacre à Paris, vers 1900
Tirage moderne
La Haye, RKD-Nederlands Instituut voor Kunstgeschiedenis

à Paris **(fig. 148 à 150)**. Dans le pavillon néerlandais, il expose trois œuvres, *Rencontre*, *Cheval blanc* et *Nègre*[43], dont l'une – on ne sait pas laquelle – lui valut une médaille d'argent. En cette année du centenaire de la Révolution, l'art français du XIXe siècle jouit d'une attention particulière en faisant l'objet de deux grandes rétrospectives : l'Exposition centennale de l'art français (1789-1889) et l'Exposition décennale de l'art français (1878-1889). Invité à exposer dans le cadre de la première, Degas avait refusé[44]. Manet, quant à lui, était bien représenté – certes à titre posthume –, avec entre autres sa célèbre *Olympia*[45], un tableau qui impressionna fortement Breitner[46]. En effet, à peu près à la même époque, le Hollandais a photographié son modèle dans une attitude proche de celle qu'adopte Victorine Meurent pour *Olympia* **(fig. 151)**.

Breitner, Degas et Manet

En décembre 1884, de retour aux Pays-Bas après son premier séjour parisien, Breitner devient membre du Pulchri Studio, société artistique haguenoise, aux expositions de laquelle il prend part. On le voit souvent aussi à Amsterdam où son travail est montré chez Arti et Amicitiae, société artistique locale[47]. L'année 1886 marque une nouvelle étape dans sa carrière : le Rijksmuseum, qui vient d'ouvrir ses portes dans la capitale néerlandaise, acquiert son tableau *Dans les dunes* (*Les Cavaliers jaunes*) – un achat étonnant puisque la toile n'avait pas convaincu la critique, qui avait reproché au peintre de céder à un style trop « moderne ». Un chroniqueur l'accusait indirectement d'être trop français : « Le peintre a un talent indéniable, il entend emprunter un

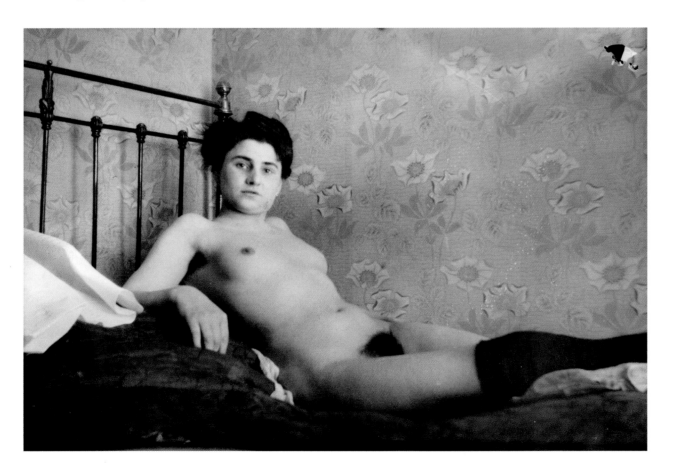

151 **George Hendrik Breitner**
Nu allongé, vers 1890
Tirage moderne
La Haye, RKD-Nederlands Instituut voor Kunstgeschiedenis

chemin *propre*, mais ce faisant, il lui faudra veiller à ne pas sacrifier ses dons à une manie : *manie* vient de Manet[48]. »

En septembre 1886, Breitner décide de s'installer à Amsterdam. Il s'inscrit à la Rijksakademie, cette fois encore pour se consacrer à l'étude de la représentation de la figure humaine. Le doute qui l'habite, et qui ne cessera de le hanter sa vie durant, offre un contraste saisissant avec le succès grandissant qu'il connaît. À l'instar de Willem Maris quelques années plus tôt, ses professeurs estiment qu'il a largement dépassé le statut de simple élève. De même, ses condisciples voient en lui tant un artiste accompli qu'un héraut de la nouvelle peinture[49]. Certains sujets qu'il explore à l'époque révèlent cependant que, marqué par son expérience parisienne, il s'est familiarisé avec de nouvelles idées et qu'il cherche, après son court apprentissage au sein de l'atelier de Cormon, à les faire véritablement siennes. En réalisant quatre études de danseuses de ballet et une toile d'un grand groupe de nus, il s'engage à partir de 1885 dans une toute nouvelle direction.

La danse constitue alors un thème tout à fait inédit aux Pays-Bas. Les catalogues des différentes Expositions des maîtres vivants organisées dans les années 1875-1888 n'en offrent aucun exemple[50]. L'Exposition internationale et coloniale d'Amsterdam de 1883 ne présentait pas non plus la moindre œuvre traitant ce thème. En la matière, Degas fait figure de pionnier. Il est fort possible que Breitner ait découvert le sujet grâce aux peintures et dessins du Français exposés dans la vitrine de Durand-Ruel ou dans celles d'autres marchands de la rue Laffitte **(fig. 152)**.

Breitner date une ballerine assise, peinte en tout point dans l'esprit de Degas, de 1885-1886, autrement dit peu de temps après son retour de Paris[51]. *Danseuse* **(fig. 153)** le rapproche plus encore du Français, par son coloris jaune clair, mais aussi par sa texture crayeuse. Cette œuvre sur papier a été acquise par le marchand de tabac Jacobus J. Tiele, collectionneur rotterdamois qui a acheté ses premiers Breitner vers 1888, et notamment *Le Cheval de Montmartre*[52]. Une esquisse au crayon et à l'aquarelle conservée au Kröller-Müller Museum d'Otterlo montre beaucoup de similitudes avec cette *Danseuse* ; elle semble avoir été croquée sur le vif, tout comme un grand dessin de deux ballerines assises au repos (aujourd'hui au Teylers Museum, à Haarlem).

C'est le Nederlandsche Etsclub qui a le premier exposé un dessin de ballerine de Degas aux Pays-Bas (1888). Fondée par Jan Veth et Willem Witsen, deux étudiants de la Rijksakademie, en 1885, un an avant que Breitner ne s'installe à Amsterdam, cette Société néerlandaise des aquafortistes entendait stimuler la gravure autonome en éditant chaque année un portfolio donnant lieu à une exposition à La Haye ou à Amsterdam. L'Etsclub ne tarde pas en réalité à devenir une tribune pour l'art novateur[53]. Dès la deuxième exposition (1888), la Société invite des artistes étrangers ; le public peut ainsi voir des œuvres de Camille et Lucien Pissarro, Félicien Rops, Georges Seurat ou Odilon Redon.

De Degas, « l'un des maîtres de l'impressionnisme français », ainsi que le présente Witsen dans *De Nieuwe Gids* (*Le Nouveau Guide*), revue de l'avant-garde littéraire et artistique néerlandaise, on pouvait découvrir le dessin de ballerine susmentionné, ainsi que quatre lithographies faites d'après ses œuvres par Georges William Thornley[54]. Selon le même Witsen, Degas se révèle un observateur attentif : « Son croquis : une danseuse de ballet au repos, en appui, nous frappe par sa réalité massive et sa laideur, la laideur de ses formes et la laideur de ses proportions ; il ne pouvait en être autrement ; ce n'est en rien une laideur recherchée, cela n'aurait fait que l'exagérer, c'est de la simple laideur, telle qu'il l'a vue, restituée en quelques lignes simples [...]. C'est là de l'art particulièrement individuel. En rien un art qui suscite de fortes émotions – bien plutôt un art puissamment intellectuel[55]. » Cette description pourrait s'appliquer sans pratiquement la moindre retouche à la *Danseuse* de Breitner **(fig. 153)**.

Les lithographies du Français Thornley, réalisées à la demande de Theo van Gogh sous la supervision de Degas, ont été à l'origine exposées en avril 1888, probablement dans la vitrine de la filiale Boussod, Valadon & Cie du boulevard Montmartre, où Van Gogh tenait le sceptre[56]. Félix Fénéon en a fait l'éloge dans *La Revue indépendante* : « Quatre lithographies de M. G. W. Thornley, d'après Degas, suscitent, d'une éloquence laconique et essentielle, les originaux. » Le critique anarchiste ajoutait que d'autres devraient suivre[57]. L'ayant lu, Jan Veth, secrétaire du Nederlandsche Etsclub, se tourne sans tarder vers Theo van Gogh afin d'obtenir un prêt des lithographies pour l'exposition de juin. Il s'agit de trois dessins de *Danseuses* et d'une *Femme à la toilette* [58] (**fig. 154**).

C'est ainsi que le grand public néerlandais voit pour la première fois des œuvres de Degas – des œuvres bien trop audacieuses aux yeux du critique conformiste David van der Kellen : « Quelles femmes balourdes, disgracieuses, difformes ! Plutôt que cela, nous préférons nous passer d'art [59]. » Mais à Breitner, le dessin et les lithographies inspirèrent sans aucun doute la joie intérieure de la reconnaissance. On peut supposer qu'il s'est rendu à l'exposition de l'Etsclub à Arti et Amicitiae puisqu'il y présentait lui-même quelques feuilles tirées de ses carnets. L'année suivante, la maison Boussod, Valadon & Cⁱᵉ publie une série de quinze lithographies de Thornley, dont *Le Jockey*, *Le Bain* (d'après un pastel de 1886), une *Femme sortant du bain* et *À la barre*.

L'exposition organisée par l'Etsclub à l'automne 1889 montre deux lithographies de cette nouvelle série – on ne sait malheureusement pas lesquelles [60]. En outre, Breitner demande à Charles Destrée, qui travaillait alors chez Durand-Ruel, de lui envoyer une reproduction de la « belle petite peinture aux jockeys », désignant probablement par ces termes la lithographie de Thornley [61].

On sait qu'à la même époque, deux autres artistes travaillaient aux Pays-Bas sur ce thème inattendu des danseuses de ballet. On est en droit de penser que l'un d'eux, Willem de Zwart, a réalisé avec Breitner lui-même des études de ballerines à l'aquarelle. Les croquis de Breitner conservés au Kröller-Müller Museum présentent de nombreuses similitudes avec celles-ci, entre autres une même harmonie chromatique et une même datation [62] (1885). Il pourrait s'agir

152 **Edgar Degas**
Le Foyer de la danse à l'Opéra de la rue Le Peletier, 1872
Huile sur toile, 32,7 × 46,3 cm
Paris, musée d'Orsay

153 George Hendrik Breitner
Danseuse, 1884
Aquarelle et gouache sur papier, 68 × 58 cm
Collection H. A. van Rijbroek

George Hendrik Breitner

de danseuses de la Compagnie allemande d'A. Genée, qui se sont produites en septembre 1885 à La Haye [63]. Mais les artistes ont tout aussi bien pu assister à des répétitions de danse au Théâtre royal français de La Haye, ou encore au Stadsschouwburg et au Palais voor Volksvlijt d'Amsterdam [64].

Dans ces mêmes mois, l'écrivain Frans Netscher publiait un ouvrage intitulé *Studie's naar het naakt model* (*Études d'après modèle nu*, 1886). La nouvelle « Oproer in het ballet » (« Révolte au sein du ballet ») restitue, dans l'atmosphère de Zola et de Guy de Maupassant, le monde de la danse à travers les yeux du corps de ballet. Le recueil est enrichi d'illustrations de Pieter de Josselin de Jong. Il y a de fortes chances pour que l'auteur comme l'illustrateur aient été eux aussi inspirés par les ballerines de Degas. Tous deux connaissaient bien Paris. De Josselin de Jong avait fréquenté l'atelier de Cabanel à l'École des beaux-arts au début des années 1880. Rien ne permet de dire qu'il a été proche de Breitner, mais les deux peintres fréquentaient les mêmes cercles, notamment le Pulchri Studio de La Haye. D'après ce que Netscher rapporte au sujet de la réalisation des illustrations, il s'avère que De Josselin de Jong a fait appel à des modèles qui ont posé dans son atelier [65]. Ce n'est pas ce que suggèrent les dessins de Breitner et de Willem de Zwart, même si l'on ne peut tout à fait exclure cette hypothèse.

Nus

Le travail de Degas, dans la « traduction » de Thornley, a probablement incité Breitner à peindre une série de nus dans les années 1886-1891. Les premiers commentateurs de l'œuvre du Rotterdamois ont associé cet ensemble

154   Georges William Thornley (d'après **Edgar Degas**)
La Sortie du bain, 1889
Lithographie, 22,2 × 29,6 cm (bords de la plaque)
Paris, bibliothèque de l'Institut national d'histoire de l'art

à la période où celui-ci poursuivait sa formation à la Rijksakademie et l'ont daté de 1886 et des années suivantes [66]. La première fois que Breitner a présenté certaines des toiles en question au public, c'est en 1888 lors d'une exposition des membres du Pulchri Studio. Une photographie montre sur le mur du fond, à gauche, *Anna, couchée nue sur un drap jaune* (fig. 155), à droite, un nu couché qui n'a pas été identifié et, au milieu, un *Nu debout sur fond rouge* (localisation inconnue). Du premier, on peut dire qu'on est encore en présence d'une œuvre de facture académique, en raison des contours et de la sensualité idéalisée, « coquette », à la Cormon, Cabanel et Gérôme. En même temps, on relève une similitude frappante dans la pose du modèle et la tonalité chromatique avec le pastel *Baigneuse allongée sur le sol* de Degas (fig. 156), acheté probablement par Theo van Gogh vers 1888 pour Boussod, Valadon & Cie [67]. Du *Nu debout sur fond rouge*, bien plus schématique, émane une sexualité qui peut déstabiliser le regardeur.

En 1891, Breitner a montré lors d'une exposition organisée dans un hangar provisoire, à côté des locaux d'Arti et Amicitiae, un groupe de nus s'éloignant de tout académisme. La critique d'art Marius les a qualifiés « de puissantes études enlevées, saisies sur le modèle, larges et planes [...] », soulignant « les tons d'ambre en nuances intermédiaires sur du blanc, du rose, chaudes couleurs soutenues à la verticale sur le drap blanc devant lequel le modèle a posé, grand corps sculpté, moderne dans son acceptation de la vie [68] » (fig. 157). C'est de l'art fidèle à la vie – exactement ce contre quoi Van der Kellen s'est élevé et ce que Marius a mis à l'honneur, cette dernière voyant dans ces nus le credo de Breitner, « peintre du peuple ». Entretemps, le peintre s'était rendu à l'Exposition universelle de Paris où il avait admiré l'*Olympia* de Manet. Retrouvant sans doute dans cette œuvre ses propres aspirations, il avait été enthousiasmé.

La série de nus correspond à une vingtaine de peintures, de dessins et de gravures. Elle en comptait davantage à l'origine, Breitner ayant en effet réutilisé certaines des toiles de cet ensemble [69]. La grande variété de cette série ne manque pas de surprendre ; le modèle adopte différentes poses – debout, assise ou couchée sur le lit, devant un drap blanc, jaune, rouge ou bleu clair. À l'exception de l'une d'elles, aucune des œuvres n'est datée ; il s'avère donc difficile de cerner une évolution stylistique. Ce sont surtout les versions montrant le modèle en train de ramasser ses vêtements (fig. 159), debout dans une bassine, nue ou à moitié dévêtue, qui rappellent fortement la série des *Femmes à la toilette* de Degas [70] (fig. 158). Depuis Rembrandt, personne n'avait peint en Hollande le corps féminin nu de façon aussi réaliste. Au cours des deux siècles séparant Rembrandt de Breitner, les artistes avaient représenté la femme d'une manière classique et idéalisée ; qui plus est, à compter du début du XIXe siècle, le nombre de nus avait diminué dans la peinture hollandaise [71].

Ces toiles sans équivoque ne pouvaient que susciter une certaine désapprobation. Cependant, l'exposition de 1891 recueillit nombre d'échos positifs [72]. Un critique parla d'« une collection de peintures dans laquelle Breitner jou[ait] le premier violon dans le genre impressionniste [73] ». Signe du caractère avant-gardiste de ces œuvres, plusieurs d'entre elles sont entrées en possession d'amis artistes. Ainsi, Floris Verster possédait *Femme debout, à demi dévêtue* (voir fig. 157), Nicolaas Bastert un nu couché (Rotterdam, Museum Boijmans Van Beuningen) et Kees Maks un *Mi-nu assis* (Laren, Singer Museum). Le critique Jan Veth se montra particulièrement dithyrambique : « Quel artiste ! Quelle audace et quelle dextérité, une dextérité peut-être jamais vue encore ! Manet, avec son regard hardi et franc, n'a jamais peint ainsi, me semble-t-il [74]. »

Un impressionniste hollandais excentrique

Quand Breitner s'est rendu à Paris en 1884, il a procédé de façon réfléchie en se concentrant surtout sur la peinture de figures, tout comme d'ailleurs plus tard lorsqu'il a fréquenté l'Académie d'Amsterdam. Dans un premier temps, il est resté fidèle à ses thèmes de prédilection, notamment le cheval, et à son style. Les influences parisiennes ne semblent s'être manifestées qu'après son retour aux Pays-Bas à travers un nouveau choix de sujets : les ballerines et le nu. Il s'agit là d'un trait typique de l'artiste : plutôt que de « copier », il a toujours préféré ne retenir chez les autres que les éléments et composantes qui l'intéressaient.

155 George Hendrik Breitner
Nu allongé, 1888
Huile sur toile, 95 × 146 cm
Amsterdam, Stedelijk Museum

156 Edgar Degas
Baigneuse allongée sur le sol, vers 1885
Pastel sur papier, 48 × 87 cm
Paris, musée d'Orsay

157 **George Hendrik Breitner**
Femme debout, à moitié dévêtue, vers 1889
Huile sur toile, 145 × 93 cm
Otterlo, Kröller-Müller Museum

George Hendrik Breitner

158 Edgar Degas
Le Petit Déjeuner après le bain (Le Bain), vers 1894
Fusain et pastel sur papier, 104 × 68,5 cm
Triton Collection Foundation

159 **George Hendrik Breitner**
Modèle rassemblant ses habits, 1888
Huile sur toile, 85 × 100 cm
La Haye, collection particulière

Bien entendu, Breitner n'est pas le seul à avoir découvert l'art moderne français à cette époque. De nombreux avant-gardistes hollandais, y compris des écrivains, éprouvèrent alors une forte attirance pour la culture française, nourrie par des séjours plus ou moins longs à Paris. Il aura simplement fallu attendre quelques années pour que l'on saisisse qu'une nouvelle génération avait succédé aux maîtres de Barbizon[75]. Fait frappant, l'impressionnisme ne s'acclimata guère aux Pays-Bas, si ce n'est à travers Breitner et Isaac Israëls, qui lui aussi était venu à Paris **(fig. 160)**. Certains de leurs contemporains, tels Jan Toorop, Johan Thorn Prikker et Floris Verster, montrèrent, à partir de 1886, un plus grand intérêt pour le pointillisme de Seurat et le symbolisme de Redon. Après 1891, l'œuvre de Van Gogh provoqua une nouvelle onde de choc.

En définitive, Breitner est l'un des très rares artistes néerlandais à avoir pris la rue comme sujet de sa peinture pour la restituer avec une touche impressionniste **(fig. 161)** – et ce sans jamais cesser d'évoluer. À partir de 1893, il s'est mis en quête de nouvelles thématiques, comme en témoignent par exemple sa série de jeunes filles en kimono **(fig. 163)** et ses célèbres représentations d'Amsterdam[76] **(fig. 162)**. Bien que l'origine de ses nus réside sans conteste dans sa rencontre avec la peinture française moderne, il a su leur conférer une teneur propre : ainsi, il n'opta pas pour les clairs coloris de ses confrères français, préférant s'en tenir à sa gamme rembrandtesque et privilégier une expressivité plus crue que la sensualité frivole de Degas ou de Manet.

(traduit du néerlandais par Daniel Cunin)

160　**Isaac Israëls**
La Toilette d'une danseuse, vers 1913
Huile sur panneau, 55,2 × 37, 8 cm
Otterlo, Kröller-Müller Museum

161 **George Hendrik Breitner**
À bord, 1897
Huile sur toile, 57 × 99 cm
Amsterdam, Stedelijk Museum

George Hendrik Breitner

162 George Hendrik Breitner
Une soirée sur le Dam d'Amsterdam, 1893
Huile sur toile, 147 × 223 cm
Amsterdam, Stedelijk Museum, don J.F.S. Esser

163 **George Hendrik Breitner**
Le Kimono rouge, 1893
Huile sur toile, 51,5 × 76 cm
Amsterdam, Stedelijk Museum, don VVHK

George Hendrik Breitner

164 **Vincent van Gogh**
Autoportrait, 1887
Huile sur toile, 41 × 33 cm
Amsterdam, Van Gogh Museum (Vincent van Gogh Foundation)

Vincent van Gogh

LE DÉVELOPPEMENT D'UN ARTISTE D'AVANT-GARDE

Nienke Bakker

« Paris est Paris, il n'y a qu'un seul Paris et, si dure que la vie puisse être ici, et même si elle devenait pire et plus dure, l'air de France éclaircit l'esprit et fait du bien, énormément de bien. » Lorsque Vincent van Gogh (1853-1890) écrit ces mots à Horace Mann Livens, une connaissance de l'académie d'Anvers[1], à l'automne 1886, il vit depuis plus de six mois à Paris, et sa lettre, l'une des rares de cette période, nous éclaire sur les ambitions et les attentes avec lesquelles il est venu dans la capitale[2]. La vie à Paris est chère, écrit-il, mais on a davantage de chances de vendre des œuvres ou de les échanger avec d'autres artistes, et il y a beaucoup à voir – « par exemple, *Delacroix*, pour ne nommer qu'un seul maître », et les impressionnistes. Au cours des mois précédents, il a peint une série d'études, notamment des paysages et des natures mortes de fleurs, et a fréquenté l'atelier du peintre Fernand Cormon pendant quelques mois. Il a également exposé des études chez des marchands et réalisé des échanges avec plusieurs artistes. Son but rejoignait donc celui de chaque artiste débutant qui partait pour Paris : suivre des cours, exposer et vendre. Pour avoir du succès, il ne s'agit certainement pas de se « reposer sur un lit de roses », mais ce « qu'on peut gagner ici, c'est de faire des PROGRÈS et, par tous les diables, je peux assurer que c'est ce qu'on y trouve[3] ».

Le désir de « faire des progrès » et la possibilité de vendre ses œuvres sont les principales raisons qui poussent Van Gogh, à la fin du mois de novembre 1885, à échanger la campagne brabançonne pour la ville portuaire d'Anvers et, deux mois plus tard, pour la métropole parisienne. Il a consacré les premières années de sa carrière artistique à la peinture de paysages et de figures paysannes dans des couleurs sourdes. À la fin de l'année 1883, il s'est établi dans le village brabançon de Nuenen et s'est autoproclamé « peintre de la vie paysanne », à l'exemple de Jean-François Millet qu'il admire. Avec *Les Mangeurs de pommes de terre*, un tableau qu'il considère jusqu'à présent comme son œuvre la plus importante, il veut faire son entrée dans le monde de l'art, en 1885, par l'intermédiaire de son frère, Theo, qui gère la filiale parisienne de la galerie Boussod, Valadon & Cie (anciennement Goupil & Cie) sur le boulevard Montmartre et qui le soutient financièrement. Mais les critiques de Theo et d'autres sur les couleurs sombres de ses toiles et les imperfections anatomiques de ses figures l'obligent à reconnaître qu'il est dans une impasse. À Nuenen, il est coupé du monde de l'art et des artistes, et voilà des années qu'il dépend matériellement de son frère et qu'il n'a aucun espoir de vendre ses tableaux. En novembre 1885, lorsque son travail piétine parce qu'il peine à trouver des modèles en raison de la controverse soulevée par son comportement et que le froid l'empêche de travailler à l'extérieur, il décide de partir[4]. Même s'il caresse déjà depuis longtemps l'idée d'aller à Paris, son choix se porte d'abord sur Anvers. Situé à une petite centaine de kilomètres de Nuenen, sur la route de la capitale française, Anvers présente tous les avantages d'une grande ville : une académie des beaux-arts, des musées et, pense-t-il, de nombreuses possibilités d'écouler ses œuvres par l'intermédiaire de marchands de tableaux.

La vie à Anvers, les visites dans les musées et la disponibilité des modèles font en effet progresser son travail. Il peint plusieurs portraits, suit même un cours de dessin et de peinture à l'Académie – ce à quoi il s'était toujours refusé autrefois,

craignant de contrarier le développement de son propre style –, et s'inscrit encore à deux autres cours de dessin. Mais à l'Académie, il ne tarde pas à se quereller avec ses professeurs ; en outre, les ventes espérées n'ont pas lieu, si bien que dans ses lettres à Theo il parle de plus en plus souvent de venir s'installer rapidement à Paris. Des considérations d'ordre pratique vont de nouveau justifier sa décision. À la fin du mois de février 1886, lorsque son cours de dessin se termine et qu'il se retrouve dans l'incapacité de payer son loyer, il déménage précipitamment et se présente, à l'improviste et donc beaucoup plus tôt que prévu, chez son frère Theo à Paris[5]. Deux ans plus tard, épuisé par la vie qu'il a menée dans la capitale, il quitte celle-ci pour la petite ville d'Arles, à la recherche d'un certain repos, d'un climat meilleur et de couleurs plus chaudes.

165 **Vincent van Gogh**
Vue depuis l'atelier de Vincent, 1886
Huile sur carton, 30,1 × 40,8 cm
Amsterdam, Van Gogh Museum (Vincent van Gogh Foundation)

Pendant ces deux années décisives, le peintre réaliste de figures paysannes va devenir un artiste moderne sur les traces des (néo-)impressionnistes et se faire une petite place au sein de l'avant-garde[6]. Comment ce processus s'est-il déroulé et quels en ont été les moments importants ? Et que lui a finalement apporté son séjour à Paris lorsqu'il part pour Arles en 1888, « bien navré et presque malade et presqu'alcoolique[7] » ?

Nouvelles impressions

Pendant les premiers mois de son séjour à Paris, Vincent partage le petit appartement de Theo, au 25, rue Laval (aujourd'hui rue Victor Massé), au pied de la butte Montmartre. Tout près, sur le boulevard de Clichy, se trouve l'« atelier libre » de Fernand Cormon, un peintre académique alors très apprécié, où Van Gogh s'est inscrit dès son arrivée à Paris. Les apprentis artistes y dessinent et peignent d'après le modèle nu et habillé, tandis que Cormon, dont l'atelier personnel est ailleurs, ne s'y rend qu'une fois par semaine pour distribuer ses conseils aux élèves. Van Gogh y exécute surtout des dessins d'après le modèle nu ou d'après des moulages en plâtre de sculptures classiques pour s'exercer à représenter de la manière la plus juste possible l'anatomie, les poses et les proportions. Même si, plus tard, il dira que son apprentissage chez Cormon n'a pas été aussi utile qu'il l'avait espéré, il y rencontre quelques peintres avec lesquels il se lie d'amitié : Émile Bernard, Henri de Toulouse-Lautrec, Louis Anquetin et John Peter Russell. Alors qu'il avait l'intention de rester trois ans chez Cormon, il part en juin 1886, après seulement trois mois[8]. Il s'installe avec Theo dans un appartement plus grand, au 54, rue Lepic, à Montmartre, où est aménagé pour lui un petit atelier. Van Gogh représente la vue sur les toits de Paris depuis cet atelier dans une petite étude à l'huile **(fig. 165)**. De nouveau contraint à travailler seul et sans argent pour pouvoir payer des modèles, il peint d'après des moulages en plâtre et réalise des natures mortes.

Outre qu'il souhaite prendre des cours et essayer de vendre des tableaux, Van Gogh est venu à Paris pour parfaire sa connaissance de l'art ancien comme de l'art contemporain. Dès son arrivée dans la capitale, il se rend au Louvre pour y étudier les tableaux d'Eugène Delacroix, dont il a découvert le coloris dans des livres à Nuenen, ainsi que les œuvres des maîtres hollandais du XVIIe siècle, en particulier Rembrandt et Frans Hals, qu'il a pu admirer lors de sa visite au Rijksmuseum d'Amsterdam au mois d'octobre de l'année précédente[9]. La théorie des couleurs complémentaires – les couleurs qui sont opposées sur le cercle chromatique et qui donnent le contraste le plus fort lorsqu'elles sont associées – devient l'un de ses principes directeurs, avec Delacroix comme modèle. François Gauzi, un élève de l'atelier de Cormon, écrira plus tard à propos de Van Gogh : « La couleur le rendait fou. Delacroix était son dieu et lorsqu'il parlait de ce peintre, ses lèvres tremblaient d'émotion[10]. »

Outre le Louvre, Van Gogh visite aussi régulièrement le musée du Luxembourg où se trouve alors la collection d'art contemporain de l'État. Plus tard, depuis Arles, il conseillera à sa sœur Willemien, qui est venue passer quelque temps chez Theo, d'aller plus souvent dans les deux musées pour se « faire une idée de ce qu'est un Millet, un Jules Breton, un Daubigny, un Corot », ajoutant : « Le reste, je t'en fais cadeau. Sauf – Delacroix. Même si l'on travaille maintenant d'une façon tout à fait différente, les œuvres de Delacroix, de Millet, de Corot, restent, et les changements ne les affectent pas[11]. » Voilà des années qu'il vénère ces artistes de la génération d'avant les impressionnistes – Delacroix, pour son coloris magistral, les autres, pour leurs représentations de la poésie de la vie paysanne – et ceux-ci resteront toujours un modèle après ses années parisiennes.

Pour voir l'art le plus récent, Van Gogh doit se rendre dans les galeries et les expositions. Aux Pays-Bas, il avait déjà entendu parler des impressionnistes par Theo, mais il disait alors ne pas pouvoir se représenter leurs œuvres. À la fin de son séjour à Nuenen, comprenant que sa palette sombre est passée de mode, il a commencé à introduire des couleurs dans ses tableaux, mais ce n'est qu'une fois installé à Paris qu'il va vraiment saisir ce qu'est l'impressionnisme. Lorsqu'il arrive dans la capitale, ce courant existe depuis déjà une décennie et il est presque passé dans l'usage. Claude Monet, Edgar Degas et Auguste Renoir sont des artistes consacrés, dont les œuvres se vendent bien ; ils exposent chez des marchands réputés comme Durand-Ruel et Georges Petit. L'année 1886 est notamment marquée par l'apparition du néo-impressionnisme. À la dernière exposition de groupe des impressionnistes, qui se tient cette année-là de la mi-mai à la mi-juin dans une salle au-dessus du restaurant La Maison dorée, rue Laffitte, un espace a été spécialement aménagé où sont présentés pour la première fois des tableaux néo-impressionnistes de Georges Seurat, Paul Signac et Camille Pissarro. Van Gogh a visité cette exposition et très certainement aussi celle organisée chez Georges Petit en juin-juillet, où l'on pouvait admirer des paysages de Monet [12], et encore celle de la Société des artistes indépendants en août et septembre, avec des œuvres de Seurat, Signac, Pissarro et Charles Angrand.

Dans la lettre qu'il adresse à Livens à l'automne 1886, il écrit que bien que ne faisant « pas partie du club », il a beaucoup admiré « certains tableaux impressionnistes, Degas, un nu, Claude Monet, un paysage [13] ». En nommant Degas, il fait très certainement allusion aux pastels que l'on pouvait voir dans l'exposition des impressionnistes précédemment mentionnée. Van Gogh a peut-être découvert les paysages de Monet chez Georges Petit, ou encore par l'intermédiaire de son frère qui essayait d'intéresser ses patrons chez Boussod, Valadon & Cie aux impressionnistes. Theo, qui a acheté pour la première fois un tableau de Monet en 1885, fait vraiment le commerce des œuvres de ce dernier à partir du printemps 1887. À la même époque, il commence également à vendre et à exposer des toiles de Degas et de Pissarro dans sa galerie du 19, boulevard Montmartre [14]. D'après Bernard, c'est Vincent qui a incité Theo à soutenir Pissarro, mais aussi Armand Guillaumin et Paul Gauguin, et à « faire accepter ces peintres dans les salons où pendaient les inepties connues. Ce à quoi, aidé par ce fraternel dévouement, il réussit pleinement [15] ».

La recherche de la couleur

Van Gogh découvre donc simultanément l'impressionnisme et le néo-impressionnisme, mais l'effet de cette découverte sur son travail n'est pas immédiat. Les tableaux colorés et lumineux de Monet, de Renoir et d'autres artistes sont bien éloignés de la palette tonale des peintres de l'école de La Haye comme de ceux de l'école de Barbizon qui lui est si familière. Ils ne l'« impressionnent » pas tout de suite, ainsi qu'il le reconnaîtra plus tard : « C'est régulièrement la même chose, on a entendu parler des impressionnistes, on s'en représente monts et merveilles et... lorsqu'on les voit pour la première fois, on est amèrement, amèrement déçu et on trouve cela négligé, laid, mal peint, mal dessiné, mauvais de couleur, tout ce qu'il y a de misérable. C'était également ma propre première impression lorsque je suis arrivé à Paris avec les idées de Mauve et Israëls et d'autres peintres talentueux [16]. » Ce n'est qu'au cours de sa seconde année à Paris qu'il se tourne véritablement vers cet art moderne. Au cours de l'été 1886, il réalise d'abord une série de natures mortes de fleurs, dans lesquelles il expérimente une palette colorée de contrastes complémentaires et de touches pâteuses (**fig. 167**). Dans ce contexte, Adolphe Monticelli, dont il a découvert les œuvres à la galerie Delarebeyrette, est une source d'inspiration importante. Van Gogh voit en ce peintre – relativement peu connu – de compositions florales et de fêtes galantes aux riches empâtements colorés un véritable descendant de Delacroix ; il décèle dans ses œuvres sa propre recherche d'un aspect brut et d'un coup de pinceau expressif. Bien que Van Gogh espère trouver des acheteurs pour ses natures mortes de fleurs, il les considère en premier lieu comme une « gymnastique », des tentatives pour rendre « des COULEURS intenses et non une harmonie en GRIS [17] ». Theo écrit à leur mère que Vincent fait d'énormes progrès dans son travail : « Il peint principalement des fleurs, surtout dans le but d'accroître la fraîcheur des couleurs de ses prochains tableaux [18]. »

Cette recherche de la couleur et de la lumière se retrouve aisément dans les paysages que Van Gogh peint dans les six premiers mois de son séjour parisien. Située à quelques minutes

166 **Claude Monet**
Les Tuileries, 1876
Huile sur toile, 54 × 73 cm
Paris, musée Marmottan Monet

Vincent van Gogh

de l'appartement de la rue Lepic, la butte Montmartre, avec son aspect champêtre, ses moulins, ses guinguettes et ses jardins potagers, offre de nombreux motifs de tableaux. Dans l'un de ses premiers paysages de Montmartre, datant de juin-juillet 1886, Van Gogh représente la colline avec les moulins depuis le côté nord qui n'est pas encore construit et où se trouvent des jardins potagers et des carrières de chaux **(fig. 168)**. Le coloris frais mais toujours contenu de ce tableau se rattache à l'école de Barbizon et à l'école de La Haye. Dans ce cadre bucolique, la capitale semble très loin, alors qu'elle n'est en réalité que de l'autre côté de la colline. À la même époque, Van Gogh représente également la ville observée depuis le sommet de la Butte : on y voit une mer de toits, des cheminées et des monuments,

sous un ciel gris et couvert, avec ici et là des parcelles de ciel bleu **(fig. 169)**. Pour cette vue de Paris, il réalise plusieurs esquisses depuis la plateforme à côté du plus grand moulin de Montmartre, le Blute-Fin, construit en haut de la Butte. Il grossit les monuments dans le lointain et ajoute des maisons et des arbres au premier plan pour rendre la composition plus vivante. Ici encore, il travaille dans un style traditionnel qui fait penser à l'école de Barbizon ou à celle de La Haye ; il emploie des couleurs plus claires mais encore peu prononcées [19]. *Le Moulin de Blute-Fin* **(fig. 170)**, l'un de ses paysages « franchement *verts*, franchement *bleus* [20] », peint dans un style coulant vers la fin de l'été 1886, montre que sa recherche de couleurs plus intenses commence à porter ses fruits.

167 **Vincent van Gogh**
Asters chinois et glaïeuls dans un vase, 1886
Huile sur toile, 61,1 × 46,1 cm
Amsterdam, Van Gogh Museum (Vincent van Gogh Foundation)

168 Vincent van Gogh
La Colline de Montmartre avec une carrière, 1886
Huile sur toile, 56,3 × 62,6 cm
Amsterdam, Van Gogh Museum (Vincent van Gogh Foundation)

Vincent van Gogh

Se rapprocher de l'avant-garde

Si à l'été 1886 Theo pouvait écrire à leur mère que Vincent progressait dans son travail, qu'il commençait à avoir du succès et qu'il était beaucoup plus joyeux qu'autrefois, la situation se dégrade à l'automne[21]. La vie à Paris est difficile, les possibilités de vendre des tableaux ne sont pas si nombreuses. Vincent envisage de partir dans le Midi de la France au début du printemps suivant – « disons février ou même plus tôt[22] ». Les brouilles entre les deux frères sont fréquentes ; Theo a des problèmes de santé et la cohabitation avec l'égoïste et impitoyable Vincent est de plus en plus difficilement supportable[23]. Au printemps, la situation n'a pratiquement pas changé : « Vincent est toujours en train d'étudier et il travaille avec talent. Mais il est regrettable

que son caractère lui nuise à ce point, car il est pratiquement impossible à la longue de s'entendre avec lui. Quand il est arrivé ici l'année dernière, il était difficile mais j'avais pourtant l'impression qu'il faisait des progrès. Aujourd'hui, il est redevenu lui-même et il n'y a plus moyen de le raisonner. La vie à la maison n'est pas agréable », écrit Theo à leur frère Cor en 1887[24]. À sa sœur Willemien, il ajoute que plus personne ne veut venir chez eux parce que la maison est en désordre et que Vincent discute et se querelle à propos de tout ; il espère que celui-ci va bientôt partir[25]. La situation semble insoutenable. Pourtant, fin avril, Theo, soulagé, fait savoir à Willemien qu'il s'est réconcilié avec Vincent et qu'il lui a demandé de rester[26].

Le renoncement provisoire de Vincent à partir pour le Midi s'explique peut-être également par

169 **Vincent van Gogh**
Vue de Paris, 1886
Huile sur toile, 53,9 × 72,8 cm
Amsterdam, Van Gogh Museum (Vincent van Gogh Foundation)

les liens qu'il a noués entretemps avec plusieurs autres artistes. Ces peintres viennent pour la plupart comme lui de l'étranger, tels l'Australien John Peter Russell, qui réalise son portrait en novembre-décembre 1886 **(fig. 171)**, ou l'Écossais Archibald Standish Hartrick, le compagnon d'atelier de Russell qui plus tard publiera ses souvenirs à propos de Van Gogh [27]. Hartrick raconte notamment que le peintre néerlandais est souvent venu le voir dans la première moitié de l'année 1887 et qu'il lui a tenu des discours sans fin sur l'art et la théorie des couleurs. « Il avait l'étrange habitude, une fois lancé, de faire de longues tirades en néerlandais, en anglais et en français, et puis de vous jeter encore un regard par-dessus l'épaule, en sifflant entre ses dents. Quand il s'agitait de la sorte, il donnait l'impression d'avoir l'esprit dérangé.

Le reste du temps, il avait souvent un air bourru, comme s'il se méfiait. Pour être tout à fait honnête, je pense que les Français étaient surtout aimables avec lui parce que son frère travaillait pour Goupil & Cie et qu'il achetait des tableaux [28]. » À partir du printemps 1887, Van Gogh fréquente également beaucoup l'Écossais Alexander Reid – le futur marchand d'art –, qui, en tant que collègue de Theo chez Boussod, Valadon & Cie, vit durant quelques mois avec les deux frères dans l'appartement de la rue Lepic [29].

Les liens que Van Gogh tisse avec Émile Bernard et, grâce à celui-ci, avec Toulouse-Lautrec et Anquetin, trois jeunes artistes prometteurs qu'il a côtoyés dans l'atelier de Cormon, sont d'une importance significative. Comme Bernard le notera par la suite, il retrouve Van Gogh chez le marchand de couleurs Julien Tanguy

170 **Vincent van Gogh**
Le Moulin de Blute-Fin, 1886
Huile sur toile, 46 × 38 cm
Glasgow, Kelvingrove Art Gallery and Museum

à l'automne 1886 et les deux hommes deviennent rapidement amis [30]. Le « père Tanguy » est une figure connue des impressionnistes établis, mais sa boutique est également fréquentée par les artistes de la jeune génération. Son petit magasin de fournitures pour peintres situé au 14, rue Clauzel à Montmartre, non loin de chez Theo et Vincent van Gogh, est un lieu de rencontre et d'exposition pour les artistes de l'avant-garde. On peut y voir des œuvres de Cézanne, Gauguin, Bernard et Guillaumin, et Van Gogh y place également ses tableaux. Van Gogh se lie d'amitié avec Tanguy, qui lui donne parfois de la toile et de la peinture à crédit en échange d'un tableau et expose ses toiles dans sa vitrine.

Chez Tanguy, Van Gogh fait aussi la connaissance du néo-impressionniste Paul Signac. D'après ce dernier, ils se retrouvaient parfois à Asnières :

« On peignait le long des berges ; on déjeunait à la guinguette et on rentrait à pied à Paris [31]. » C'est au printemps ou au début de l'été 1887 que Van Gogh travaille à des paysages et des vues de la Seine à Asnières. Dans la seconde moitié de l'année 1887, il fréquente également des impressionnistes de la première génération, notamment Armand Guillaumin et Camille Pissarro. Vincent est proche de Lucien Pissarro, le fils de Camille, avec lequel il échange des tableaux. Plus tard, il se souviendra des discussions que Theo et lui-même menaient avec les Pissarro père et fils et d'autres à propos de l'avenir de la peinture et des projets d'union entre artistes [32]. C'est vers le milieu du mois de novembre ou au début du mois de décembre 1887, que Van Gogh rencontre Paul Gauguin avec lequel il entamera une collaboration tristement

171 **John Peter Russell**
Portrait de Vincent van Gogh, 1886
Huile sur toile, 60,1 × 45,6 cm
Amsterdam, Van Gogh Museum (Vincent van Gogh Foundation)

172 **Paul Signac**
Le Moulin de la Galette à Montmartre, 1884
Huile sur toile, 33,5 × 25,5 cm
Paris, musée Carnavalet-Histoire de Paris

Vincent van Gogh

célèbre un an plus tard à Arles. Pendant son séjour à Paris, Van Gogh développe donc un réseau amical et professionnel qui profite également à son frère. Et Theo souligne dans une lettre que Vincent a réussi à leur « créer un entourage d'artistes et d'amis » – « ce dont je suis absolument incapable à moi seul et ce que tu as cependant créé plus ou moins depuis que tu es en France[33]. »

Un artiste moderne

L'hiver 1886-1887 marque un changement décisif dans l'œuvre de Van Gogh. C'est le moment où l'artiste commence véritablement à appliquer les nouvelles techniques des impressionnistes : sa palette s'éclaircit encore davantage et sa touche devient plus déliée **(fig. 164)**. Comme Toulouse-Lautrec, il expérimente alors la peinture à l'essence, une technique où la peinture à l'huile est fortement diluée pour obtenir une touche fine et fluide[34]. Cette pratique est diamétralement opposée à la touche pâteuse et colorée qu'il a utilisée jusqu'à présent et à laquelle il reviendra plus tard. Il a recours à cette technique pour donner l'une de ses rares vues urbaines peintes à Paris, *Le Boulevard de Clichy* (mars-avril 1887 ; **fig. 174)**. Il a exécuté le tableau en une seule séance dans un style pittoresque, avec des touches de peinture parallèles et une multitude de tons clairs. À certains endroits, la peinture est si diluée que l'on pourrait croire qu'il s'agit d'une aquarelle. Van Gogh a également réalisé un grand dessin de ce boulevard au pied de la butte Montmartre du même point de vue **(fig. 173)**. C'est sur le terrain vague avec l'arbre, à droite, que sera construit deux ans plus tard le célèbre Moulin-Rouge ;

173 **Vincent van Gogh**
Le Boulevard de Clichy, 1887
Crayon, plume et encre, craies orange et bleue, rehauts de gouache blanche sur papier vergé gris-bleu d'origine, 40,1 × 54,4 cm
Amsterdam, Van Gogh Museum (Vincent van Gogh Foundation)

174 **Vincent van Gogh**
Le Boulevard de Clichy, 1887
Huile sur toile, 46 × 55,5 cm
Amsterdam, Van Gogh Museum (Vincent van Gogh Foundation)

Vincent van Gogh

175 Camille Pissarro
Les Fenaisons, Éragny, 1887
Huile sur toile, 55 × 66 cm
Amsterdam, Van Gogh Museum, acquis avec le soutien
de la BankGiro Loterij, du Fonds Mondriaan, de la Vereniging
Rembrandt et de son Fonds Claude Monet, et du VSBfonds

176 Émile Bernard
Deux Bretonnes dans une prairie, 1886
Huile sur toile, 62 × 83 cm
Amsterdam, Van Gogh Museum

Vincent van Gogh

un peu plus à droite encore, juste en dehors du cadre, se trouve la rue Lepic où habitaient Vincent et Theo.

Au printemps 1887, Van Gogh, comme Bernard à la même époque, s'essaie au pointillisme des néo-impressionnistes. D'après leur ami commun, Anquetin, le Hollandais était très enthousiasmé par cette méthode – « la découverte du petit point, aussi fatale, nécessaire, que celle du microbe [35] ». Dans le paysage panoramique *Jardins potagers et moulins à Montmartre*, il combine le pointillé et la peinture à l'essence **(fig. 177)**. Le moulin représenté ici est encore le Blute-Fin, avec à côté la plateforme qui servait de point de vue sur la ville. À gauche se dresse le petit Moulin à poivre, qui, comme les jardins potagers environnants, devra céder la place au percement de l'avenue Junot en 1911. Au cours de l'été 1887, Van Gogh réalise deux tableaux qui mettent un terme à ses efforts pour représenter le côté champêtre de Montmartre et faire entrer la lumière du soleil dans ses paysages au moyen de la méthode pointilliste. Le motif principal de ces deux tableaux est identique : il s'agit des jardins potagers qui s'étendent au nord de la Butte, vus depuis la colline pour l'un **(fig. 179)** et avec le regard tourné vers celle-ci pour l'autre **(fig. 178)**. Van Gogh juxtapose et mélange des touches déliées de couleurs vives dans une libre variante du pointillisme et utilise habilement la couche de fond pour créer de la luminosité, comme Monet le fait souvent dans ses peintures. Van Gogh présentera ces deux toiles à la première exposition officielle à laquelle il participera, celle de la Société des artistes indépendants – le bastion des néo-impressionnistes –, au printemps 1888.

La grande toile *Jardin avec amoureux* **(fig. 180)** représente le point culminant de sa pratique du pointillisme et sa tentative la plus ambitieuse dans la voie du néo-impressionnisme, même si son coup de pinceau est beaucoup plus libre que celui préconisé par les artistes du mouvement. Van Gogh est si fier de ce tableau qu'il l'expose fin 1887-début 1888 au Théâtre libre à Montmartre. Ce théâtre d'avant-garde a en effet invité des artistes à accrocher quelques tableaux dans la salle de répétitions et le foyer adjacent – invitation à laquelle ont également répondu Signac et Seurat [36]. Le fait que Van Gogh a choisi d'y montrer son tableau le plus pointilliste

témoigne bien de son souhait de se rapprocher de ces artistes modernes.

Outre ces diverses expériences sur les voies de l'impressionnisme et du pointillisme, les estampes japonaises vont également jouer un rôle très important dans sa quête de modernité. Van Gogh avait déjà fait l'acquisition de quelques estampes japonaises à Anvers ; à Paris, où il est possible de s'en procurer à des prix abordables, il s'affirme comme un grand amateur de ces gravures, dont les compositions et les aplats de couleurs peuvent surprendre un regard occidental. À partir de l'hiver 1886-1887, il se met à collectionner en grand nombre les estampes japonaises qu'il pense pouvoir aisément négocier. Prenant peu à peu conscience de leur influence sur les artistes, il tombe lui-même sous le charme de ces images hautes en couleur. Leur empreinte n'apparaît pas encore directement dans ses œuvres de la première moitié de l'année 1887, même s'il reprend certaines de leurs astuces de composition (déjà adoptées par les impressionnistes), comme les éléments coupés par le bord de l'image et la combinaison de vues perspectives et d'objets volumineux au premier plan : ainsi de la *Vue depuis l'appartement de Theo* de mars-avril 1887 **(fig. 181)**. Van Gogh associe ici, de manière personnelle, une composition japonisante avec la peinture à l'essence et le pointillé. Son application systématique des petits points et des touches de couleur pures et non mélangées fait penser qu'il a observé avec attention les peintures de Signac, de Seurat et de Pissarro présentées à l'exposition de la Société des artistes indépendants au même moment [37].

À la fin de l'été 1887, Van Gogh abandonne les points pour laisser de plus en plus libre cours à l'influence de l'estampe japonaise. Dans le sillage de Bernard et d'Anquetin, il étudie les possibilités de développer un style plus décoratif qui met l'accent sur les aplats de couleurs vives. Pour se familiariser avec cette nouvelle approche tout droit inspirée de la gravure japonaise, Van Gogh se tourne vers sa propre collection et peint trois copies d'estampes japonaises et deux portraits du père Tanguy sur un arrière-plan d'estampes [38] **(fig. 182 et 183)**. À Arles, son admiration pour l'art japonais deviendra une véritable religion et orientera son œuvre dans une nouvelle direction [39].

177 Vincent van Gogh
Jardins potagers et moulins à Montmartre, 1887
Huile sur toile, 45,2 × 81,4 cm
Amsterdam, Van Gogh Museum (Vincent van Gogh Foundation)

178 Vincent van Gogh
Potagers à Montmartre, 1887
Huile sur toile, 98 × 130 cm
Amsterdam, Stedelijk Museum

179 Vincent van Gogh
Montmartre : derrière le Moulin de la Galette, 1887
Huile sur toile, 81 × 100 cm
Amsterdam, Van Gogh Museum (Vincent van Gogh Foundation)

Vincent van Gogh

180 **Vincent van Gogh**
Jardin avec amoureux, 1887
Huile sur toile, 75 × 113 cm
Amsterdam, Van Gogh Museum (Vincent van Gogh Foundation)

181 **Vincent van Gogh**
Vue depuis l'appartement de Theo, 1887
Huile sur toile, 45,9 × 38,1 cm
Amsterdam, Van Gogh Museum (Vincent van Gogh Foundation)

Vincent van Gogh

Exposer et vendre

En une année, les œuvres de Van Gogh ont ainsi radicalement changé de caractère grâce à ses contacts avec l'art et les peintres modernes. Le développement artistique tant attendu a donc eu lieu. Mais la vente de ses tableaux – troisième raison de la venue du Hollandais à Paris – rencontre moins de succès. Dès son arrivée dans la capitale, Van Gogh se met pourtant activement à la recherche de possibilités de vente et les débuts semblent plutôt prometteurs. Au cours de l'été 1886, il peut se vanter d'avoir déjà exposé des études chez quatre marchands d'art [40]. Theo écrit d'ailleurs : « Il n'a pas encore vendu de tableaux pour de l'argent, mais il en échange contre d'autres. Nous avons ainsi une belle collection, qui a naturellement aussi de la valeur. Un marchand d'art a déjà pris quatre de ses peintures et il lui a promis d'organiser une exposition de ses œuvres l'année prochaine [41]. » Cette promesse ne sera pas suivie d'effet mais Van Gogh expose quelques toiles dans la vitrine du magasin du père Tanguy et en accroche un grand nombre d'autres,

principalement des natures mortes de fleurs, au café Le Tambourin [42]. Cet établissement situé sur le boulevard de Clichy est dirigé par l'Italienne Agostina Segatori, avec laquelle Van Gogh a entretenu une relation éphémère. Au début du printemps 1887, il organise encore dans son café une exposition d'estampes japonaises de sa propre collection [43].

Partant du principe que « l'union fait la force », Van Gogh tente d'associer les artistes qu'il connaît et d'attirer conjointement l'attention sur leurs œuvres. Cette démarche aboutit en novembre 1887 à une exposition au Grand Bouillon-Restaurant du Chalet, un établissement bon marché de l'avenue de Clichy, dont Van Gogh couvre les murs de tableaux de Toulouse-Lautrec, Bernard, Anquetin, Arnold Koning et lui-même. « Là Vincent s'étalait dans toute l'ampleur de son tempérament vigoureux », écrit Bernard. « Une centaine de toiles de Vincent pendait aux murs et l'impression générale de la salle dérivait de lui directement, et c'était une impression gaie, vibrante, harmonieuse [44]. » Bien qu'elle soit restée sans écho dans la presse et qu'elle n'ait pas duré très longtemps – Van Gogh ayant tout retiré après avoir essuyé les critiques du patron du restaurant et des clients –, cette exposition n'est pas vaine. D'abord, parce que des artistes renommés tels que Gauguin, Seurat, Guillaumin et Pissarro, viennent la voir. Ensuite, parce que Bernard et Anquetin y vendent une œuvre et que Van Gogh fait un échange avec Gauguin dont il vient tout juste de faire la connaissance. Donc, comme il l'écrira plus tard dans une lettre à Theo : « Tous nous avons eu quelque chôse [45]. »

Le fait qu'il soit invité, en mars 1888, à envoyer des tableaux à l'exposition de la Société des artistes indépendants montre bien que Van Gogh est intégré dans un cercle d'artistes d'avant-garde à la fin de son séjour parisien [46]. Mais ses tentatives répétées pour attirer l'attention sur ses œuvres n'aboutissent pas vraiment à des ventes. À l'exception de quelques tableaux qu'il écoule à bas prix auprès des marchands ou qu'il échange pour de la peinture ou de la toile, il ne parviendra à vendre ses œuvres que bien après avoir quitté Paris [47].

---

182 **Vincent van Gogh**
Prunier en fleurs : d'après Hiroshige, 1887
Huile sur toile, 55,6 × 46,8 cm
Amsterdam, Van Gogh Museum (Vincent van Gogh Foundation)

Les adieux à Paris

Son séjour à Paris a incontestablement beaucoup apporté à Van Gogh : il s'est fait de nombreux amis dans le milieu de l'art et sa peinture a évolué de manière spectaculaire. Aussi difficile qu'ait pu être la cohabitation entre les deux frères, leurs relations se sont finalement améliorées ; Theo en a tiré une inébranlable croyance dans la peinture de Vincent. Mais la santé de ce dernier a pâti de la vie dans la grande ville et, à l'hiver 1887-1888, il est à bout de forces. Fin février 1888, Theo écrit à Willemien que Vincent est parti dans le Midi, pressé de se retrouver dans un environnement de couleurs vives et aspirant à un climat plus chaud. « La jeune école cherche notamment à faire entrer la lumière et le soleil dans les tableaux mais tu comprendras aisément que la grisaille de ces derniers temps ne lui a pas fourni beaucoup de sujets de peinture. En plus, le froid l'a rendu malade. Les nombreux soucis et la malchance de ces dernières années n'ont pas arrangé les choses et il a ressenti le besoin d'aller vivre sous un ciel plus clément[48]. » La vie de bohème qui fut la sienne à Paris a fini par avoir raison de la santé de Van Gogh : il fume et boit beaucoup trop, mange mal et est dans un état d'épuisement total quand il part pour Arles. La capitale l'a rendu triste et déprimé, écrira-t-il rétrospectivement, mais c'est un « foyer d'idées » et les gens cherchent à en tirer tout ce qu'elle contient : « [...] on y laisse toujours tout un morceau de vie derrière soi[49]. » Ce constat vaut certainement pour Van Gogh, qui attribuera plus tard une grande partie de sa maladie au préjudice physique et psychologique subi lors de son séjour de deux ans à Paris[50].

(traduit du néerlandais par Henri-Philippe Faucher)

183   **Vincent van Gogh**
Le Père Tanguy, 1887
Huile sur toile, 92 × 75 cm
Paris, musée Rodin

Vincent van Gogh

184 **Kees van Dongen**
Autoportrait fauve, vers 1909
Huile sur toile, 55 × 38 cm
Monaco, collection particulière

Kees van Dongen

L'ENGAGEMENT SOCIAL ET LES FEMMES SENSUELLES DE MONTMARTRE

Anita Hopmans

C'est par « train de plaisir », profitant d'une offre spéciale pour célébrer le 14 Juillet, que Kees van Dongen (1877-1968) quitte Rotterdam pour Paris en juillet 1897. Au bout d'un peu plus de six mois, il rentre chez lui – déterminé à refaire le voyage dès que possible mais en étant mieux préparé cette fois-ci [1]. En septembre 1899, Van Dongen s'installe définitivement dans la capitale française, à Montmartre, où il se fera d'abord essentiellement connaître comme dessinateur-illustrateur. Ce n'est qu'à partir de 1904 qu'il y montrera ses peintures et ralliera la nouvelle avant-garde artistique. De quelles convictions la décision de Van Dongen de partir à Paris est-elle née ? À quelles idées, à quelles œuvres y fut-il confronté, et quel rôle celles-ci jouèrent-elles par la suite ? Et comment tout cela contribua-t-il à son évolution, celle qui transforma le dessinateur critique des débuts en parangon du « genre parisien suprême [2] » ?

Pourquoi Paris ?

En 1895, à l'âge de dix-huit ans, Kees van Dongen termine sa formation du soir à l'Académie des arts et sciences techniques de Rotterdam, où il suit à la fois les cours de dessin et d'arts appliqués. Ses références sont alors des artistes comme Jozef Israëls, George Hendrik Breitner et le Vincent van Gogh des débuts. Ses études en extérieur, de facture vigoureuse, qui dépeignent les navires dans le port de Delfshaven, des vues de villes ou les polders environnants, montrent l'importance que Van Dongen accorde au rendu de l'éclairage et de l'atmosphère

(**fig. 185**). En septembre 1895, il envoie une toile et une aquarelle à l'Exposition des maîtres vivants à Amsterdam. Peu de temps après, il quitte son village natal de Delfshaven pour s'installer à Rotterdam.

Plus tard, Van Dongen soulignera dans divers entretiens que, dès cette époque, il va chercher à suivre sa propre voie. Il affirme ne pas s'être laissé influencer par les œuvres d'art exposées dans les musées, bien qu'il visite ceux-ci parfois [3]. Le jeune artiste néerlandais devient illustrateur de presse pour le quotidien *Rotterdamsch Nieuwsblad*. Un élément décisif pour son développement pictural sera sa rencontre avec le groupe de jeunes artistes qui ont fondé l'association Vrije Kunst (Art libre). Ces derniers souhaitent favoriser l'implication de « l'art dans la vie sociale » et déclarent chercher « la vérité et l'originalité ». On retrouve chez eux la trace des idées du réformateur et artiste décorateur britannique William Morris, ainsi que celle du cénacle autour de la revue anversoise *Van Nu en Straks* [4] (*De maintenant et de tout à l'heure*). L'épithète « libre » renvoie à leurs convictions sociales révolutionnaires et à leur désir de libérer l'art du carcan de l'académisme. Pour leur première et unique publication, intitulée elle aussi *Vrije Kunst* [5] (1897), Van Dongen réalise des vignettes et des illustrations dans le style symboliste, entre autres pour des textes de H. Bosch de Lateren (pseudonyme de Piet de Moor). Le même De Moor publie en 1896 des commentaires ironiques dans la revue satirique *Kets*, raillant par exemple le concours pour les subsides royaux (« la propreté d'exécution et de finition sera prise en compte ») ou encore l'Exposition des maîtres vivants (« une centaine de choses de Pierre, Paul et Jacques »). Il signale également la publication de la correspondance de Johan Thorn Prikker, qui plaide ouvertement pour l'anarchisme et clame son horreur de la peinture de chevalet[6]. En 1893, De Moor a aussi été l'un des fondateurs du Cercle d'art de Rotterdam. Lors de l'exposition « Première sélection d'aquarelles néerlandaises » organisée par ce cercle en septembre 1896, Thorn Prikker et Jan Toorop présentent des dessins anarchistes montrant la destruction de l'ancienne société et l'avènement de la nouvelle[7].

L'intérêt croissant pour l'art de l'affiche et celui de l'illustration est lui aussi lié à l'engagement de gauche – et à Paris. Après une exposition consacrée à l'art français et belge au Cercle d'art de Rotterdam en octobre et novembre 1896, où plusieurs affiches sont également présentées – et une autre dédiée aux affiches plus tôt la même année –, le public peut voir des illustrations et des affiches d'Henri-Gabriel Ibels à l'occasion de la conférence que ce dernier est invité à donner à Rotterdam. L'écrivain Johan de Meester qualifie ces œuvres graphiques d'« art foncièrement démocratique » tel que « le Néerlandais Vincent van Gogh l'a rêvé ». De Meester attire aussi l'attention sur les illustrations d'Ibels pour la revue *Le Père Peinard*, qu'il décrit comme appartenant à « l'anarchisme des artistes[8] ». La même année, lors d'une conférence à Amsterdam, l'architecte Hendrik Petrus Berlage, sympathisant socialiste, présente l'art affichiste récent comme un « champ plus vaste et plus neuf » pour le dessin appliqué et comme une forme d'art « prisée du plus grand nombre, surtout en France[9] ». « L'importance de la position que le dessinateur occupe dans la vie parisienne s'impose comme une évidence », écrit le quotidien *De Amsterdammer*. « Il y a les affiches sur les immeubles [...], il y a les revues hebdomadaires déjà citées, illustrées par Steinlen, Forain, pour ne citer que les meilleurs – qui donnent au dehors, à la vie de la rue, une tournure artistique[10]. »

Van Dongen soutient cet appel novateur à un art pour et par le peuple. Une affiche de sa main (intitulée *Maison de deuil*) figure dans une exposition à la librairie Schröder d'Amsterdam[11]. Son engagement s'exprime aussi dans le dessin qu'il réalise pour la couverture d'une édition néerlandaise de *L'Anarchie, sa philosophie, son idéal* (1896) de Pierre Kropotkine. Dans un ouvrage précédent, *Aux jeunes gens* (1881), cet anarcho-socialiste appelait justement les jeunes, qu'ils finissent leur apprentissage ou leurs études, et parmi eux aussi les artistes, à travailler « à la transformation complète de la société ». Aux yeux de Kropotkine, le réalisme courant mène à l'impasse ; seule « l'idée révolutionnaire » peut donner le feu sacré à l'art[12]. Son disciple néerlandais, Ferdinand Domela Nieuwenhuis, dont Van Dongen connaît bien les idées, affirme en 1896 que l'artiste devrait s'épanouir « en toute liberté » et mettre ses forces au service du socialisme « qui aime la liberté » – suivant en cela l'exemple de « jeunes artistes de toutes disciplines », partisans de l'anarchisme en France[13]. Tout ceci fait de la capitale française le lieu où Van Dongen pourra mettre ses idéaux en pratique : « Paris m'attirait comme un phare[14]. »

185 **Kees van Dongen**
Drague près d'Overschie, vers 1895
Huile sur carton entoilé, 25,5 × 32,5 cm
Localisation inconnue

Un nouveau réseau

Peu après son arrivée à Paris en juillet 1897, Van Dongen, à la recherche de commandes, se met à relever les coordonnées des imprimeurs qui figurent sur les affiches dans les rues et sur les menus des restaurants [15]. Au début, il loge dans un hôtel, 4, rue du Faubourg-du-Temple, à deux pas de la place de la République, la rue même où habite son compatriote, l'artiste Siebe Johannes ten Cate. Ten Cate, qui connaît un grand succès avec ses vues de Paris, met Van Dongen sur la bonne voie et va bientôt l'héberger. Sans doute, les deux artistes se connaissent-ils par l'intermédiaire de l'écrivain et journaliste Charles Snabilié, correspondant pour les journaux *Het Vaderland* et *Het Nieuws van den Dag*, et qui occupe une position centrale dans le réseau franco-néerlandais grâce à ses « bonnes connections [16] ». Fin juillet, une de ses relations, Me Jacob Frederik Pennink, qui travaille pour le *Nieuwe Rotterdamsche Courant*, présente Van Dongen aux artistes Martin Monnickendam et Pieter Dupont et les invite à nouer plus ample connaissance [17] – au grand affolement du premier, d'ailleurs, qui répond à la proposition de rendez-vous : « Oh non, pas chez moi » – lui-même occupant « déjà toute la place » et son « unique chaise présentable n'ayant plus de siège [18] ». Mais il accepte volontiers l'invitation. En septembre, grâce à l'entremise du consul général des Pays-Bas, H. M. J. H. van Lier, Van Dongen peut accéder à la collection de l'École nationale supérieure des beaux-arts [19]. Il fait par ailleurs la connaissance du peintre et graveur Georges de Feure (George Joseph van Sluijters). Celui-ci, qui est une étoile montante à Paris, répond à la demande croissante par une vaste production d'illustrations, d'affiches et de décorations d'intérieur. C'est sans doute à De Feure que Van Dongen doit sa première commande française : des illustrations pour les livraisons de septembre et octobre de la revue *L'Image*. De la même époque datent un portrait lithographié de Snabilié et un autre, dessiné, de Ten Cate.

Durant cette première période, Van Dongen s'essaie donc à diverses choses. « J'ai vu de lui des affiches, des portraits, des dessins décoratifs, des scènes de la vie parisienne », écrit Snabilié à l'occasion d'une exposition collective à la galerie Le Barc de Boutteville au mois de décembre [20]. Entretemps, l'artiste, qui a pu participer à cette exposition grâce à Ten Cate, s'est découvert une source d'inspiration : les illustrations de Théophile-Alexandre Steinlen. Les deux aquarelles qu'il présente chez Le Barc de Boutteville représentent des figures longeant des arbres noyés dans un épais brouillard et des personnages populaires.

« Simple et précis »

C'est pendant le premier séjour parisien de Van Dongen que le quotidien *Le Journal* commence à publier sous forme de feuilleton hebdomadaire le dernier roman en date d'Émile Zola, *Paris*. La veille du premier épisode, le 23 octobre 1897, une centaine de voitures publicitaires portant une impressionnante affiche dessinée par Steinlen parcourent la ville ; elles sont accompagnées d'hommes-sandwichs et de crieurs distribuant des tracts [21] **(fig. 186)**. Dès les premières pages du roman, Zola critique les pouvoirs en place, la bourgeoisie, l'Église et la presse. L'affaire Dreyfus éclate à peu près au même moment. À partir de novembre, les journaux colportent presque quotidiennement de nouvelles révélations sur le capitaine Dreyfus, officier français d'origine alsacienne et de confession juive accusé – à tort, comme il s'avérera par la suite – de haute trahison. Les faits conduisent Zola à publier une première lettre ouverte dans le courant du mois, puis son célèbre *J'accuse… !* en janvier 1898 dans *L'Aurore*. Le pamphlet lui vaut un procès qui transforme l'affaire en actualité mondiale [22]. Rares sont ceux qui ne prennent pas parti. L'affaire Dreyfus divise profondément la société française, les milieux progressistes intellectuels et artistiques se rangeant du côté de Dreyfus et de Zola – parmi eux, le cercle que fréquente Van Dongen.

La presse, qu'elle soit acquise à la gauche ou à la droite nationaliste, a de plus en plus souvent recours à des dessins politiques. Les caricatures calomnieuses du camp de droite renforcent la naissance à gauche d'un style de dessin « simple et […] précis » qui délivre un message de « justice et [de] vérité[23] ». Dans *Paris*, Zola exprime cette vision à travers le personnage d'un jeune artiste dessinateur montmartrois qui affirme recréer la vie même, sans la duperie des tons – de manière sévère, naïve et sincère. À la fin du roman, Zola décrit la vue de Paris depuis la butte Montmartre, éclairée par les rayons du soleil, comme la moisson à venir de cette tâche engagée[24]. Van Dongen s'investit lui aussi de cette mission. De retour à Rotterdam, il se prépare à une installation définitive dans la capitale française et se perfectionne dans l'art du dessin sociocritique.

Montmartre : une contre-culture

Début octobre 1899, Van Dongen reprend le train pour Paris où, cette fois-ci, il élit domicile à Montmartre, avec sa compagne, Guus Preitinger.

Après avoir vécu quelque temps rue Ordener, le couple déménage en décembre 1899 au troisième et dernier étage d'un immeuble situé à l'extrémité de l'impasse Girardon, derrière la rue Lepic, sur le flanc nord de la Butte[25] ; il y vit à l'écart, au milieu du « maquis », des terrains officiellement en friche où se côtoient logements de fortune, potagers et végétation luxuriante. L'arrière de l'appartement donne sur la salle de bal du Moulin de la Galette, avec Paris en toile de fond ; par la fenêtre en façade, on aperçoit à droite le dôme du Sacré-Cœur. « J'habite en hauteur, l'endroit est sain et agréable, et je travaille beaucoup[26] », écrit Van Dongen en décembre à un ami de Rotterdam. Ce n'est qu'au bout de quelque temps qu'il s'aménage un atelier dans le grenier : « Ce n'est pas mal, mais on ne peut s'y tenir debout que d'un côté. » Sur l'esquisse qui accompagne le texte,

186 **Théophile-Alexandre Steinlen**
Affiche publicitaire pour la parution du roman *Paris* d'Émile Zola dans *Le Journal*, 23 octobre 1897
Lithographie couleurs, 137 × 193,7 cm
Paris, musée Carnavalet-Histoire de Paris

les pinceaux sont rangés dans un pot,
Van Dongen n'étant pas un « barbouilleur très
enthousiaste [27] » **(fig. 187)**.

D'après un ami, le journaliste Marie Joseph
Brusse, Van Dongen erre alors sans fin dans
ce quartier populaire peuplé d'ouvriers et d'artistes,
muni de son carnet de croquis [28]. Il dessine surtout
dans la rue, ou reste assis à une terrasse pendant
des heures derrière le même verre pour observer
et coucher sur le papier « tous les joyeux flâneurs
qui défilent ». « De petits instantanés », ainsi
que le note l'artiste, « un griffonnage au pastel
ou à l'encre, rehaussé d'un rapide trait de couleur,
et voilà le travail [29]. » Ses sujets de prédilection
sont les clochards, les chiffonniers et les prostituées
traînant leur collier de misère **(fig. 188)**. Le dur
labeur des ouvriers et la circulation urbaine
parisienne font également l'objet de grossières
esquisses. Ainsi naît par exemple une série de pages
sur lesquelles figurent des chevaux tirant
des voitures à charbon, comme image de la vie
dans les bas-fonds de la société. Van Dongen
complète son travail de dessinateur avec
des commandes occasionnelles, notamment
la couverture d'un livre de Snabilié **(fig. 189)**,
ou encore les illustrations d'un guide néerlandais
pour l'Exposition universelle de 1900, écrit
par le journaliste H. Louis Israëls [30].

En 1901, il parvient à faire publier des dessins
dans *La Revue blanche*, dirigée par Félix Fénéon,
et dans *L'Assiette au beurre*, grâce à l'entremise
de Steinlen. D'autres contributions dans divers
journaux et revues s'ensuivent, y compris dans
la presse satirique et humoristique. Sa première
illustration, montrant un musicien de rue **(fig. 190)**,
est décrite par un journal néerlandais comme étant

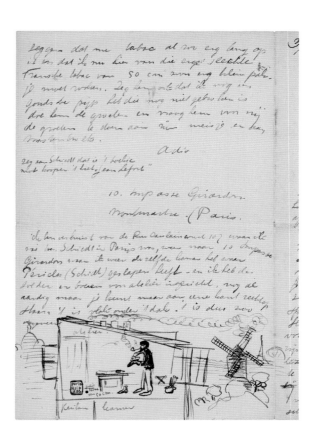

187 **Kees van Dongen**
Lettre à son ami Chris Addicks, 6 décembre 1900 :
esquisse de son atelier à Montmartre, 10, impasse Girardon
Encre sur papier, 20,7 × 26,5 cm
Paris, Fondation Custodia

188 **Kees van Dongen**
Boulevard extérieur, vers 1900
Craie noire, lavis gris et brun, aquarelle, rehauts de blanc,
35 × 29,8 cm
Amsterdam, Rijksmuseum

« d'une exécution extrêmement simple », mais d'autant plus juste dans son rendu de la « misère de l'existence [31] ». En septembre, Van Dongen affirme dans une lettre vouloir travailler « pour l'intérêt général », « pour l'ensemble du peuple, et non pas pour quelques bandits, qu'ils le soient délibérément ou non [32] ». Peindre, c'est rendre service « au luxe » et au marché, et ce « à une époque où la pauvreté nous entoure de toutes parts » – c'est pour cette raison qu'il dessine « dans les canards ». En tant qu'artiste-ouvrier, Van Dongen se range parmi les prolétaires. Ainsi, le fait de devoir « déplacer de lourds échafaudages et de grimper dans tous les sens » à l'occasion de la décoration d'une salle des fêtes lui plaît beaucoup : « C'est formidable, ce genre de besogne, et moins débilitant que de produire des toiles. » Il mène une vie « ascétique », dans un logis dont l'aménagement sommaire se limite consciemment aux « besoins les plus rudimentaires », et s'habille de préférence comme un ouvrier : « La seule chose qui eut de la valeur, c'était le travail [33]. » Son existence spartiate et son parti pris pour un art socialement engagé rattachent aussi Van Dongen au haut de la butte Montmartre qui, selon l'auteur d'un guide de 1899, est un endroit « sans atelier classique » et où même les rues résistent à toute tentative d'ordonnance [34]. Cette « contre-culture » est diamétralement opposée aux divertissements qu'offrent les cafés-concerts et les bals autour du boulevard de Clichy, critiqués en 1896 par Ibels comme étant une industrie « dévorant des millions [35] ». Cet autre versant de Montmartre, lieu où le public parisien vient s'amuser, est déjà à cette époque une attraction touristique [36].

Une dichotomie semblable, rendant visibles les divergences entre sous-culture ou contre-culture et *statu quo*, se fait jour dans les ambitions distinctes qui animent l'Exposition centennale de l'art français et l'Exposition décennale des beaux-arts pendant l'Exposition universelle de 1900 [37]. La « Décennale », organisée par la Société des artistes français et la Société nationale des beaux-arts, propose un panorama de l'art français récent, soit des années 1889 à 1900, et présente en outre une sélection d'œuvres provenant de pas moins de vingt-huit pays. Y dominent l'art de Salon

189 Kees van Dongen
Vue de Paris, 1900
Craies noire et rouge, aquarelle, rehauts de blanc, 45,3 × 28,6 cm
Amsterdam, Rijksmuseum

190 Kees van Dongen
« J'suis ni musicien, ni chanteur... Je suis crève-faim ! »,
illustration parue dans *L'Assiette au beurre*, 20 juin 1901, n° 12

« officiel » français et ses imitateurs étrangers, dont les « grandes toiles » sont techniquement parfaites mais « vides », pour reprendre les termes de la critique [38]. Le commissaire de l'exposition de la « Centennale », Roger Marx, critique et fonctionnaire des Beaux-Arts, montre des œuvres françaises de la période 1800-1889 et se fait remarquer par sa sélection novatrice. Des impressionnistes comme Claude Monet, Alfred Sisley, Camille Pissarro, Paul Cézanne et Auguste Renoir ont leur propre salle. Aux yeux de la presse progressiste, ce sont eux qui font véritablement la gloire de la France [39]. Pour Émile Verhaeren, les expositions rendent compte de l'opposition entre l'art servile et médiocre, canonisé par la classe dirigeante, et l'art apparaissant comme une « manifestation continue de la liberté et de la spontanéité » qui se nourrit aussi de la vie [40]. Quelques envois de l'étranger se démarquent également de l'art de Salon français, parmi lesquels la sélection néerlandaise, qui se distingue notamment par son « amour vraiment touchant de la nature » et sa représentation du quotidien, particularités considérées comme typiquement « hollandaises [41] ». Les dessins présentés par Van Dongen sont appréciés pour leur exécution brillante, contrairement à une chromolithographie de son compatriote Frederik Hendrik Kaemmerer, qu'un de ces mêmes comptes rendus qualifie de « vulgaire et criarde » – une « note discordante » qui s'adresse au « gros public [42] ».

L'innovation de la couleur et de la facture

À la suite de l'Exposition universelle, l'intérêt pour les « expressions artistiques hors norme » va croissant et l'art de Salon « n'est plus considéré comme l'unique panacée [43] ». Il en résulte entre autres la fondation d'une nouvelle société, le Collège d'esthétique moderne, qui organise sa première exposition en avril 1901. Van Dongen participe à cette initiative éphémère pour un renouvellement artistique et social, politiquement à gauche, qui présente principalement des artistes de Montmartre. Quelques voix le saluent comme l'un des « jeunes fort intéressants », estimant que ses dessins se distinguent par leur facture et leurs lignes fluides et expressives [44].

191 **Kees van Dongen**
Maisons à Montmartre, vers 1904
Huile sur toile, 65 × 46 cm
Rotterdam, Museum Boijmans Van Beuningen

Suite au renouveau du Salon des indépendants après 1900, et à d'autres initiatives telles que la création du Salon d'automne en 1903, le goût du public pour l'illustration et le dessin critiques s'étiole pour se reporter sur une nouvelle avant-garde naissante, qui prend la suite en peinture des maîtres modernes, désormais – et grâce à la « Centennale » – plus largement reconnus. De jeunes artistes, comme Albert Marquet, Henri Matisse, Henri Manguin et Charles Camoin, commencent à attirer l'attention. Lorsque Van Dongen fait ses débuts de peintre à la galerie Vollard en 1904, il s'inscrit dans cette nouvelle tendance. Ses impressions de Montmartre et ses vues de Paris aux ciels remarquablement vastes reçoivent un accueil positif et sont considérées comme une continuation inspirée par l'art français de ses paysages de polders hollandais d'autrefois

(fig. 185, 191 et 192). Pour certains critiques, l'artiste néerlandais oserait même « aller plus loin encore que [les] impressionnistes » et ferait preuve d'une « indépendance de vision [45] ». La facture libre et spontanée de Van Dongen, ainsi que ses compositions peu conventionnelles (suggérées non pas par des règles mais par la réalité) respirent l'atmosphère de liberté et d'indépendance qui règne alors à Montmartre. La sincérité qui caractérisait déjà ses dessins est à présent reconnue également comme une qualité de ses tableaux. Y convergent un certain primitivisme lié à ses convictions artistiques autant qu'à ses origines (l'œuvre de Van Dongen est qualifiée de robuste, et son génie de peintre refléterait une « âme probe » toute hollandaise) et une approche directe inspirée de prédécesseurs tels que Monet et Van Gogh [46]. Ces mêmes caractéristiques frappent ceux qui

192 **Kees van Dongen**
La Tour Eiffel, 1904
Huile sur toile, 42 × 51 cm
Localisation inconnue

193 **Kees van Dongen**
Un carrousel, place Pigalle, 1905
Huile sur toile, 45 × 53 cm
Toulouse, Fondation Bemberg

voient ses aquarelles et ses dessins à l'encre montrant des spectacles de rue, avec clowns, acrobates et lutteurs, ou des carrousels à vapeur avec un éclairage électrique sur le boulevard de Clichy. Avec sa facture « à la fois robuste et simple » et ses couleurs prononcées, Van Dongen a fait de la vie populaire – auparavant représentée pour dénoncer l'exploitation et l'injustice sociale – sa force[47]. Un critique de ses amis qualifie ses figures de kermesse de « personnages exquis » et ses images de manèges tournoyants, rehaussées de couleurs chamarrées, d'« osées et violentes », à l'image « du tintamarre lui-même ». Le fait qu'elles feraient ressortir également la personnalité du peintre leur confère une double qualité[48].

Le Salon des indépendants du printemps 1905 conforte Van Dongen dans ses choix. Avec *Le Boniment*, qui représente deux clowns, ses deux toiles intitulées *Un carrousel* **(fig. 193)** et sa peinture des « pirouettes ultramodernes » au Moulin de la Galette, il est reçu comme un futur maître contemporain[49]. Il n'y aurait « rien de plus neuf, ni de plus personnel que ses manèges de cochons ». Et lorsqu'en octobre, il présente

194 Pablo Picasso
Danseuse espagnole, 1901
Huile sur toile, 49,5 × 33,6 cm
Monaco, collection David Nahmad

à la galerie Druet, outre un carrousel « dans un esclaffement de lumières », une série de paysages peinte pendant l'été à Fleury-en-Bière, un village des environs de Barbizon, le parallèle avec Van Gogh comme prédécesseur s'impose telle une évidence à plusieurs critiques[50]. Toutefois, au Salon d'automne de la même année, les deux figures présentées par Van Dongen sont si mal accrochées qu'elles en sont presque introuvables, tandis que les toiles coloristes des artistes regroupés autour de Matisse ont été rassemblées dans une salle dédiée aux « fauves », ainsi qu'on les appelle, pour présenter la production de la dernière avant-garde primitiviste en date. Cette situation incite peut-être Van Dongen à préparer, dans son nouvel atelier au Bateau-Lavoir (où l'a invité Picasso), des œuvres qui lui permettront d'affirmer sa participation à l'avant-garde française lors du Salon des indépendants de 1906 **(fig. 194)**.

« Des débauches de pointillisme et de couleurs vives », telle est l'impression produite par les contributions de Van Dongen au Salon dès leur acheminement en voiture à bras[51]. La plupart des œuvres qu'il expose donnent une idée du « milieu chorégraphique qui trépide là-haut », sur la butte Montmartre et aux alentours. Il y a une scène endiablée évoquant la dernière danse à la mode, *La Mattchiche* **(fig. 195)**, une toile montrant des demi-mondaines attendant leurs clients, *Aux Folies-Bergère*, le tableau d'un clown éclairé par les feux de la rampe, *Un Pierrot*, ainsi qu'un petit portrait de sa fille, *Kuku*. Comme pièce maîtresse, l'artiste a choisi *À la Galette*, qui dépeint les loisirs nocturnes de la « classe ouvrière » en grand format. Sur cette toile mesurant à l'origine environ 1 m 30 sur 2 m **(fig. 196)**, Van Dongen a représenté la salle de bal du Moulin de la Galette, éclairée par la lumière électrique blanche et constellée de touches bariolées pour rendre les ampoules de couleur. C'est la « fête de la crapule », la « cohue des filles en cheveux et de leurs amis apaches », nous dit le compte rendu sans fard du critique Louis Vauxcelles, qui préconise pour la prochaine phase du renouveau moderniste des compositions plus pondérées – des synthèses suivant l'exemple de Cézanne plutôt que celui de Van Gogh. L'influent Vauxcelles qualifie la toile de Van Dongen d'« effroyable, [de] quasi inintelligible », réalisée avec une technique sans ordre : « Tous les moyens sont bons pour arriver au but[52]. » Il cite le Néerlandais parmi d'autres

195 Kees van Dongen
La Mattchiche ou *Le Moulin de la Galette*, 1906
Huile sur toile, 65,5 × 54,5 cm
Troyes, musée d'Art moderne, don Pierre et Denise Lévy

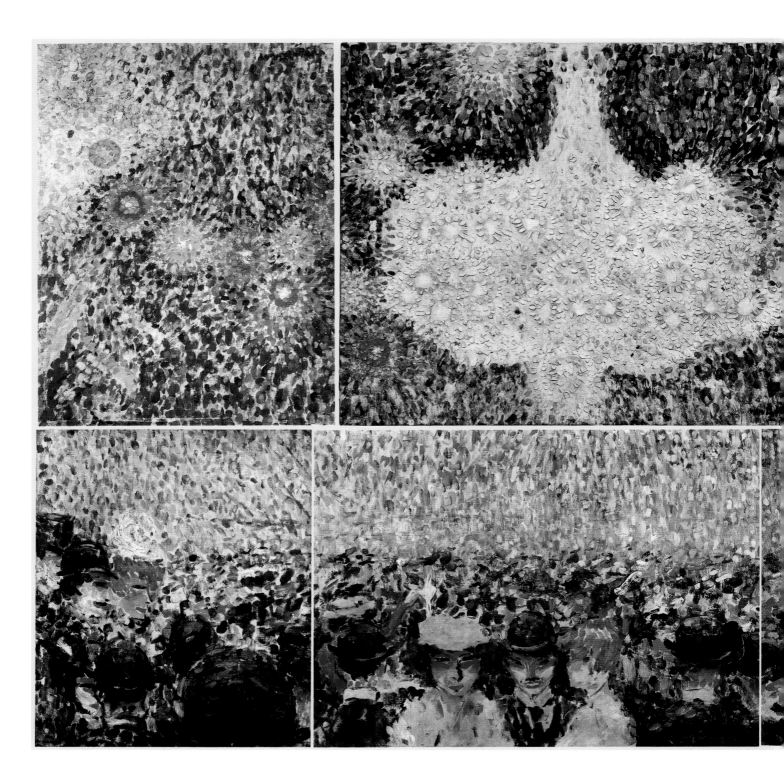

196 Kees van Dongen
À la Galette (reconstitution), 1906, environ 130 × 200 cm
En haut, à gauche
Moulin de la Galette
Huile sur toile, 65 × 50 cm
Monaco, collection particulière

En bas, à gauche
Moulin de la Galette
Huile sur toile, 55 × 46 cm
Collection particulière

En haut, au centre
Le Lustre
Huile sur toile, 70 × 84,3 cm
Nouveau Musée national de Monaco

En bas, au centre
Moulin de la Galette
Huile sur toile, 54,3 × 73,3 cm
Collection particulière (avec nos remerciements à Art Veras)

En haut, à droite
Le Violoncelliste
Huile sur toile, 65 × 53,5 cm
Londres, The Samuel Courtauld Trust, The Courtauld Gallery

En bas, à droite
Moulin de la Galette
Huile sur toile, 54 × 65 cm
Collection particulière (avec nos remerciements à Art Veras)

artistes non français, notamment Erich Klossowski, d'origine russe, le Polonais Waclaw Zaboklicki et le Norvégien Edvard Munch, qu'il juge plus ou moins trébuchants et déséquilibrés, mettant ainsi l'accent sur la nationalité étrangère de Van Dongen. En s'appliquant, à l'instar du *Peintre de la vie moderne* de Charles Baudelaire, à « extraire la beauté du mal » – en l'occurrence la vie nocturne barbare ou primitive de Montmartre –, Van Dongen a montré à ses critiques le regard d'un étranger. Cela fait de lui un réaliste hollandais, travaillant d'après la nature « vraie », plutôt qu'un avant-gardiste français. De l'avis de Vauxcelles, les éléments empruntés à la nature, à la ville ou à la vie, plutôt que d'être imités, doivent constituer un prétexte, résultant en une synthèse artistique ou « style ». Cette critique de poids va momentanément écarter Van Dongen du groupe fauviste.

Ce jugement sévère a plus de répercussions à Paris qu'ailleurs. Lorsque Van Dongen expose ses toiles françaises en mai 1906 au Cercle d'art de Rotterdam, elles y sont accueillies par des qualificatifs tels que « très crâne [...] un tel bal populaire avec [...] les filles peintes et leurs toilettes voyantes » et « très bien [...] la façon dont ces "dames" sont avidement saisies par... leurs "cavaliers" ! lors de la valse – c'est là que Montmartre prend vie [53] ». « À l'instar de toute une école française de dessinateurs et peintres montmartrois », Van Dongen a « tout à fait [...] saisi » cette atmosphère, affirment des critiques comme Frits Lapidoth et Johan de Meester. Le premier estime toutefois « improbable » que ces toiles trouvent preneur aux Pays-Bas. En effet, si elles rappellent bien la capitale française à ceux qui y sont allés (comme Lapidoth lui-même), elles ne s'inscrivent pas dans la tradition picturale néerlandaise, estime un autre critique [54].

Le peintre amstellodamois Jan Sluijters, qui, de retour du séjour qu'il a effectué en Espagne dans le cadre de son Prix de Rome, visite le Salon des indépendants, est lui aussi impressionné par les œuvres récentes de Van Dongen [55]. Lorsque Sluijters séjourne à Paris plus longuement, entre mai et octobre 1906, il réalise à son tour

Kees van Dongen

de nombreuses esquisses et études en ville et dans les lieux de divertissements, afin d'y « saisir » la vie « dans la pénombre bleutée de ces locaux, dans le dernier crépuscule du soir, sous les gouttes éclaboussantes de l'éclairage électrique[56] ». Avec *Café de nuit* (1906) et *Bal Tabarin* (1907), Sluijters marche sur les traces des artistes montmartrois et affirme sa modernité **(fig. 197 et 198)**. À l'instar de ces exemples, il déclare vouloir parfois transposer la laideur comme si c'était la beauté : « Le beau, c'est le laid[57] ». Cette prise de position coûte sa bourse à l'artiste néerlandais, mais les succès de scandale qu'il obtient annoncent son rôle de précurseur du modernisme aux Pays-Bas **(fig. 201)**.

Pour les fauves français, le triomphe vient en 1906 et s'accompagne d'une reconnaissance internationale. Pour le Parisien qu'est devenu Van Dongen, c'est l'occasion d'essayer une nouvelle fois de faire fusionner de manière convaincante ses qualités hollandaises et son élan français. À partir de 1907 environ, il entoure ses figures d'auras colorées, utilise des lieux moins spécifiques pour ses fonds et fait – en partie en réaction au cubisme montant – de l'« étrange saveur d'étrangeté » sa force, associant à ce qui est considéré comme un étalage de couleurs sensuel et fauviste très français une maîtrise picturale prononcée et « libre[58] » **(fig. 199 et 200)**. Ce sont justement les étrangers qui voient dans son œuvre le comble du « genre parisien suprême » et dont la reconnaissance permet à Van Dongen de rallier le succès international croissant de l'avant-garde française[59].

(traduit du néerlandais par Kim Andringa)

197 Jan Sluijters
Café de nuit, 1906
Huile sur toile, 92 × 62,5 cm
Collection Narinc

198 **Jan Sluijters**
Bal Tabarin, 1907
Huile sur toile, 200 × 140 cm
Amsterdam, Stedelijk Museum

Kees van Dongen

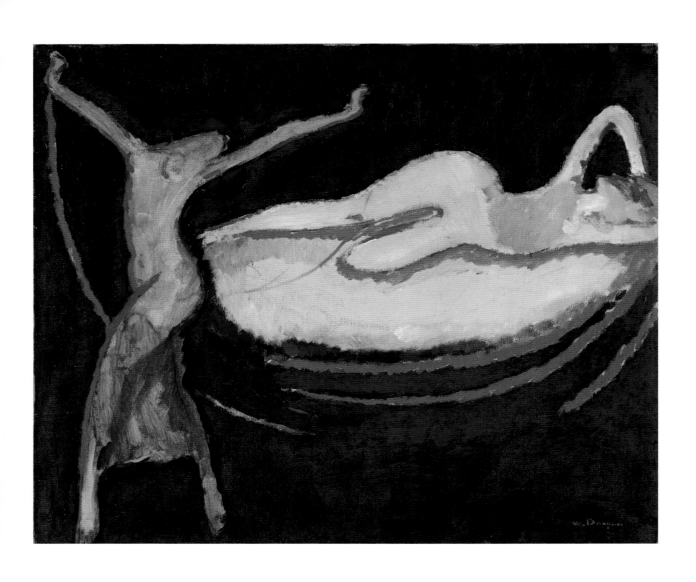

199 Kees van Dongen
Souvenir de la saison d'opéra russe, 1909
Huile sur toile, 54,2 × 65 cm
Ottawa, National Gallery of Canada

200   **Kees van Dongen**
Danseuse indienne, vers 1910-1911
Huile sur toile, 100 × 81 cm
Collection particulière (avec nos remerciements à Libby Howie)

Kees van Dongen

201 **Piet van der Hem**
Moulin-Rouge, vers 1908-1909
Huile sur toile, 81 × 100 cm
Collection particulière, courtesy Mark Smit, Ommen

202 **Kees van Dongen**
Portrait de Guus Preitinger, 1911
Huile sur toile, 146 × 114 cm
Amsterdam, Van Gogh Museum,
acquis avec le soutien de la BankGiro Loterij

Kees van Dongen

203 **Piet Mondrian**
Autoportrait, 1918
Huile sur toile, 88 × 71 cm
La Haye, Gemeentemuseum

LE CUBISME COMME CATALYSEUR.

Piet Mondrian

ET LA QUÊTE RÉFLÉCHIE DE L'UNIVERSEL

Wietse Coppes et Leo Jansen

« J'ai dû trouver le chemin moi-même. »
PIET MONDRIAN, 1942

Piet Mondrian (1872-1944) se déplaçait aisément et fréquemment dans son pays natal mais il attendit d'avoir trente-neuf ans pour oser entreprendre le voyage à Paris. Étant donné qu'il s'était fixé de devenir artiste aux environs de sa vingtième année, il est étonnant qu'il ait mis autant de temps avant de se décider à aller éclairer sa lanterne artistique dans la ville où l'on pouvait admirer les plus belles collections muséales et où étaient organisées chaque année plusieurs expositions qui reflétaient la situation du moment dans le domaine des arts. Pour nombre des collègues néerlandais de Mondrian – parmi lesquels certains de ses amis et de ses connaissances –, le voyage à Paris était loin d'être quelque chose d'exceptionnel.

Nous savons avec certitude que l'artiste n'est pas venu à Paris plus tôt. Dans les années 1940, évoquant sa vie et l'évolution de son art, Mondrian relate la période au cours de laquelle il a commencé à renoncer lentement dans son œuvre à la reproduction fidèle de la réalité pour développer un mode d'expression nouveau. Il écrit alors : « C'est au cours de cette période d'expérimentation précoce *que je me rendis pour la première fois à Paris*[1]. » Une carte postale montrant Notre-Dame, envoyée à son ami Simon Maris et à sa femme le 19 mai 1911 d'après le cachet de la poste, constitue la seule source documentaire du premier séjour de Mondrian à Paris. Le texte au verso nous révèle que la métropole lui fit une forte impression : « Cela m'apporte beaucoup d'être ici. Tout est si grand et magnifique, hein[2] ? »

Cette courte visite a dû avoir une grande importance dans la décision de l'artiste de revenir et de s'établir pour une durée indéterminée à Paris au début de l'année 1912. Elle a déjà été décrite à plusieurs reprises, mais les auteurs se contentent généralement de constater que Mondrian s'est rendu à Paris en 1911 sur les instances du peintre et critique d'art Conrad Kickert et qu'il respecte le travail de Picasso[3]. Cette contribution se propose de répondre aux deux questions suivantes. Quel était jusqu'alors le caractère de la relation de Mondrian à l'art français contemporain ? Et comment le processus de rapprochement constant qui, grâce à la rencontre avec le cubisme, a finalement marqué un tournant dans son œuvre s'est-il accompli ?

De la tradition française à la modernité néerlandaise : 1892-1908

Il suffit d'examiner les premières œuvres de Mondrian pour voir que le jeune artiste marche d'un pas assuré sur les traces des peintres de Barbizon et de l'école de La Haye. Le XIXe siècle touche à sa fin et, à l'avant-garde de la peinture – c'est-à-dire à Paris –, des bouleversements plus ou moins profonds, en partie inspirés par les impressionnistes, les néo-impressionnistes, les symbolistes et les nabis, ont eu lieu au cours des dernières décennies. Ces bouleversements ont pratiquement été ignorés aux Pays-Bas où les artistes sont restés dans l'ensemble fidèles aux grandes traditions de Barbizon et de La Haye[4]. En 1942, Mondrian accorde une interview à James Johnson Sweeney, qui est à l'époque conservateur

au Museum of Modern Art et l'une des nombreuses personnalités du monde artistique à tirer parti de la venue de Mondrian à New York pour promouvoir la cause de l'art abstrait au sein d'un climat culturel américain encore éminemment frileux. L'interview de Sweeney est censée montrer à quel point l'œuvre de Mondrian est ancrée dans la tradition picturale néerlandaise[5]. Dans les premières années de Mondrian, il semblerait que George Breitner ait été son idole : « Breitner était considéré comme un naturaliste, ou un réaliste, et il exerça en tant que tel un attrait particulier sur Mondrian. » Puis il est question de Barbizon : « Une autre influence importante que Mondrian déclara partager avec presque tous ses contemporains de ces années à Amsterdam fut celle des peintures de l'école de Barbizon de la collection de Mesdag présentées au public vers la fin du siècle. À soixante-dix ans, Mondrian se souvenait encore notamment d'un Daubigny inachevé, une peinture de moutons au lever du soleil qu'il avait "bien aimée"[6]. » L'œuvre ainsi évoquée est le monumental *Parc à moutons* (1861 ; **fig. 204**). Nous ne savons pas quand

204 **Charles-François Daubigny**
Parc à moutons (le matin), 1861
Huile sur toile, 96 × 176,5 cm
La Haye, De Mesdag Collectie

Mondrian a pu la voir : le peintre de l'école de La Haye Hendrik Willem Mesdag, qui avait ouvert son importante collection d'art du XIXᵉ siècle au public dans son musée privé à La Haye en 1887, acquit le tableau au plus tard en 1892 [7].

De prime abord, il peut sembler surprenant que Mondrian, sur le tard, cite Charles-François Daubigny comme source d'inspiration. Mais le caractère fortement esquissé et la composition schématique de *Parc à moutons*, ainsi que la reproduction solide des formes ont certainement dû plaire à l'artiste néerlandais dans sa jeunesse [8]. Par ailleurs, l'œuvre de Daubigny est marquée par le silence et le mystère de l'« atmosphère » – le terme qui exprime peut-être le mieux l'aspiration la plus essentielle de l'école de La Haye et, avec elle, celle de Mondrian aux environs de 1900 **(fig. 205)**.

Après le tournant du siècle, l'œuvre de Mondrian commence à prendre un caractère plus personnel. Dans les paysages qu'il réalise aux alentours d'Amsterdam, l'aspect construit est plus prononcé et sa palette s'éclaircit. À propos de son travail durant cette période, il note dans son texte autobiographique « Born in Holland » : « Après plusieurs années de travail, mon œuvre dévia de plus en plus de l'aspect naturel de la réalité. Ceci de manière inconsciente, tout en travaillant. Je ne savais pas grand-chose des mouvements modernes (Van Gogh, l'impressionnisme, Van Dongen, les fauves). Ce que je savais d'eux, je l'admirais. Néanmoins j'ai dû trouver le chemin moi-même [9]. » Bien qu'il recherche de nouvelles voies d'expression, Mondrian reste donc relativement insensible au charme des œuvres françaises qui sont exposées par exemple à Amsterdam, à la société artistique Arti et Amicitiae en 1901 (impressionnistes), et au Stedelijk Museum en 1905 (notamment l'œuvre tardif de Vincent van Gogh), ou à Rotterdam en 1906 (œuvres fauves de Kees van Dongen), et qu'il a probablement vues [10]. Au cours de ces années, l'art moderne français n'a pas beaucoup d'influence sur lui – ce qui explique qu'il ne ressente pas le besoin d'aller le voir sur place [11].

Entretemps, sa quête des possibilités de rendre visible sur la toile ce qu'il appelle la « vraie réalité » se poursuit et connaît un nouvel élan. S'intéressant

205 **Piet Mondrian**
Bergerie le soir, 1906
Fusain, craie et aquarelle sur papier, 74 × 98 cm
La Haye, Gemeentemuseum

de plus en plus à la théosophie, il cherche, à partir de 1907 environ, à représenter une essence de vie plus noble et plus spirituelle. Il s'efforce progressivement de bannir le temps, le mouvement et l'individualité, et d'évoquer l'universalité du motif représenté. Dans « Born in Holland », Mondrian note au sujet de cette phase : « Je détestais le mouvement particulier des choses et des gens, mais j'aimais peindre des fleurs, non pas des ensembles : une fleur isolée [12]. » Il comprend que des couleurs plus intenses, voire extrêmes, peuvent contribuer à susciter ou à révéler cette dimension surréelle invisible à laquelle il croit. Dans *Toward the True Vision of Reality*, il exprime sa démarche ainsi : « D'abord je changeai la couleur de l'aspect naturel des choses en couleur pure. Je sentais que la couleur naturelle n'est pas la même sur la toile que dans la réalité. Je sentais que, pour exprimer la beauté de la nature, la peinture doit s'engager dans un chemin nouveau [13]. »

Vers 1907-1908, Mondrian se montre sensible aux œuvres les plus récentes de Jan Toorop et Jan Sluijters. Inspirés par Georges Seurat (Toorop) aussi bien que par la simplification des formes et la palette du fauvisme (Sluijters), ces peintres développaient une nouvelle forme expressive de divisionnisme – une technique consistant à appliquer la peinture par petites touches divisées – qu'ils associaient à des couleurs claires et généralement pures pour donner un effet fortement lumineux à leurs œuvres. Ce « luminisme », auquel se convertit également Leo Gestel, est qualifié de « premier mouvement moderne de l'art néerlandais [14] ». Mondrian en devient un éminent représentant et, à partir de cette époque, passe pour un artiste néerlandais moderne – ce qui lui vaut peu de ventes mais beaucoup d'attention, quelques louanges et des critiques souvent acerbes [15]. L'artiste subit donc malgré tout indirectement une certaine influence de l'art moderne français. Il a dû entretenir des contacts très étroits avec Sluijters et Toorop. À partir de l'été 1908, Mondrian, qui vit et travaille à Amsterdam, se rend plusieurs étés de suite dans la station balnéaire zélandaise de Domburg, où Toorop est la figure centrale d'une colonie d'artistes locale et saisonnière.

C'est à cette époque qu'il devient membre de la Société théosophique [16]. En octobre 1910, il écrit à son amie Aletta de Iongh qui l'a apparemment trouvé changé lors d'une récente rencontre : « Il ne faut pas se fier aux apparences : je suis toujours le même, juste un peu plus équilibré, si je ne m'abuse. L'étude de la théosophie y a fortement contribué. Ces connaissances m'apportent beaucoup : c'est réellement un fil conducteur du développement de la conscience. [...] C'est l'absence de barbe qui me rend si étrange [17] » **(fig. 206)**. Finalement, à partir de 1908, Mondrian ouvre consciemment la voie à un art nouveau, qui lui permet de mieux révéler la nature insaisissable de la vie moderne. Il pense que l'homme et la société sont en évolution permanente, qu'ils s'éloignent du matériel pour se diriger vers le spirituel. Et il est persuadé que,

206 **Anonyme**
Portrait de Piet Mondrian, 1908
Tirage argentique sur papier, 17,6 × 12,5 cm
La Haye, RKD-Nederlands Instituut voor Kunstgeschiedenis

pour pouvoir suivre cette évolution, un artiste doit continuellement se renouveler.
Cette conviction est à l'origine de la disparition progressive de la réalité visible de son œuvre.

La recherche de nouvelles possibilités : 1908-1911

Mondrian a dû se rendre compte que le milieu néerlandais risquait de devenir trop étroit pour le tourbillon dans lequel était entraînée son œuvre (et celle de certains de ses collègues). C'est ce qui ressort des initiatives qu'il prend à partir de la fin de l'année 1908 pour rejoindre des artistes et des institutions artistiques plus progressistes. Avec Cornelis Spoor et Jan Sluijters, il organise une exposition au Stedelijk Museum en janvier 1909. Les artistes motivent ainsi leur initiative dans leur demande au bourgmestre et aux échevins de la ville d'Amsterdam : « La raison qui justifie leur démarche se trouve dans le fait que les soussignés ont, chacun en ce qui les concerne, des aspirations personnelles particulières pour leur art qui n'est jamais totalement mis en valeur dans les grandes expositions – à cause des nombreuses œuvres qui l'entourent et à cause du nombre très limité qui peut être envoyé et accepté de par sa nature même [18]. »

Mondrian, Spoor et Sluijters ne sont pas les seuls à œuvrer pour promouvoir l'avant-garde artistique aux Pays-Bas. En novembre 1910, Conrad Kickert prend l'initiative de fonder à Amsterdam le Cercle d'art moderne (Moderne Kunst Kring), une version néerlandaise du libéral Salon d'automne qui se déroule chaque année à Paris depuis 1903 et accueille les représentants de l'art le plus moderne. Séjournant régulièrement à Paris depuis 1906, Kickert connaissait bien le milieu de l'avant-garde [19]. Il avait été introduit auprès de ses membres par Lodewijk Schelfhout, lui-même installé à Paris depuis 1903, qui fréquentait les milieux les plus progressistes. Dès 1910, les deux artistes étaient entrés en contact avec les « cubistes de Montparnasse » : Henri Le Fauconnier, qui occupait souvent le devant de la scène en tant que leader, Fernand Léger, Albert Gleizes, Robert Delaunay et d'autres. Schelfhout et Kickert étaient informés,

mieux que personne aux Pays-Bas, de ce qu'il y avait de nouveau à Paris. Kickert réussit à convaincre le rénovateur respecté Jan Toorop d'occuper la présidence du Cercle d'art moderne ; Mondrian et Sluijters, quant à eux, faisaient partie de la direction du cercle. La première exposition du Cercle d'art moderne eut lieu à l'automne 1911.

Un autre signal de la volonté de Mondrian de repousser ses propres limites est son inscription en juillet 1910 à la Société des artistes indépendants à Paris – une inscription qui doit lui permettre de faire ses débuts au printemps suivant dans l'art moderne international. Les toiles présentées au Salon des indépendants n'étaient pas soumises à l'appréciation d'un jury. Une première tentative de Mondrian en 1910 pour exposer au Salon d'automne à Paris – où les œuvres en revanche étaient sélectionnées par un jury – s'était révélée

207 **Anonyme**
Henri Le Fauconnier devant son tableau
Les Montagnards attaqués par des ours, vers 1912
La Haye, RKD–Nederlands Instituut voor Kunstgeschiedenis

infructueuse. En outre, l'artiste avait décliné l'invitation de l'Union internationale des beaux-arts et des lettres à envoyer des œuvres pour une exposition au café-concert parisien L'Alcazar d'été parce qu'il craignait que cette société artistique ne soit pas suffisamment moderne[20]. Mondrian fait pourtant ses débuts en France au printemps 1911 à l'exposition de la Société des amis des arts de Nantes[21].

Aux Pays-Bas, l'art d'avant-garde du moment est le fauvisme, mais ce n'est pas une direction qui ouvre de nouvelles perspectives à Mondrian pour son œuvre. L'exposition de printemps de la société d'artistes amstellodamoise de Saint-Luc est organisée du 30 avril au 11 juin 1911. Un groupe de vingt peintures fauves de Kees van Dongen, le peintre néerlandais installé à Paris depuis 1899, y retient l'attention[22]. Ces toiles résolument colorées sont largement commentées dans la presse, notamment parce que trois d'entre elles ont été retirées de l'exposition « en raison de l'immoralité des scènes représentées[23] ». Pour la première fois depuis des années, Mondrian est absent de l'exposition de printemps – et il résilie son adhésion à la société de Saint-Luc[24].

La première visite de Mondrian à Paris : printemps 1911

Au printemps 1911, Mondrian débute enfin à Paris, au Salon des indépendants qui se tient du 21 avril au 13 juin. Nous ne connaissons pas le tableau qu'il y envoie ; nous savons seulement qu'il était intitulé *Soleil*. S'agissait-il de l'une des deux œuvres montrées un peu plus tôt la même année à Nantes ? Étant donné le titre, on pourrait penser

208 **Piet Mondrian**
Soleil de printemps. Château en ruine : Brederode, 1909-1910
Huile sur isorel, 63,5 × 72,39 cm
Dallas Museum of Art, Foundation for the Arts Collection,
don James H. and Lillian Clark Foundation

à une peinture de facture assez classique intitulée *Soleil de printemps* **(fig. 208)**. Mais il est plus probable que Mondrian a présenté *Tour de l'église de Zoutelande*[25] **(fig. 209)**. Cette œuvre achevée au printemps 1910 avait immédiatement été exposée avec succès à la société de Saint-Luc et, plus tard la même année, à Bruxelles, au Cercle d'art Doe Stil Voort. Le dimanche 13 mai, Mondrian part pour la première fois de sa vie pour la capitale française, où il doit séjourner pendant dix jours. Le voyage a pour but, d'une part, de voir son œuvre présentée au Salon des indépendants et, d'autre part, d'approfondir ses connaissances sur l'art moderne, notamment en vue de l'organisation de la première exposition du Cercle d'art moderne à l'automne.

Au Salon parisien, son tableau se trouvait sans doute dans la « salle des Hollandais », que Kickert prétend avoir pu aménager grâce à ses bonnes relations avec des membres du comité d'accrochage[26]. Cette salle regroupait les œuvres d'autres artistes néerlandais, notamment celles de Jacoba van Heemskerck, Otto van Rees, Lodewijk Schelfhout, Peter Alma, Jan Verhoeven et de Kickert lui-même[27]. Mais cette année-là, c'est la salle 41 qui suscite le plus d'intérêt avec, entre autres, des œuvres d'Henri Le Fauconnier, Fernand Léger, Albert Gleizes et Robert Delaunay – les « cubistes de Montparnasse » évoqués plus haut[28]. Dominée par *L'Abondance*, un tableau monumental de Le Fauconnier **(fig. 210)**, cette salle deviendra légendaire. Dès l'inauguration du Salon, ces tableaux insolites, souvent de très grande taille et pour beaucoup incompréhensibles, soulèvent de nombreuses réactions dans la presse comme dans le public présent.

209 **Piet Mondrian**
Tour de l'église de Zoutelande, 1910
Huile sur toile, 90,5 × 62,1 cm
Londres, Tate Gallery

Le cubisme de ces artistes était beaucoup plus décoratif que l'agencement analytique et compositionnel de Georges Braque et de Pablo Picasso – les « cubistes de Montmartre » et véritables fondateurs du cubisme, qui n'exposaient pas aux Salons en raison de leurs contrats d'exclusivité avec quelques marchands d'art. Picasso et Braque suivaient l'exemple artistique de Paul Cézanne. En appliquant la couleur en aplats et en posant les surfaces de manière perpendiculaire, celui-ci avait réussi à abolir la distinction traditionnelle entre le premier plan et l'arrière-plan **(fig. 180)**. Braque et Picasso y ajoutaient la dissociation de la réalité visible en multiples facettes. Cette réalité déconstruite était ensuite reconstituée avec soin pour obtenir une composition nouvelle qui associait différents points de vue du sujet et formait un ordre pictural entièrement nouveau, couramment nommé « perspective simultanée ». Moins radicaux dans leur déconstruction et leur recomposition de la réalité, les cubistes de Montparnasse n'utilisaient pas ou presque pas la perspective simultanée, mais leurs méthodes variaient sensiblement d'un membre à l'autre. La manière détachée et colorée avec laquelle Le Fauconnier réalisait la décomposition géométrique de ses figures se rapprochait de l'œuvre de Robert Delaunay. Fernand Léger, en revanche, réalisait des compositions nettement plus rigides et régulières, où les formes facettées s'emboîtaient et se superposaient parfaitement [29]. Mais la palette tempérée, qui soulignait davantage le trait et l'agencement de la composition, se retrouvait à un niveau plus ou moins comparable dans les œuvres des « Montparnassiens » comme dans celles des « Montmartrois ».

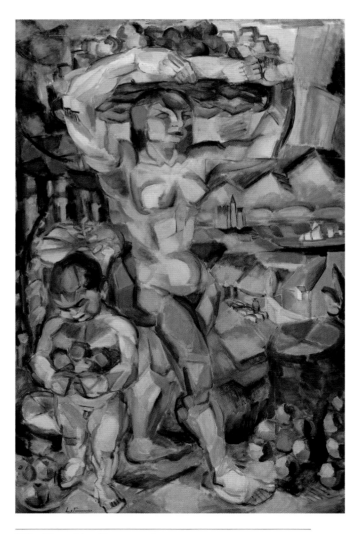

210 **Henri Le Fauconnier**
L'Abondance, 1910-1911
Huile sur toile, 191 × 123 cm
La Haye, Gemeentemuseum,
don Conrad Kickert, 1934

211 **Paul Cézanne**
Les Grands Arbres, vers 1902-1904
Huile sur toile, 81 × 65 cm
Édimbourg, National Galleries of Scotland,
don Anne F. Kessler, 1958

Piet Mondrian

Sans doute stupéfait par ce qu'il a vu en mai 1911 dans la salle 41, Mondrian a dû longuement faire part de ses observations à Kickert qui connaissait très bien le sujet. Celui-ci côtoyait plusieurs cubistes de Montparnasse et fréquentait comme eux La Closerie des lilas ou Le Dôme, les cafés où se retrouvait l'avant-garde parisienne. Il participait également aux soirées qu'Henri Le Fauconnier organisait dans son atelier de la rue Visconti, où, dans le courant de l'année 1910, il avait assisté à la genèse de la retentissante *Abondance*, ainsi qu'aux discussions qui s'en étaient suivies. Kickert a certainement confié à Mondrian des informations détaillées sur l'art moderniste de Le Fauconnier et lui a probablement fait rencontrer l'artiste français dès mai 1911 [30].

Les comptes rendus de l'exposition témoignent de l'émoi suscité par les œuvres des cubistes de la salle 41. Plusieurs critiques, parmi lesquels Guillaume Apollinaire, qui entretenait des liens étroits avec les plus grands peintres cubistes du moment, les défendaient. Grâce à ses nombreuses relations, Kickert connaissait également le poète et critique d'art, auquel il présenta Mondrian par la suite [31].

Le Salon des indépendants causa une autre grande surprise à Mondrian : à l'occasion de la disparition du Douanier Rousseau en septembre 1910, quarante-sept de ses tableaux y étaient présentés. Nous ignorons ce que Mondrian vit à Paris au printemps 1911 en dehors du Salon des indépendants. En revanche, nous savons que Jan Sluijters et Leo Gestel, qui séjournaient à Paris à la même époque, purent admirer les exceptionnelles collections de Clovis Sagot, Daniel-Henry Kahnweiler et Wilhelm Uhde, les plus grands marchands des artistes d'avant-garde de l'époque [32]. Mondrian a probablement dû suivre le même chemin dans le monde de l'art parisien, très certainement avec Kickert comme guide. Une partie importante de leur mission consistait en effet à trouver des œuvres pour leur exposition du Cercle d'art moderne à Amsterdam, à l'automne. Il est difficile d'imaginer que Kickert n'ait pas eu envie de connaître les tableaux que Mondrian aurait souhaité voir exposés. Non seulement Mondrian était plus âgé que Kickert, mais en outre il jouissait d'une plus grande maturité en tant qu'artiste et avait l'œil pour repérer ce qui était nouveau en matière de peinture. C'est pour ces raisons que Mondrian et Kickert visitèrent sans doute également un certain nombre d'ateliers.

L'un des plus importants prêteurs de l'exposition du Cercle d'art moderne était l'Allemand Wilhelm Uhde. Une visite à ce célèbre marchand d'art et collectionneur a très certainement fait partie du programme. Chez Uhde, Mondrian pouvait se faire une assez bonne idée des dernières œuvres cubistes de Braque et de Picasso. Dans un entretien avec Jay Bradley du *Knickerbocker Weekly*, publié en février 1944, Mondrian relatait que Kickert l'avait présenté entre autres à Le Fauconnier et Léger [33]. Il affirmait que ce dernier voulait l'introduire auprès de Picasso mais qu'il trouvait toujours une excuse pour ne pas y aller. Bien qu'il appréciât beaucoup l'œuvre de l'artiste espagnol, il craignait d'être « dominé » par la « forte personnalité » de celui-ci [34]. Malgré cela, vers la fin de sa vie, Mondrian disait ouvertement que c'était surtout le cubisme de Picasso qui lui avait « montré le chemin ». Au début de 1914, il écrivait à ce sujet dans une lettre à l'influent critique et pédagogue d'art néerlandais H. P. Bremmer : « Pour finir, il faut que je vous dise que j'ai été influencé par la vue de l'œuvre de Picasso que j'admire beaucoup. Je n'ai pas honte de parler de cette influence car je pense qu'il vaut mieux être sensible au progrès que de se satisfaire d'une découverte imparfaite et de s'imaginer ainsi qu'on est original ! Comme tant de peintres le pensent. De plus, je suis certain d'être tout à fait différent de Picasso, comme les gens le disent aussi généralement [35]. »

Le fait que Mondrian ait pris si tôt l'œuvre de Picasso comme exemple en dit long. Proches des cubistes de Montparnasse puisqu'ils vivaient dans le même quartier, les peintres néerlandais les plus progressistes – parmi lesquels Kickert, Schelfhout et, à partir du début de 1912, Mondrian lui-même –, étaient naturellement davantage tournés vers eux. Mais Mondrian comprit très tôt que le cubisme de Picasso ébranlait les fondements de l'art et qu'il lui offrait davantage de possibilités d'atteindre son propre but – exprimer la beauté universelle de son sujet – que la variante plus décorative et superficielle qui était pratiquée par les membres du groupe de Montparnasse. L'audace avec laquelle Picasso renonçait à la réalité visible contrastait en outre violemment avec l'œuvre beaucoup plus « sage » de Le Fauconnier et les siens, qui ne s'était jamais totalement détachée de la tradition classique.

La première influence du cubisme : été 1911

De retour aux Pays-Bas, Mondrian se remet au travail. En juillet, il se rend de nouveau à Domburg, où il puise son inspiration dans des motifs familiers. C'est là qu'il exécute les premières ébauches des tableaux qu'il exposera à l'automne au Cercle d'art moderne. Les premiers signes

des impressions qu'il a rapportées de Paris apparaissent rapidement dans ses œuvres. Cependant, Mondrian ne bouleverse pas immédiatement sa façon de peindre ; dans un premier temps, il recherche pas à pas les moyens d'appliquer fonctionnellement à ses recherches ce qu'il a vu en France. Le paysage *Été, dune en Zélande*, généralement daté « vers 1910 » (c'est-à-dire avant le voyage à Paris), semble en témoigner **(fig. 212)**. Les traits de pinceau posés de manière parallèle dans la partie centrale des dunes et dans certaines régions du ciel suggèrent fortement que cette toile n'a été exécutée ou – si elle a été ébauchée antérieurement – remaniée qu'après le retour de Mondrian de Paris. Le durcissement géométrique et les traits de pinceau parallèles plus longs marquent également ses adieux aux petits traits détachés

212 **Piet Mondrian**
Été, dune en Zélande, 1910
Huile sur toile, 134 × 195 cm
New York, Solomon R. Guggenheim Museum,
prêt Gemeentemuseum, La Haye

du divisionnisme. Le grand format de l'œuvre – dont il existe une version beaucoup plus petite mais sans les innovations techniques décrites plus haut – laisse également penser que Mondrian n'a achevé ce tableau qu'après son aventure parisienne. Comme nous l'avons déjà précisé précédemment, l'artiste n'avait pratiquement vu que des peintures immenses dans la salle 41 du Salon des indépendants.

Outre *Été, dune en Zélande*, les œuvres que Mondrian expose au Cercle d'art moderne en 1911 sont d'un format particulièrement grand, avec des longueurs oscillant entre un mètre et demi à presque deux mètres et demi. Les deux œuvres à l'influence cubiste la plus marquée sont *Dunes* et le triptyque *Évolution* **(fig. 213 et 214)**. Le style de ce dernier, qui présente les trois stades de l'évolution de l'âme humaine, fait notamment

penser aux *Nus dans la forêt* de Léger **(fig. 215)**, que Mondrian a vus au Salon des indépendants. Les corps des femmes, divisés en facettes, n'ont pratiquement pas de rondeurs.

Dans *Dunes*, le sujet semble avoir été spécialement choisi pour pouvoir représenter les ondulations du sable de manière cubiste, tandis que le ciel a lui aussi été fortement facetté. Dans les comptes rendus de l'exposition, l'évolution du langage pictural de Mondrian ne passe pas inaperçue, comme le montre l'article critique de Willem Steenhoff, sous-directeur du Rijksmuseum : « Même Mondrian, qui, dans un fâcheux moment, s'est assujetti au dogme du cubisme, a appliqué la méthode de manière totalement injustifiable à un paysage de dunes, pensant de bonne foi que la régularité stupide de lignes rigides qui semblent avoir été tracées

213 Piet Mondrian
Dunes, 1911
Huile sur toile, 141 × 239 cm
La Haye, Gemeentemuseum

à la règle sur toute la longueur pourrait évoquer la quiétude et l'espace austères. La gratuité de certaines surfaces rectilignes, qui ressemblent à des tapis, au premier plan, ne fait que renforcer l'absurdité de l'ensemble[36]. »

Les premiers cubistes aux Pays-Bas : automne 1911

L'exposition d'automne du Cercle d'art moderne avec les œuvres de l'avant-garde parisienne est généralement considérée comme un tournant dans la quête de Mondrian. Mais le véritable tournant a plutôt été la première visite de l'artiste à Paris, au printemps 1911. En effet, ses œuvres manifestent des tendances cubistes dès son retour aux Pays-Bas. Et il semble donc plus juste de voir l'exposition du Cercle d'art moderne, du 6 octobre au 5 novembre 1911, comme un *deuxième* moment tout aussi important. Cette exposition permet en effet pour la première fois à Mondrian d'observer longuement une large palette d'œuvres cubistes, réalisées à la fois par les cubistes de Montparnasse et par ceux de Montmartre. À noter également un ensemble de vingt-huit œuvres de Paul Cézanne, qui passait pour être, ainsi que nous l'avons déjà évoqué, le précurseur du cubisme, et qui fut présenté comme tel par Jan Toorop dans son discours d'inauguration de l'exposition[37]. Mondrian peut étudier la perspective simultanée dans le tableau *Broc et trois bouteilles* **(fig. 216)** de Georges Braque. Si cette toile ressemble encore à une ébauche prudente de cette découverte, *Le Sacré-Cœur* de Picasso de 1909-1910 **(fig. 217)** constitue, quant à lui, une grande avancée dans son développement. Dans cette dernière œuvre,

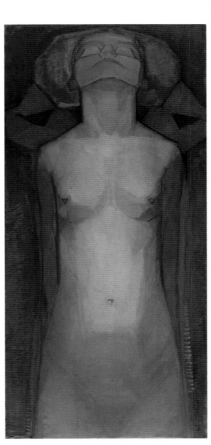
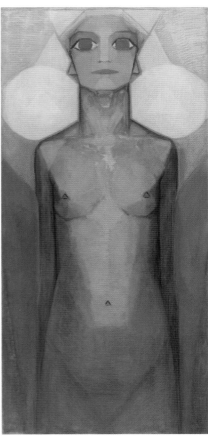
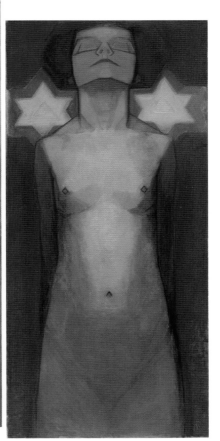

214 **Piet Mondrian**
Évolution, 1911
Huile sur toile, 178 × 85 cm (panneau de gauche), 183 x 87,5 cm (panneau central), 178 x 85 cm (panneau de droite)
La Haye, Gemeentemuseum

215 Fernand Léger
Nus dans la forêt, 1909-1911
Huile sur toile, 120 x 170 cm
Otterlo, Kröller-Müller Museum

216 Georges Braque
Broc et trois bouteilles, 1908
Huile sur toile, 46,5 × 38,5 cm
Amsterdam, Stedelijk Museum

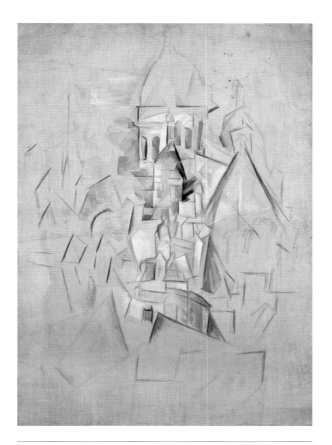

217 Pablo Picasso
Le Sacré-Cœur, 1909-1910
Huile sur toile, 92,5 × 65 cm
Paris, Musée national Picasso

les acquis les plus importants du cubisme sont arrivés à maturité. En associant la couleur en aplats, la palette tempérée et la pleine application de la perspective simultanée, la réalité visible a été déconstruite en un ensemble kaléidoscopique de surfaces individuelles avant d'être « réorganisée » (recomposée) pour produire une abstraction géométrique radicale de la réalité[38]. Bien que Mondrian ait développé ultérieurement sa propre version du cubisme, cette percée de Braque et de Picasso a tenu une place essentielle dans sa quête.

« Le cubisme m'a indiqué le chemin à suivre » : 1912-1914

Mais fin 1911, Mondrian a encore un long chemin à parcourir jusqu'à l'élimination complète de la réalité visible. Son court séjour parisien et l'organisation de l'exposition du Cercle d'art moderne l'ont cependant amené à prendre conscience que, pour jouer un rôle important dans l'art, il devait s'installer à Paris. Son déménagement a lieu entre le début du mois de janvier 1912 et les premiers jours du printemps **(fig. 218)**. *Paysage avec arbres* est l'une des premières peintures que Mondrian achève à Paris **(fig. 219)**. L'allusion à la nature est encore évidente dans le titre comme sur la toile. Il semblerait que ce tableau ait été exposé au Salon des indépendants de 1912 sous le titre *Dans le jardin*[39]. Entretemps, il est évident que Mondrian a repris la palette tempérée des cubistes et qu'il poursuit définitivement l'expérience des traits de pinceau parallèles plus longs, commencée après sa première visite à Paris. Il est frappant de relever que le critique influent André Salmon a déclaré à propos de cette œuvre que c'était Kees van Dongen – le plus important représentant du fauvisme – qui avait dû être le grand inspirateur de son compatriote, en raison de l'absence de volume dans les formes, et donc du caractère décoratif des couleurs en aplats[40]. Cette remarque montre en tout cas que Mondrian a assimilé le cubisme d'une manière extrêmement personnelle, sans se mêler au jeu de la spatialité si présent dans les œuvres de Picasso et de Braque.

Après le Salon des indépendants, l'œuvre est montrée lors d'une exposition à Nimègue [41]. À la vue de *Dans le jardin*, certains critiques néerlandais, notamment Jan Kalff, en arrivent à la conclusion que Mondrian s'est désormais vraiment rallié au cubisme, tout en soulignant ce qui le distingue des exemples français : « Il me semble que Mondrian s'est tellement "écarté des formes naturelles" ici que son œuvre n'est plus de l'art. Les lignes droites de cette peinture font penser à l'école cubiste, mais lorsque les peintres de cette tendance représentent les choses de manière cubiste, ils durcissent et ils synthétisent leurs formes, ils ne les suppriment pas complètement. C'est pourtant ce que fait Mondrian aujourd'hui dans cette œuvre, où l'on pense reconnaître un arbre et quelques toits, mais sans avoir la certitude de réellement bien voir [42]. »

À mesure que l'année 1912 avance, l'art de Mondrian évolue vers une forme de cubisme qui met l'accent sur la surface plane **(fig. 220)**. Dans *Composition avec arbres 2* **(fig. 223)**, le motif naturaliste de départ – un groupe d'arbres – ne se reconnaît pratiquement plus que par le titre. La peinture est composée d'un réseau de lignes structuré avec soin. Les surfaces que celles-ci délimitent ont été remplies de touches de peinture lâches qui n'ont certainement pas pour but de suggérer une forme ou un volume. Le cadre tracé à main levée qui cerne la composition semble suggérer que nous sommes face à une étude. Cette impression est renforcée par le fait que Mondrian a supprimé ou recouvert certaines lignes, mais de telle manière que la recherche du juste rapport entre les différents éléments du tableau est devenue partie intégrante de la composition. La surface entière du tableau est couverte de lignes qui ont été repeintes et retracées dans un sens légèrement différent. Cette méthode de travail par tâtonnements va caractériser l'œuvre de Mondrian dans les années à venir.

Mais le choix du sujet change. Au cours de sa première année passée à Paris, Mondrian développe les études qu'il a faites aux Pays-Bas et qui représentent notamment des arbres et le paysage de Zélande. C'est en 1913 que Paris fait son apparition dans son œuvre. Mais celle-ci

218 **Conrad Kickert**
Piet Mondrian et Lodewijk Schelfhout dans l'atelier de Conrad Kickert, avec sur le chevalet la Vue de Villeneuve-lès-Avignon *de Schelfhout*, 1912
Tirage gélatino-argentique
La Haye, RKD–Nederlands Instituut voor Kunstgeschiedenis

219 **Piet Mondrian**
Paysage avec arbres, 1912
Huile sur toile, 120 × 100 cm
La Haye, Gemeentemuseum

Piet Mondrian

220 Piet Mondrian
Composition avec arbres, 1912
Huile sur toile, 81 × 62 cm
La Haye, Gemeentemuseum

a déjà atteint un tel degré d'abstraction que le point de départ semble insignifiant **(fig. 224)**. Les carnets de croquis de cette époque parvenus jusqu'à nous montrent que Mondrian dessine beaucoup d'après des motifs urbains situés à proximité immédiate de son atelier. En outre, il ne se préoccupe plus de reproduire un paysage, un arbre ou un bâtiment particulier. Ses peintures apparaissent comme des constructions répondant à certains principes et n'ayant pratiquement plus de rapport avec le sujet dont elles procèdent, si ce n'est qu'il s'agit d'exprimer la beauté universelle du motif sous-jacent. Désormais, Mondrian ne choisit plus d'intégrer des éléments réellement vus dans ses peintures que lorsque ceux-ci lui sont utiles pour des raisons de composition. C'est ainsi que *Tableau nº II / Composition nº XV* de 1913 **(fig. 226)** fait référence au portique à signaux qui était visible depuis l'immeuble d'ateliers de la rue du Départ, attenant aux quais de la gare Montparnasse **(fig. 225)**. Les enseignes publicitaires qu'il apercevait depuis son atelier se retrouvent aussi sous une forme très abstraite dans les tableaux de cette période, comme pour indiquer que ses œuvres sont encore enracinées dans la réalité de tous les jours, tout en s'en éloignant par l'abstraction presque totale du motif **(fig. 221 et 222)**.

221 **Piet Mondrian**
Composition en ovale avec plans de couleur 2, 1914
Huile sur toile, 133 × 84,5 cm
La Haye, Gemeentemuseum

222 **Jules Séeberger**
Rue du Départ (où Piet Mondrian avait son atelier),
vue sur le boulevard Edgar-Quinet, 1927
Carte postale, 18 × 24 cm
Paris, Bibliothèque nationale de France

De l'abstraction au néoplasticisme : 1914-1920

La ville ne joue donc presque plus aucun rôle comme motif dans l'œuvre de Mondrian, mais les influences artistiques qui avaient déjà été déterminantes au printemps 1911 continuent à opérer après son installation à Paris. Dans la capitale de l'art moderne, Mondrian n'a de cesse d'étudier – en partie grâce à des contacts personnels – les œuvres de l'avant-garde artistique. Il prend ce travail très au sérieux, ainsi qu'en témoigne le surnom que lui donnent ses collègues néerlandais dans les années 1912-1914 : Piet-zie-je-me-niet (« Piet-tu-ne-me-vois-pas ? »). Aucun vernissage n'a lieu alors sans que Mondrian soit présent [43]. Il s'attache à entretenir le dialogue avec les artistes qui partagent ses convictions. Cependant, Mondrian n'a jamais suivi servilement ses exemples parisiens – au contraire, il a su assimiler d'une manière très personnelle les fondements du cubisme.

De passage aux Pays-Bas en 1914, l'éclatement inattendu de la Première Guerre mondiale l'empêche de retourner à Paris. En 1917, alors qu'il se trouve en exil artistique, il écarte définitivement de son œuvre toute forme de réalisme. En 1911, le cubisme lui avait permis de faire un premier pas décisif dans cette direction – et l'artiste n'a jamais nié ce qu'il lui devait. Dans les années 1940, tandis qu'il jette un regard rétrospectif sur sa longue carrière, Mondrian écrit : « J'aimais vraiment beaucoup Matisse, Van Dongen et les autres, mais j'ai rapidement préféré les cubistes, notamment Picasso et Léger. Je sentis que seuls les cubistes avaient découvert le bon chemin parmi les abstractions de l'époque (Kandinsky, le futurisme, etc.) et, pendant un certain temps, je fus influencé par eux. Mais j'ai pris de plus en plus conscience du fait que le cubisme refusait d'accepter les conséquences de l'abstraction, ce qui à mon avis était nécessaire pour exprimer la force la plus grande et la beauté la plus profonde de la réalité – et de l'homme [44]. » Par l'intermédiaire du luminisme et du cubisme, l'artiste parvient à élaborer à Paris en 1920 sa propre conception de l'art : le néoplasticisme. C'est ainsi qu'il atteint finalement ce que les cubistes avaient commencé mais – selon lui – jamais accepté : un langage pictural entièrement abstrait, capable d'exprimer la beauté de manière universelle – car délivré de l'expérience personnelle – par le rapport de la forme et de la couleur.

(traduit du néerlandais par Henri-Philippe Faucher)

223 **Piet Mondrian**
Composition avec arbres 2, 1912-1913
Huile sur toile, 98 × 65 cm
La Haye, Gemeentemuseum

224 Piet Mondrian
Composition n° XIV
Huile sur toile, 94 × 65 cm
Eindhoven, Van Abbemuseum

225 **László Moholy-Nagy**
La Gare Montparnasse, vue depuis l'atelier
de Piet Mondrian à Paris, 1927
Tirage gélatino-argentique
La Haye, Gemeentemuseum

226 **Piet Mondrian**
Tableau nº II / Composition nº XV /
Composition 4, 1913
Huile sur toile, 61 × 76 cm
Amsterdam, Stedelijk Museum

Piet Mondrian

Notes

Bibliographie

Index

À propos
des auteurs

Remerciements

Notes

PARIS AU XIXe SIÈCLE, CENTRE DU MONDE ARTISTIQUE

p. 10-29

1 Meijer 1805, p. 676.
2 Bilderdijk 1826, p. 132.
3 Lettre de Willem Witsen à Jacobus van Looy, Paris, 28 mai 1882, archives Van Looy, Frans Hals Museum, Haarlem, n° inv. 1125, http://www.dbnl.org/tekst/wits009brie01_01/wits009brie01_01_0006.php#6 (consulté le 30 novembre 2016).
4 Berger 1999 ; Hahn 2009 ; Higonnet 2002 ; Waller et Carter 2015 ; Clayson et Dombrowski 2016.
5 La capitale française étant fréquentée par des artistes de nombreuses nationalités, les sources d'inspiration sont multiples.
6 Lettre de Gerard Bilders à Johannes Kneppelhout, 14 juillet 1862, dans Loos 2009, p. 318-322.
7 Bank 1990 ; Grijzenhout et Van Veen 1992 ; Van Sas 2005 ; Leerssen 1999.
8 Ces chiffres se fondent sur les bases de données du RKD–Nederlands Instituut voor Kunstgeschiedenis, La Haye, www.rkd.nl (consulté le 8 mars 2017).
9 Il vit à Paris pendant trois ans avant de rentrer aux Pays-Bas.
10 Pour cette étude, nous n'avons pris en considération que les artistes ayant séjourné pendant au moins six mois à Paris.
11 Voir l'essai consacré à Frederik Hendrik Kaemmerer, p. 130 du présent ouvrage.
12 Van der Linden 2013, p. 31-36.

Le coche d'eau (*trekschuit*) constituait d'ailleurs une autre option. Aux Pays-Bas surtout, il existait dès le XVIIᵉ siècle un vaste réseau de bateaux de navigation intérieure qui transportaient des passagers à travers l'ensemble du pays. Même si les coches d'eau pouvaient, eux aussi, être bondés, ils présentaient l'avantage d'un confort bien supérieur, puisque le voyage se faisait sur l'eau et non sur des chemins de terre.
13 Après une première liaison entre Anvers et Bruxelles, une ligne directe relie Paris à Bruxelles à partir de 1846, prolongée jusqu'à Rotterdam en 1864. Voir aussi Van der Linden 2013, p. 30.
14 Voir à ce sujet Higonnet 2002 et Jonkman 2015 (consulté le 16 février 2017).
15 Loos 2009, p. 318-322.
16 Lettre de Jacobus van Looy à August Allebé, 19 janvier 1887, dans Huygens 1975, p. 289-291.
17 Moes 1961, p. 158. Lettre de Frederik Hendrik Kaemmerer à son père, Johan Philip Kaemmerer, 6 mars 1865, dans Versteegh 2001, p. 19.
18 Lettre de Frederik Hendrik Kaemmerer à son père, Johan Philip Kaemmerer, 7 avril 1865, *ibid.*, p. 24-27.
19 Kruseman 1826, p. 6. Lettre de David Bles à Johannes Bosboom, 14 mars 1842, archives municipales de La Haye ; lettre de Vincent van Gogh à Émile Bernard, 26 juin 1888, http://vangoghletters.org/vg/letters/let632/letter.html (consulté le 6 juin 2017) ; lettre de Jacobus van Looy à August Allebé, 19 janvier 1887, dans Huygens 1975, p. 289.
20 Kruseman 1826, p. 6-13 ; Schwartz 1999 ; Van der Willigen *et al.* 2010, p. 267 et ss.
21 Voir entre autres Schivelbusch 1995, p. 32 ; Blühm et Lippincott 2000, p. 28 et 182 ; Kirkland 2013.
22 Voir aussi Loyer 1987.
23 Gerbod 1995, p. 572. Au sujet des Néerlandais entreprenant le voyage pour Paris à l'époque du roi Louis Bonaparte, voir Frijhoff 2006.
24 Gerbod 1995, p. 574 ; voir aussi Waller et Carter 2015, p. 4 et ss.
25 Les salons se tiennent dès le XVIIᵉ siècle. Il s'agissait en fait de réunions régulières organisées par des dames de la haute société, qui rassemblaient des personnalités issues des mondes politique, littéraire, artistique et du commerce dans des proportions variables. Voir aussi Kale 2004.

26 Gerbod 1995, p. 576. C'était aussi valable pour les Français de province.
27 *Idem.*
28 Tas 2010.
29 Bonnet 2006, p. 46 ; Boime 1971, p. 7-8.
30 Il y avait entre autres des concours d'émulation (esquisses d'après modèle antique ou modèle vivant), de perspective et d'exécution ; pour cette dernière épreuve, les candidats devaient faire une étude d'un paysage historique ou traiter un thème historique. Voir Bonnet 2006, p. 81.
31 Pevsner 1940, p. 225-226.
32 Voir les archives de l'École nationale des beaux-arts, Archives nationales, n° inv. AJ/52/246, 470 et 911-916.
33 Lettre de David Artz à Johannes Kneppelhout, 6 août 1866, collection particulière, Amersfoort.
34 Voir l'essai consacré à Gérard van Spaendonck, p. 52 du présent ouvrage.
35 Comar 2008, p. 19-65.
36 Van Helden 2009, p. 27-31.
37 Bonnet 2006, p. 123-130.
38 Voir aussi l'essai consacré à Ary Scheffer, p. 68 du présent ouvrage.
39 Fehrer 1989.
40 À l'origine, le Salon, qui ouvrit ses portes en 1648, avait pour but de présenter les œuvres des élèves de l'École des beaux-arts qui avaient remporté les prix annuels aux membres de l'Académie et à quelques visiteurs triés sur le volet. À partir de 1725, les expositions se tinrent dans le Salon carré du Louvre, qui n'était pas encore un musée. Quelque dix années plus tard, il fut décidé que tous les membres avaient le droit de montrer leurs œuvres et que l'exposition devait être ouverte au public. L'année 1748 vit l'introduction du jury, initialement composé de membres de l'Académie, chargé de sélectionner les œuvres.
41 Appelée d'abord Académie royale de peinture et de sculpture, elle fut créée en 1664 par un décret royal de Louis XIV. Voir Pevsner 1940, p. 88.
42 Scheffer déclina cependant le siège qui lui était offert, arguant que la place revenait à Delacroix. Voir Ewals 1983. Voir aussi http://www.academie-des-beaux-arts.fr/membres/ (consulté le 7 mars 2017).
43 Galenson et Jensen 2007, p. 140-144.
44 Sfeir-Semler 1992, p. 115-149. Voir aussi Verschaffel 2006.

45 Lemaire 2004 ; Lobstein 2006.
46 Voir entre autres Bakker 2015, p. 63, et De Clercq 2015, p. 40. Voir aussi Brouwer 1984, p. 84-90.
47 Galenson et Jensen 2007, p. 144 et ss.
48 Voir entre autres l'essai consacré à Ary Scheffer, p. 68 du présent ouvrage.
49 Voir aussi Sfeir-Semler 1992, p. 149-167.
50 Voir entre autres Boime 1976, p. 137-207 ; Green 1987, p. 59-78 ; Green 1989, p. 29-34 ; White et White 1993 ; Jensen 1994 ; Thomson 1999, p. 62-78 ; Galenson et Jensen 2007, p. 137-166.
51 Van Wisselingh s'installe à Paris durant l'hiver 1882 ; suite au décès de son père à l'automne 1884, il rentre aux Pays-Bas pour prendre la tête du commerce d'art à La Haye. Voir Heijbroek et Wouthuysen 1999, p. 29-30.
52 Chagnon-Burke 2012 (consulté le 7 décembre 2016).
53 Grâce à la croissance économique de plus en plus de personnes jouissent d'une certaine aisance, dont un nombre croissant s'intéresse à l'art et souhaite acquérir des œuvres.
54 Au sujet des mythes parisiens, voir Higonnet 2002.
55 Outre Hendrik Willem Mesdag, déjà cité, Johan Barthold Jongkind, Jacob Maris et Martinus Kuytenbrouwer connaissent eux aussi leurs premiers succès à Paris, avant d'être loués dans leur propre pays. Au sujet des étrangers ayant remporté des médailles, voir aussi Ten-Doesschate Chu 1992, p. 234-244, et au sujet des succès de Salon, Brouwer 1984.
56 Au niveau individuel, les motivations qui poussent une personne à s'installer à l'étranger font une grande différence. Ceux qui visitent des lieux inconnus en tant que touristes sont moins enclins à chercher à établir un contact ou à s'intégrer dans la population locale que ceux qui séjournent dans un endroit donné pour une période plus longue dans le but de tirer quelque chose de cette expérience.
57 Au sujet du cosmopolitisme, voir entre autres Cheah et Robbins 1998, ainsi que Rovisco et Nowika 2006.
58 Lettre de David Artz à Johannes Kneppelhout, 6 novembre 1866, collection particulière, Amersfoort.
59 Au sujet des collaborations visant à assurer le succès d'une œuvre

u d'un artiste, voir entre autres ecker 1982 et Farrell 2001.
0 Lettre de David Artz à Johannes neppelhout, 6 novembre 1866, ollection particulière, Amersfoort.
1 Maris et Kaemmerer ne tardent as à le regretter, car Artz se révèle ien plus sociable qu'eux-mêmes. ne fois qu'il a trouvé sa place, il fait e la musique tous les soirs avec es amis français, ce qui empêche es Néerlandais de travailler. est intéressant de voir qu'à cette poque, Artz reprend les sujets e ses colocataires et représente es femmes mondaines aux tenues légantes (parfois historiques) omme les peignent Kaemmerer t Émile Auguste Pinchart. Lettre e Frederik Hendrik Kaemmerer son père, Johan Philip Kaemmerer, février 1869, dans Versteegh 2001, . 119-120.
2 DaCosta, Kaufmann et North 2010. our les discussions au sujet des changes artistiques, voir entre autres loch 1928 (consulté le 12 mars 2017) ; spagne et Werner 1985 ; Werner t Zimmermann 2006 ; Burke 2009.
3 Voir aussi l'essai consacré à Piet Mondrian, p. 222 du présent ouvrage.
4 Allebé possédait une vaste ollection de gravures et d'estampes 'après les maîtres français, qu'il rêtait régulièrement à ses élèves fin que ceux-ci puissent les copier. oir aussi Loos 1988, p. 151-152.
5 Goddeeris 2015, p. 9 ; Dozo 2015, . 199-201. Voir aussi Wasserman t Faust 1994.
6 Goddeeris 2015, p. 9.
7 Dozo 2015, p. 199-201. Voir aussi Vasserman et Faust 1994.
8 Amsterdam/Paris 1999-2000, . 107-120 et 46-47. Voir aussi Yates 008, p. 33-43, et Kröger et Tas 2009, . 33-35.
9 La France était en pleine crise 'identité après la guerre franco-russienne de 1870 qui s'était terminée ar une défaite cuisante. Les échanges rtistiques et le cosmopolitisme taient des instruments mis en œuvre our donner une meilleure image u pays. Voir entre autres Esner 2001 t Chang 2010.
0 À ce sujet, voir notamment ollock 1991 ; Esner 2001 ; Ouwerkerk 003 ; Verschaffel 2006 ; Chang 2010. our plus de détails sur le nationalisme, oir entre autres Anderson 1983 ; ellner 1983 ; Hobsbawm 1990, p. 5-10 ; abrie 1992.

71 Urry 2007 ; Greenblatt 2010, p. 15-19 ; Saloni 2011, p. XI.

LA PEINTURE HOLLANDAISE AUX EXPOSITIONS UNIVERSELLES DE PARIS (1855-1900)

p. 30-45

1 Les artistes étrangers avaient aussi la possibilité de participer au Salon parisien annuel, cette institution n'étant pas réservée aux seuls nationaux, mais c'était là une présentation plus individuelle de leurs travaux.
2 Mesdag se voit récompenser en 1870 par le jury du Salon annuel pour une œuvre qui fait alors sensation, *Brisants de la mer du Nord* ; celle-ci est achetée par une des gloires de l'époque, le peintre français Charles Chaplin, dont le fils, Arthur Chaplin, deviendra un célèbre pasticheur des natures mortes hollandaises, notamment de Gérard van Spaendonck. En 1887 est aussi acquis de Mesdag pour le musée du Luxembourg, au Salon des artistes français, *Soleil couchant* (Paris, musée d'Orsay), une marine tout à fait caractéristique de son style. Trois ans plus tard, le même artiste est à nouveau honoré par un achat de l'État : *Avant l'orage* (Fontainebleau, Musée national du château), encore une marine.
3 Voir par exemple le *Guide dans l'Exposition universelle des produits de l'industrie et des beaux-arts de toutes les nations*, Paris, Paulin et Le Chevalier, 1855.
4 Chaque nation peut demander, pour en faire son parc spécial, la portion de terrain du Champ-de-Mars attenante à l'emplacement qui lui est réservé dans le palais de l'Exposition universelle.
5 Les Pays-Bas exposent 131 œuvres – toutes disciplines confondues – pour 76 artistes. À titre d'exemple,

la France présente alors 2 712 œuvres au total, pour 990 exposants.
6 Voir le *Guide officiel de l'Exposition universelle de 1867*, Paris, E. Dentu, 1867.
7 *Liste du jury international, Exposition universelle de 1867 à Paris*, Paris, E. Dentu, 1867.
8 Lors de l'Exposition universelle de 1878, dans la section hollandaise « gravures et lithographies », Trestling et Compagnie, lithographes à Amsterdam, proposent au public des chromolithographies d'après les maîtres anciens (dont *La Ronde de nuit* de Rembrandt ou le fameux *Taureau* de Potter).
9 Énault 1878, p. 105.
10 La critique pointe du doigt le peintre Gerard de Lairesse (1640-1711) dont l'ouvrage de référence, *Le Grand Livre des peintres ou l'Art de la peinture considéré dans toutes ses parties et démontré par principes*, très lu par les artistes tout au long du XVIIIe siècle, aurait incité ceux-ci à la répétition stérile des modèles du passé.
11 Du Camp 1855, p. 346.
12 Blanc 1878, p. 310.
13 *Ibid.*, p. 340-341.
14 Lamarre et La Blanchère 1878, p. 175.
15 *Ibid.*, p. 179-180.
16 Jacques-Louis David fut l'un des maîtres français de la première génération d'artistes hollandais venus se former en France et y rechercher une clientèle. Son amitié avec Gérard van Spaendonck permit aux élèves de celui-ci de se former à la peinture d'histoire et non plus seulement à la nature morte florale.
17 Aux Pays-Bas, le romantisme ne rencontra pas le même succès auprès des artistes et du public qu'en France où il fut un courant très en vogue.
18 Louis Gonse, « La peinture en Hollande », dans Gonse 1878, p. 141.
19 Charles Blanc, « Exposition universelle de 1867 », dans Blanc 1876, p. 491.
20 Léonce Bénédite, « Les écoles étrangères. Les Pays-Bas », dans Bénédite 1904, p. 453.
21 Lamarre et La Blanchère 1878.
22 *Idem*.
23 *Idem*.
24 Par exemple, Arsène Alexandre, « Les Beaux-Arts à la section hollandaise du Grand Palais », *Le Figaro illustré,* 18 décembre 1900, p. 14.

25 Léonce Bénédite, « L'Exposition décennale. La peinture étrangère (premier article) », *Gazette des beaux-arts*, septembre 1900, p. 190.
26 Absent du catalogue mais bien présent à l'exposition.
27 Léonce Bénédite, « Les écoles étrangères. Les Pays-Bas », dans Bénédite 1904, p. 455.
28 Gustave Geffroy, « Beaux-Arts à l'exposition. Les écoles étrangères de peinture », *Le Journal*, 9 juillet 1900, p. 3.
29 Arsène Alexandre, « Les Beaux-Arts à la section hollandaise du Grand Palais », *Le Figaro illustré,* 18 décembre 1900, p. 14.

GÉRARD VAN SPAENDONCK
PEINTRE DE COUR ENTRE SCIENCES ET SALON
p. 52-67

1 La nature n'est plus considérée alors comme un phénomène inerte, sans relation avec la morale humaine ou le divin, mais comme une force agissant sans cesse sur les autres êtres vivants. Voir MacDonald et Merling 2014, p. XI-XIII.
2 Daston et Galison 2010, p. 173-174.
3 Voir Van Boven et Segal 1980, p. 13.
4 Campbell 1996, p. 177-190 ; Spary 2000, p. 34-45.
5 Quatremère de Quincy 1822a.
6 Il publia entre autres des ouvrages sur les jardins à l'anglaise. Voir Watelet 1760 et Watelet 1774.
7 Voir l'introduction au présent ouvrage, p. 10.
8 Une lettre datée de décembre 1767 adressée à Jean-Jacques Rousseau montre l'intérêt actif que Watelet porte aux jeunes artistes. Voir Leigh 1965, t. XXVII (1767), n° 6164.
9 Lorsque Louis XIV déplaça la cour à Versailles, le Louvre perdit sa fonction de palais et fut bientôt converti en logements, entre autres pour les artistes.
10. Couturier 2008, p. 122.
11 Lettre de Desplaces à Desfriches, 15 janvier 1774. De Limay 1907, p. 100-101.
12 Voir entre autres Buffon 1971.
13 À l'époque, le jardin était bien plus petit que de nos jours. Sa surface fut presque doublée sous la direction

de Buffon, qui fit aménager entre autres un labyrinthe et une ménagerie, Archives de la Maison du Roi sous l'Ancien Régime, XVIe-XVIIIe siècle, Archives nationales, n° inv. O/1/1585.

14 Durant les six premières années, il dut partager cette charge avec la peintre de natures mortes de fleurs Madeleine-Françoise Basseporte, alors âgée de soixante-treize ans, à qui personne n'avait voulu annoncer qu'on lui avait trouvé un successeur. Voir Van Boven et Segal 1980, p. 17 ; Meeker et Szabari 2016 (consulté le 2 novembre 2016).

15 Voir entre autres la lettre de Jean-Baptiste Lamarck à Jussieu du 24 brumaire an IV [14 novembre 1795], Collection des lettres, Archives du Jardin des Plantes, Paris, n° inv. MS 2528.

16 Voir les pages de titre des catalogues des Salons de 1775 et 1777.

17 Titre original dans le catalogue du Salon de 1785 : « *Tableau représentant un piédestal d'albâtre enrichi de bas-reliefs sur lequel est posée une corbeille de fleurs et à côté se trouve un vase rempli de roses* (appartient au roi) ».

18 Diderot 1966, p. 54.

19 Grimm 1880, p. 271. « Dans quelques genres, cependant, nous l'emportons infiniment sur les artistes du siècle dernier. Les fleurs sous le pinceau de Van Spaendonck rivalisent avec les productions de la nature, si elles ne la surpassent même. Quelle fraîcheur ! Quel coloris ! Quelle vivacité ! Quelle magie cet artiste ingénieux sait répandre dans ses ouvrages ! », anonyme, *Journal des arts, de littérature et de commerce*, 1807, n° 518, p. 460.

20 MacDonald et Merling 2014, p. 1.

21 Dans le catalogue du Salon de 1791, Van Spaendonck se présentait encore comme académicien, mais plus comme conseiller, et à partir de 1793, toute référence à l'Académie a disparu.

22 David et Van Spaendonck invitèrent les artistes Joseph-Marie Vien, François-André Vincent, Jean-Baptiste Regnault et Nicolas Antoine Taunay à siéger à la section de peinture de l'Institut de France.

23 Van Boven et Segal 1980, p. 21.

24 Voir entre autres Cuvier 1822 ; Quatremère de Quincy 1822a et 1822b ; anonyme 1826.

25 Quatremère de Quincy 1822a, p. 13.

26 Cuvier 1822.

27 Spary 2000, p. 128-130, 227-239.

28 Van Boven et Segal 1980, p. 21.

29 Deleuze 1823, p. 126.

30 Hamy 1893, p. 1-162 ; Bultingaire 1930, p. 49-50.

31 Ginguené 1796, p. 235 ; G.T. 1799, p. 324.

32 Lettre de Van Spaendonck à sa mère, Theresia Van Spaendonck-Couwenberg, Paris, 3 septembre 1794, coll. Koninklijke Bibliotheek, La Haye.

33 On ignore si Van Spaendonck a effectivement formé des dessinateurs minéralogiques. Parmi ses élèves connus ne figurent que des dessinateurs botaniques et zoologiques. Voir aussi Bultingaire 1935, p. 671.

34 Le calendrier révolutionnaire, en vigueur entre 1792 et 1806, comprenait une année de douze mois, eux-mêmes subdivisés en trois décades, soit des semaines de dix jours, comportant un jour de repos.

35 Deleuze 1823, p. 126.

36 Lettre de Van Spaendonck à son frère et sa sœur, Paris, 27 mars 1821, Regionaal Archief Tilburg. Voir aussi Deleuze 1823, p. 139.

37 Van Spaendonck s.d. [vers 1800]. L'historien de l'art britannique Wilfrid Blunt (1901-1987) et le botaniste néerlandais Frans Antonie Stafleu (1921-1997) s'accordent néanmoins pour dire que ces gravures sont parmi les plus belles dans leur genre. Voir Blunt 1950, p. 175-176 ; Van Boven et Segal 1980, p. 178-184.

38 Bruno 2008, p. 2.

39 Faré 1962, t. I, p. 246.

40 Après que son frère Cornélis fut devenu responsable de la décoration des porcelaines à la manufacture de Sèvres en 1795, les tableaux de Gérard van Spaendonck servirent souvent de modèles aux décors de vases et de plaquettes. Voir Van Boven et Segal 1980, p. 178-179.

41 À partir de 1806, suite à la politique d'annexion de Napoléon, les Pays-Bas font partie de l'empire. Le frère de l'Empereur, Louis Bonaparte, devient roi de Hollande sous le nom de Louis-Napoléon et réorganise la politique culturelle néerlandaise suivant le modèle français.

ARY SCHEFFER
LE SALON ET LES EXPOSITIONS PARALLÈLES
p. 68-85

1 À propos du succès des artistes étrangers au Salon, voir entre autres Ten-Doesschate Chu 1992, p. 227-248.

2 « Scheffer, rue de l'Arcade n. 36/838 Abel étant sorti avec Thirza de sa cabane au lever du soleil chante les louanges du Seigneur », Paris 1812.

3 Pinckney 1973 ; Marrinan 1988 ; Ten-Doesschate Chu et Weisberg 1994 ; Mansel 2003.

4 Scheffer peint des œuvres qui peuvent être perçues comme un réquisitoire contre le régime des Bourbons et traite des thèmes qui passent pour être révolutionnaires. Son frère Arnold est pendant quelque temps le secrétaire de La Fayette ; en 1818, il est condamné pour la publication d'une plaquette sur la liberté en France et s'enfuit en Belgique, puis aux Pays-Bas. Les trois frères ont participé à des actions de la Charbonnerie, une organisation républicaine secrète. Voir aussi Ewals 1995, p. 14.

5 Voir aussi les Archives de la Maison du Roi, règne de Louis-Philippe, inv. n° O/4/1327 – Service des Enfants de Leurs Majestés : [...] – Dépenses d'éducation, appointements des professeurs : Starcke, peintre ; Seurict, maître de danse ; Cumberworth, maître d'anglais ; Silvestre, maître d'écriture ; Reaume, professeur de géographie ; Newton Fielding, peintre ; MacCarthy, maître d'anglais ; Hamant, professeur d'exercices militaires ; Barbier, peintre ; Pradher, maître de piano ; Brocard, maître de chant ; Piranesi, maître d'italien ; Navoigile, répétiteur de musique ; abbé Jauffret, professeur de morale ; Scheffer, professeur de dessin ; Charlemagne, maître d'escrime ; Conscience, maître de musique ; Eichhoff, maître d'allemand ; Flavio Arciari, professeur d'italien ; Michel, professeur d'exercices militaires ; Libon, maître de musique ; Trognon, précepteur du prince de Joinville ; Guérard, maître de mathématiques, et plus loin dans les mêmes archives, inv. nos O/4/2765 et 2778.

6 Il s'agit respectivement du tableau *Jeunes Grecques en prière devant la statue de la Vierge pendant que leur père, leur mari sont aux prises avec les Turcs* et de la scène historique *Anne d'Autriche refusant la liberté de Broussel*. Voir aussi la lettre de Ferdinand-Philippe à Scheffer, 30 décembre 1826, collection du musée de la Vie romantique, Paris, et Ewals 1995, p. 24.

7 Chaudonneret 1999, p. 197 et 212-216 . Voir aussi les Archives de la Maison du Roi, inv. n° O/3/1275-O/3/1598 ; Archives des musées nationaux – châteaux de Versailles et Trianon, inv. nos 20150040/18 et 20150040/5 ; Archives des musées nationaux – département des Peintures du musée du Louvre, inv. n° 20144790/59-64 ; Archives des musées nationaux (Série Z), inv. nos 20150044/58, 20150044/104, 20150044/380 ; Archives des musées nationaux – musée du Louvre, département des Sculptures (Série S), inv. nos 20144793/8, 201444793/13, 20144793/27, 20144793/29, 20144793/34.

8 La maison se trouvait alors au numéro 7 de la rue Chaptal ; en 1848, la numérotation change et le numéro devient le 16. La maison et l'atelier de Scheffer sont toujours ouverts au public ; ils abritent aujourd'hui le musée de la Vie romantique. Un certain nombre d'autres artistes vivaient dans le quartier à l'époque, notamment les peintres Horace Vernet, Paul Delaroche, Théodore Géricault, Eugène Delacroix, Eugène Fromentin, François-Édouard Picot, Théodore Rousseau, Jules Dupré et le sculpteur Jean-Pierre Dantan. Voir Brem 1991, p. 19.

9 Grote 1860, p. 51-52.

10 Lettre de Pauline Viardot à Julius Rietz, 27 janvier 1859, dans Viardot 1915, p. 533.

11 Lettres de Pierrre-Jean de Béranger à Antoine Chintreuil, collection épistolaire de la Fondation Custodia, Paris, inv. n° I.9226.

12 Astruc 1859, p. 3.

13 Registres des Salons (1795-1863) Archives nationales, Paris, inv. n° X-Salons 20150042/105-134.

14 Landon 1831, p. 40-41. Bien que son travail ne soit pas toujours jugé de manière positive, il est, dans les années qui suivent, l'un des rares artistes à attirer systématiquement l'attention.

5   À propos de la lutte entre les tenants du classicisme académique et ceux de l'avant-garde romantique, voir entre autres Rosen et Zerner 1984 ; Charlton 1984 ; Honour 1991 ; Paris 2006 ; Wakefield 2007.

6   Les Souliotes – une tribu de l'Empire ottoman – furent défaits à Zalongo en 1803 par les troupes du sultan. Une cinquantaine de femmes et d'enfants choisirent de se jeter dans l'abîme plutôt que d'être tués par les soldats ottomans. Voir aussi Athanassoglou-Kallmyer 1989, notamment p. 102-107. La toile de Scheffer est considérée comme romantique dès 1824. En 1827, ses œuvres ont été déplacées deux fois pendant l'exposition, non seulement pour répondre à des protestations suscitées par le parcours labyrinthique mais aussi pour que les plus populaires bénéficient d'un meilleur emplacement. Quelques tableaux ont également été ajoutés au cours de ces mouvements. La Mort de Sardanapale de Delacroix et Les Femmes souliotes de Scheffer ne sont ainsi présentées au Salon qu'à partir du 6 février 1828. En partie sur les instances d'Ambroise-Polycarpe, vicomte de La Rochefoucauld, ministre de la maison royale des Bourbons, plusieurs peintures d'artistes romantiques, parmi lesquels Ary Scheffer, sont exposées dans le Salon carré, ce qui est alors considéré comme une marque d'honneur. Pour plus d'informations, voir aussi Bouillo 2009, notamment p. 41-53.

7   L'Académie des beaux-arts était une des cinq académies de l'Institut de France ; elle regroupait des artistes, des musiciens et des architectes. Les membres du jury appartenaient à toutes les catégories de cette académie. Voir Hauptman 1985, p. 98-99 ; Mainardi 1989, p. 24, http://www.radford.edu/rbarris/art491%2520Museum/counter%2520exhibitions.pdf consulté le 29 décembre 2016).

8   Hauptman 1985, p. 99.

9   Scheffer est promu officier de la Légion d'honneur en 1835 après avoir été fait chevalier en 1828. Pendant le règne de Louis-Philippe, il reçoit également plusieurs commandes de l'État, entre autres des portraits officiels, et participe à la décoration du musée de l'Histoire de France au château de Versailles. Boime 2004, p. 294-305. Voir aussi Rosenthal 1910, p. 99-108.

20   En 1856, quand l'académicien Paul Delaroche meurt, Scheffer est pressenti pour prendre sa place, mais celui-ci refuse l'invitation et propose que l'on donne le siège libre à Delacroix qui s'est porté candidat pour la huitième fois. C'est ainsi que Delacroix entre finalement à l'Académie. Voir Ewals 1983, n.p.

21   Ewals 1987, p. 125-153.

22   « Rousseau, 7 rue Chaptal / 2034. Vue prise des côtes à Granville » et « 3187 Étude d'après la nature ». Cette année-là, Scheffer envoie quatre œuvres, parmi lesquelles un portrait de la reine de Belgique – une des filles de Louis-Philippe – qui appartient au roi de France, Paris 1833. Le soutien de Scheffer apparaît également dans la commande que Rousseau reçoit en 1834 de François Guizot, ministre de l'Enseignement. Voir aussi Miquel 2010, p. 60 et 164. Alfred Sensier, le biographe de Rousseau, indique également que Scheffer avait déjà accroché dans son atelier en 1830 plusieurs esquisses de Rousseau pour que les visiteurs puissent les admirer.

23   Sensier 1872, p. 37.

24   « Rousseau, T. – 9 rue Taitbout / 1701 Lisière d'un bois coupé forêt de Compiègne / Appartient à S.A.R. le duc d'Orléans ». Scheffer envoie trois œuvres dont l'une, Médora (n° 1751), fait également partie de la collection du prince héritier, Paris 1834.

25   « Rousseau (Th.), 9 r. Taitbout / 1904 Esquisses, même numéro (appartiennent à S.A.R. le Prince de Joinville) ». Scheffer envoie sa célèbre peinture Paolo et Francesca, qui appartient au prince héritier Ferdinand-Philippe, Paris 1835. Voir aussi Miquel 2010, p. 164, pour les souvenirs du prince de Joinville sur l'acquisition des œuvres de Rousseau sur les conseils de Scheffer.

26   Boime 2004, p. 504.

27   Anonyme 1836, p. 146 ; Chaudonneret 1999, p. 67.

28   Nombre de peintures du XIXᵉ siècle contenant ce pigment, parmi lesquelles ce tableau de Rousseau mais aussi plusieurs œuvres de Scheffer, sont aujourd'hui en mauvais état, Sensier 1872, p. 78-79.

29   Boime 1994, p. 36.

30   Planche 1855, p. 31-40 ; Sensier 1872, p. 84 et ss. ; Boime 2004, p. 505.

31   « Je viens vous annoncer, mon cher Huet, que j'ai enfin rejoint M. de Cailleux. Il s'oppose formellement à ce que j'expose mon tableau avec les autres infortunés ; il ne me le rend qu'à la condition qu'il ne sortira de chez moi que pour aller à Versailles. Je ne crois pas qu'il vienne beaucoup de monde à l'exposition de Scheffer à cause de l'éloignement ; mais tous les peintres iront et en définitive ce sont eux qui font les réputations ; voilà ce qui me contrarie le plus », lettre d'Eugène Lami à Paul Huet, 17 mars 1836, dans Huet et Lafenestre 1911, p. 8-9.

32   « Salon 1836 », L'Artiste, 1836, t. XI, p. 61. Au sujet de la critique de Planche, voir Jonker 2005.

33   « Il vous faut prendre de suite un parti, en faisant un tableau d'après une de vos anciennes esquisses, soit en vous forçant d'en faire une nouvelle, mais il faut venir à tout prix à un résultat avant le Salon, je vous le dis carrément ; vous êtes perdu sans cela », lettre de Scheffer à Théodore Rousseau, 15 septembre 1836, dans Sensier 1872. Mais les murs du Salon restent inaccessibles à Rousseau. Il n'échappe à personne que ses œuvres sont refusées chaque année – d'où le surnom de « Grand Refusé » que lui donne le critique d'art Théophile Thoré, qui le soutient ; voir Allan et Kopp 2016, p. 45-79, notamment p. 59. À partir de 1841, Rousseau décide de ne plus rien envoyer. Ce n'est qu'après la chute de Louis-Philippe en 1848 que le pouvoir de ce jury sera brisé et que les œuvres de l'artiste seront à nouveau admises au Salon.

34   L'Association des artistes est fondée en 1844 par le baron Isidore Justin Séverin Taylor pour soutenir les artistes dans le besoin. En 1846, elle organise une exposition et un gala en vue de collecter des fonds. Scheffer est étroitement associé à l'organisation de l'exposition et fait partie des présidents élus. Voir Foucart 1995, p. 144-146.

35   Sfeir-Semler 1992, p. 195-196. Voir aussi L'Artiste, 1835, t. IX, p. 13 ; L'Artiste, 1836, t. XII, p. 265 ; L'Art en province, 1836, t. II, p. 110, L'Artiste, 1837, t. XIV, p. 225 ; Sensier 1872, p. 123.

36   Rosenthal 1910, p. 241.

37   Verhoogt 2007, p. 283-358.

38   Ibid., p. 353-355.

39   « Mais Ary Scheffer est, avec Paul Delaroche, le peintre qui a été le plus capitalement grave, et celui qui a dû à la gravure le plus de popularité », Beraldi 1892, cité dans Verhoogt 2007, p. 357.

40   Prost 1886, p. X-XI. Voir aussi Ewals 1986.

41   Il a déclaré à Carel Vosmaer en 1881 : « C'est ce que je pense, c'est ce que j'aime dans l'art, ce traitement où la facture et l'habileté s'effacent devant le sentiment de la couleur et du sujet réunis », Vosmaer 1881, p. 2.

42   Wehren 2016, p. 75.

43   Dekkers 1994, p. C236, C262.

44   Voir l'introduction au présent ouvrage, p. 10.

JOHAN BARTHOLD JONGKIND

L'UNIVERS ARTISTIQUE DES CAFÉS
p. 92-109

1   Jacques Foucart, « Jongkind, peintre de Paris et à son meilleur », dans La Haye/Cologne/Paris 2004.

2   Guillaume de Nassau, dit Guillaume le Taciturne (1533-1584), prit la tête de la révolte des Pays-Bas contre la domination du roi d'Espagne Philippe II. Personnage clé de la création de la nation néerlandaise, il est considéré comme le libérateur des Pays-Bas du Nord.

3   Ce qui n'empêchera pas Jongkind de se montrer très affecté par le décès d'Isabey en 1886.

4   77, rue Pigalle aujourd'hui.

5   Il connaît Courbet depuis plus longtemps ; ce dernier habite alors au 1, place Pigalle, dans la maison que Jongkind quitte à l'automne 1852.

6   Lettre de Jongkind à Eugène Smits, 7 juin 1853, dans Hefting 1969, p. 18.

7   John Sillevis, « Jongkind en Hollande : les débuts du peintre », dans La Haye/Cologne/Paris 2004, p. 28.

8   Grâce à cette vente, Jongkind entre en relation avec un collectionneur de Bordeaux du nom de Larrieu, député de la Gironde.

9 Lorsque aura lieu en 1860 une vente d'œuvres en faveur de Jongkind, Troyon donnera aussi deux dessins.

10 Lettre de Jongkind à M. Delaurier, écrite depuis La Côte-Saint-André, 20 mars 1880 (source : documentation du musée d'Orsay).

11 Louis de Fourcaud, *Introduction des catalogues de vente J.-B. Jongkind du 7 décembre 1891* : « Je me rappelle la sensation qu'il fit aux funérailles de Corot, qu'il admirait passionnément. Parmi l'assemblée, correcte et digne, il parut quasi hagard, grand, long, habillé comme à l'aventure, coiffé d'un large feutre déformé d'un coup de poing, les traits tirés, la barbe d'un blanc où des reflets blonds s'attardaient encore, tout en désordre, nerveux, gesticulant, se parlant à soi-même, à haute voix, l'accent fortement étranger. "Quel est ce fantôme ?", demandaient les jeunes aux vieux. » Il est d'ailleurs intéressant de noter que ce fut Étienne Moreau-Nélaton, collectionneur de dessins, d'albums de gravures et de lettres de Corot, biographe de l'artiste, et qui légua la totalité de sa collection au musée du Louvre en 1927, qui fut le premier biographe français de Jongkind. Il publia sa monographie (Moreau-Nélaton 1918) grâce aux lettres de l'artiste conservées par Jules Fesser, le fils de la dernière compagne de Jongkind.

12 Lettre de Jongkind à Eugène Smits, 14 décembre 1852, dans Hefting 1969, p. 12.

13 *Ibid.*, p. 11. Hefting indique qu'il conservera toute sa vie durant sa première médaille au Salon parisien (trouvée avec les effets de son héritage, elle fut égarée par la suite).

14 Lettre de Jongkind à Théophile Bascle, 11 janvier 1865, vente hôtel Drouot, 21 mai 1908, salle 10, lot n° 68 : « Autographes et documents historiques appartenant à M. le comte de P., à Monsieur Paul Gachet et à divers amateurs » (source : documentation du musée d'Orsay).

15 Lettre de Jongkind à Pierre-Firmin Martin, [1855], vente hôtel Drouot, 2 avril 1887, puis vente Librairie Les Neuf Muses, printemps 2002 (source : documentation du musée d'Orsay).

16 Lettre de Jongkind à Eugène Smits, 25 novembre 1855, dans Hefting 1969. Jongkind envoie à nouveau des œuvres au Salon en 1859. En 1861, deux toiles sont refusées par le jury, puis trois en 1863. Cette année-là, l'artiste participe au fameux Salon des refusés. Il expose à nouveau au Salon officiel en 1864, 1865, 1867, 1868, 1869, 1870, 1872. Il est refusé en 1873, date à laquelle est organisé un nouveau Salon des refusés auquel il prend part. À partir de 1873, il décide de ne plus se présenter au Salon.

17 About 1855.

18 Les biographes de Jongkind, à commencer par Étienne Moreau-Nélaton, relèvent tous l'alcoolisme du peintre et son goût pour les cafés. Certains ajoutent à cette addiction des accès de schizophrénie qui deviendront de plus en plus prégnants à la fin de sa vie, avec un délire de la persécution qui le conduira à se dire empoisonné.

19 Il rencontre en 1860 Joséphine Fesser qui deviendra sa compagne et veillera sur lui.

20 Son art n'intéressa pas autant le public aux Pays-Bas. « Jongkind reste une figure à part, une exception. Sa vie n'a pas été spectaculaire, comme l'a été celle de Van Gogh. De prime abord, il ne donne pas l'impression d'être, dans son art, un révolutionnaire. Et [en Hollande] il n'attire ni l'attention des autres peintres, ni n'éveille la curiosité des amateurs à l'affût de "nouveautés" », Hefting 1976.

21 Lettre du 9 mai 1878 adressée par Jongkind à un certain Joseph, coupure de presse non identifiée (source : documentation du musée d'Orsay, en rapport avec l'exposition Jongkind du musée de l'Orangerie en 1949).

22 Edmond de Goncourt, *Journal*, 4 mai 1871.

23 Émile Zola, *La Cloche*, 24 janvier 1872.

24 Northampton/Williamstown 1976-1977.

25 En 1863, Jongkind participe également au célèbre Salon des refusés, avec les impressionnistes.

26 Émile Zola, *La Cloche*, 24 janvier 1872.

27 Jules Castagnary, *L'Artiste*, 1er août 1863, p. 75.

28 Voir Sylvie Patin, « Jongkind en Normandie, "précurseur" du paysage impressionniste », dans La Haye/Cologne/Paris 2004, p. 111.

29 Eugène Boudin, *L'Art*, t. XLIII, 1887, repris dans Hefting 1976.

30 Claude Monet, « Mon histoire », propos recueillis par Thiébault-Sisson, *Le Temps*, 26 novembre 1900, repris dans Monet 1998.

31 Goncourt 1956, p. 179.

32 Signac 1964, p. 79.

33 Signac 1927, p. 9.

JACOB MARIS
QUITTER LA VILLE : DE PARIS À BARBIZON
p. 110-129

1 Eisler 1913, p. 39.

2 Du Camp 1859, p. 161 ; voir également Amsterdam/Édimbourg 2016, p. 45.

3 Pour plus de détails sur les peintres de l'école de Barbizon, voir Sillevis et Kraan 1985 ; Adams 1994 ; Pommarède et Wallens 2002 ; Jones 2008.

4 Voir à ce sujet Burmester *et al.* 1999.

5 L'image trop longtemps répandue des peintres de Barbizon travaillant uniquement en extérieur pour y capturer d'une traite la nature sur la toile est un mythe. De nombreuses peintures étaient retravaillées ultérieurement en atelier et certains paysages y ont même été entièrement réalisés.

6 La collection de Van Walchren van Wadenoyen comprend entre autres des œuvres de Rosa Bonheur et de Troyon. Voir Bergerat 1876.

7 Voir Stolwijk 1995, p. 203. Pour *Paysage boisé*, voir https://rkd.nl/explore/excerpts/714089.

8 Je remercie Jenny Reynaerts du Rijksmuseum d'Amsterdam d'avoir mis à ma disposition les inventaires de ces collections (actuellement conservés au Rijksmuseum).

9 Voir Vergeest 2000.

10 De Bodt 1990, p. 251.

11 Voir Sillevis et Kraan 1985, p. 89.

12 *Catalogue de l'Exposition des maîtres vivants*, 1861, n° 173, p. 24. Maris a également participé à cette exposition (voir n° 308 bis, p. 38) et a donc probablement vu cette œuvre.

13 Lettre de David Artz à Johannes Kneppelhout, Paris, 28 mai 1867 (documentation RKD–Nederlands Instituut voor Kunstgeschiedenis, La Haye) : « Si vous donnez suite à ma demande, j'irai passer quelques semaines à Barbizon près de Fontainebleau pour y réaliser quelques études, de nombreux peintres s'y rendent, tels que les vénérables Jacque et Millet. »

14 Lettre de Gerard Bilders à Johannes Kneppelhout, 14 juillet 1862, dans Loos 2009, p. 321.

15 À ce sujet, voir par exemple Ten-Doesschate Chu 1972 ; McQueen 2003.

16 Blanc 1853.

17 Thoré 1858.

18 Sillevis et Kraan 1985.

19 Boon 1999, p. 16.

20 Mes remerciements à René Boitelle, restaurateur en chef au Van Gogh Museum, qui a examiné de nouveau le tableau pour cet article à la lumière du jour, à la lumière rasante, par réflectographie infrarouge et à la loupe binoculaire.

21 Mes remerciements également à Margreet Wafelbakker et Sandra Kisters du Museum Boijmans Van Beuningen de Rotterdam pour les informations sur la datation du tableau. Malheureusement, celui-ci ne figure pas dans les livres de ventes de la maison Goupil.

22 Hans Kraan fait référence à une lettre d'Anton Mauve à Willem Maris du 18 janvier 1864 dans laquelle il écrit «Tu te retrouveras bien seul lorsque Kaemmerer et ton frère seront à Paris » (Sillevis et Kraan 1985, p. 103, note 11). Jacqueline de Raad date également le départ de 1864, mais à l'automne (De Raad *et al.* 1991, p. 24).

23 Lettre de Kaemmerer à son père, Johan Philip Kaemmerer, s.d. [avril 1865], dans Versteegh 2001, p. 31.

24 Lettre de Kaemmerer à son père, Johan Philip Kaemmerer, 24 mai 1865, *ibid.*, p. 34.

25 Kaemmerer a décrit ce voyage de deux jours en train et en bateau depuis Paris dans une lettre à son père, s.d., *ibid.*, p. 18.

26 Lettre de Kaemmerer à son père, Johan Philip Kaemmerer, mars 1865, *ibid.*, p. 18.

27 *Idem.*

28 Maris 1943, p. 109. Selon Artz, Maris aurait pourtant déclaré qu'il n'avait pas appris pas grand-chose dans l'atelier d'Hébert : « Les ateliers où je pourrais me rendre sont aménagés de telle sorte qu'ils ne m'apporteront pas grand-chose, étant donné que les débutants y exécutent des peintures d'après

modèle et autres extravagances, elon ce que m'a raconté Maris qui passé quelque temps chez Hébert, ais qui reconnaît ne rien avoir u faire, car le maître est rarement résent et les jeunes élèves 'ont pas suffisamment de sérieux t de connaissances pour pouvoir rofiter de leur compagnie », ttre de David Artz à Johannes neppelhout, Paris, 6 août 1866 documentation RKD–Nederlands nstituut voor Kunstgeschiedenis, a Haye).

9 Voir l'essai de Mayken Jonkman, . 130 du présent ouvrage.
0 Dekkers 1995, p. 27.
1 Voir les livres de ventes e Goupil : http://archives.getty. du:30008/getty_images/ igitalresources/goupil/goupil.htm.
2 Chris Stolwijk, « Een geslaagd unstenaarschap. Jacob Maris n de kunstmarkt, 1853-1940 », dans an Heteren et Van Eekelen 2003, p. 63.
3 Tableau vendu par la filiale e Goupil à La Haye à M. Patyn Utrecht. Voir les livres de ventes e Goupil, G-3459.
4 Van Heteren et Van Eekelen 2003, . 27, et lettre de Kaemmerer à on père, Johan Philip Kaemmerer, uin 1866, dans Versteegh 2001, p. 79 : Maris a exposé de même sa jeune lle italienne dont il a fait un dessin ue le sieur Van Gogh a montré n Hollande, mais le résultat est écevant et la peinture était plus jolie ans son atelier. »
5 Jacqueline de Raad attire attention sur le fait que Maris avait éjà vu des scènes italiennes ux Pays-Bas, à l'Académie de dessin e La Haye et au Pulchri Studio, n particulier celles de Jan Diederikus ruseman. Voir De Raad et al. 1991, . 23.
6 Livres de ventes de Goupil, livre 3, ° 323. Voir également Boon 1999, p. 19.
7 Lettre de Kaemmerer à son père, ohan Philip Kaemmerer, septembre 1865, dans Versteegh 001, p. 57-58.
8 « Artz et Maris ont passé quinze urs à Fontainebleau [...]. J'y suis uand même allé pendant quelques urs et je me suis bien amusé », ttre de Kaemmerer à son père, ohan Philip Kaemmerer, 27 août 1867, id., p. 103.
9 Lettre de Maris à ses frères, illem et Matthijs Maris, s.d., ans les archives de Simon Maris,

RKD–Nederlands Instituut voor Kunstgeschiedenis, La Haye. Voir aussi la lettre de David Artz, 6 août 1867, dans la documentation du RKD.
40 Lettre de Maris à son frère, Matthijs Maris, été 1868, dans Boon 1999, p. 20.
41 De Bock 1900, p. 42.
42 Mainardi 1987, p. 180.
43 Boon 1999, p. 20. Le tableau fait partie des collections du Gemeentemuseum de La Haye.
44 Jeanne Herton, « Promenades au Salon », Le Temps, 5 juin 1870.
45 Eisler 1913, p. 34-39.
46 Hefting 1981.
47 Lettre de Van Gogh à son frère, Theo van Gogh, Nuenen, vers le 14 juillet 1885, dans Van Gogh, Lettres, 2009, lettre 515.
48 De Bock 1900.

FREDERIK HENDRIK KAEMMERER
L'ENFANT CHÉRI DU MARCHÉ DE L'ART
p. 130-147

1 Lettre de Kaemmerer à son père, Johan Philip Kaemmerer, mars 1865, dans Versteegh 2001, p. 18. Voir aussi l'essai de Maite van Dijk, p. 110 du présent ouvrage.
2 Sur les théories et l'éducation artistiques, voir par exemple Reynaerts 2001, p. 18-21 ; Bonnet 2006, surtout p. 14-16 ; Nerlich et Bonnet 2013, surtout p. 27-29.
3 Penot-Lejeune 2012, t. I, p. 170. En 1869, l'imprimerie déménage à Asnières ; les ateliers restent rue Chaptal, Helmreich 2011, p. 65-84.
4 Dirven 1977.
5 Idem ; Gram 1889, p. 371-382.
6 Sur l'histoire de la maison Goupil, voir entre autres Dekkers 1995, p. 22-36 ; McIntosh 2004, p. 64-76 ; Penot-Lejeune 2012, t. I, p. 29-184.
7 Registres de l'Académie royale de La Haye, La Haye, n° inv. 0058-01-260 t/m 289.
8 Frederik Hendrik Kaemmerer, Bûcherons, Exposition des maîtres vivants, La Haye, 1863, n° 255 (en tant que H. W. Kaemmerer).
9 Entre autres des critiques (anonymes) du Dagblad van Zuidholland en 's Gravenhage

du 3 septembre 1858, du Algemeen Handelsblad du 27 juin 1861, du Dagblad van Zuidholland en 's Gravenhage du 16 août 1861 et du Rotterdamsche Courant du 10 juin 1863 et du 2 juin 1864.
10 Pour plus d'informations concernant Edward Levien Jacobson, voir Reuchlin 1976, p. 168-181.
11 Rotterdam 1864, n° 251. Pour plus d'informations concernant l'Exposition des maîtres vivants, voir Stolwijk 1995, p. 193-221 et http://website.rkd.nl/ archief/nieuwsarchief/catalogi-levende-meesters-online (consulté le 10 janvier 2017).
12 Lettre de Kaemmerer à son père, Johan Philip Kaemmerer, Paris, 21 mars 1865, dans Versteegh 2001, p. 20-23.
13 Lafont-Couturier 2000.
14 L'inscription de Kaemmerer dans l'atelier de Gérôme se trouve dans les archives de l'École nationale supérieure des beaux-arts, élèves, 1800-1945, Registres d'inscription des élèves peintres, sculpteurs et architectes dans les ateliers (1863-1945), Archives nationales, Paris, n° inv. AJ/52/246.
15 Voir par exemple Barrante 1855 ; Sardou 1875 ; Goncourt 1892.
16 Le public français d'acquéreurs d'œuvres d'art se composait pour partie de « nouveaux riches » : promoteurs et spéculateurs immobiliers qui avaient fait fortune grâce aux grands travaux de Napoléon III. Les références à l'époque relativement pacifique du Directoire, qui avait suivi la sanglante révolution de 1789, faisaient l'affaire de Bonaparte et de ses soutiens.
17 Sanchez et al. 1999-2010, t. IX-XX.
18 La première œuvre dont il est fait mention dans les registres de ventes est Jeune femme chassant un chat de la volière, Goupil Stock Books, date de l'entrée : 15 juin 1867, http:// piprod.getty.edu/starweb/stockbooks/ servlet.starweb?path=stockbooks. web, Stocknumber 2872 (consulté le 14 octobre 2016).
19 Lettre de Kaemmerer à son père, Johan Philip Kaemmerer, Paris, 21 mars 1865, dans Versteegh 2001, p. 20-23.
20 Lettre de Kaemmerer à son père, Johan Philip Kaemmerer, Paris, 6 mai 1865, ibid., p. 32-33.
21 D'autres artistes ont séjourné temporairement à Paris dans les années 1860-1875 : par exemple, Jacob Maris, que nous avons déjà

évoqué, son frère cadet, Matthijs Maris, David Artz, Hein Burgers, Coen Metzelaar, ainsi qu'un artiste aujourd'hui tombé dans l'oubli, Maurice Mortjé.
22 Ces chiffres se fondent sur les entrées dans les Goupil Stock Books, http://piprod.getty.edu/ starweb/stockbooks/servlet. starweb?path=stockbooks/ stockbooks.web (consulté le 17 octobre 2016). Versteegh 2001, p. 69-71 et 88-90. Voir aussi Jonkman 2007, p. 78-84.
23 Il ressort ainsi des correspondances que Goupil échangeait avec Jean-Léon Gérôme, William Bouguereau, Giovanni Boldini et Mariàno Fortuny qu'ils s'entendaient sur le monopole sur la vente de l'ensemble des œuvres de l'artiste concerné, sur la cession des droits de reproduction et sur les sujets à représenter. Pour un exemple d'un tel accord, voir la lettre de Jean-Léon Gérôme à Michael Knoedler, 17 avril 1895, Fondation Custodia, collection Frits Lugt, Paris, et Lafont-Couturier 2000, p. 19. Au sujet d'un contrat conclu entre William Bouguereau et Goupil, voir Whitely 1979, p. 25-28. Thomson 1999, p. 71, fait mention d'un arrangement entre Goupil et Mariàno Fortuny en 1866.
24 Penot-Lejeune 2012, t. I, p. 193-199 ; t. II, p. 118 ; Dini et Marini 1990, t. I, p. 294-306.
25 De Nittis 1895, p. 106, http://gallica.bnf.fr/ark:/12148/ bpt6k6572615g/f116.image.r (consulté le 16 octobre 2016).
26 Dini et Marini 1990, t. I, p. 306.
27 http://piprod.getty.edu/starweb/ stockbooks/servlet.starweb?path= stockbooks/stockbooks.web (consulté le 22 octobre 2016).
28 Des mentions figurant dans les Goupil Stock Books telles que « 25% sur prix de vente » et « partage de bénéfice » indiquent que Kaemmerer touchait un pourcentage sur les ventes. Il est également régulièrement question de frais d'encadrement. Goupil Stock Books, http://piprod.getty.edu/starweb/ stockbooks/servlet. starweb?path=stockbooks/ stockbooks.web (consulté le 22 octobre 2016).
29 Cain 1891, p. 7-12 ; Knoef 1947, p. 149-159.

30 Ces chiffres se fondent sur les entrées dans les Goupil Stock Books : http://piprod.getty.edu/starweb/stockbooks/servlet.starweb (consulté le 10 décembre 2016). Au sujet de la vente des œuvres de Kaemmerer par le marchand new-yorkais Knoedler, voir McIntosh 2008, p. 77-84.
31 À ce sujet, voir par exemple Boime 1976, p. 137-207 ; Green 1987, p. 59-78 ; Green 1989, p. 29-34 ; White et White 1993 ; Jensen 1994 ; Galenson et Jensen 2007, p. 137-166 ; Baetens 2010, p. 25-41 ; Nerlich 2010, p. 143-160.
32 Verhoogt 2007, p. 288-291.
33 Jensen 1994, p. 32-35 ; Régine Bigorne, « Une politique éditoriale », dans Lafont-Couturier 2000, p. 77-88.
34 Voir les collections de la Bibliothèque nationale de France, entre autres n° inv. 017-EST-IFF, LI-27-4, TD-33-4.
35 Outre l'hôtel particulier de la rue Chaptal (1860-1893), Goupil louait des locaux boulevard Montmartre (successivement au n° 12 et au n° 19 ; 1827-1919), place de l'Opéra (1870-1894) et boulevard des Capucines (1893-1919), voir Helmreich 2011, p. 69.
36 Moulin 1976, p. 383-422 ; Penot-Lejeune 2012, t. I, p. 254-262 et 277-287. Dussol 1994, p. 56-63, mentionne également que Goupil faisait partie de la Société des amis des arts de Bordeaux, bien que l'organisation se montrât réticente à inviter les marchands d'art et cherchât activement à limiter leur ingérence.
37 Pour plus d'informations sur les activités de Goupil en relation avec l'International Art Union, voir Decourcy McIntosh, « Goupil et le triomphe américain de Jean-Léon Gérôme », dans Lafont-Couturier 2000, p. 31-43.
38 Voir aussi l'essai de Maite van Dijk, p. 110 du présent ouvrage.
39 Ces chiffres se fondent sur les entrées dans les Goupil Stock Books : http://piprod.getty.edu/starweb/stockbooks/servlet.starweb (consulté le 28 décembre 2016).
40 Penot-Lejeune 2012, t. I, p. 172.
41 Nicholls 2013, p. 77-85.
42 Tellegen-Hoogendoorn 1972, p. 357-361 ; Heijbroek 1975, p. 266-289 ; De Liefde-Van Brakel 2001, p. 44-47.
43 Ces chiffres se fondent sur les entrées dans les Goupil Stock Books : http://piprod.getty.edu/starweb/stockbooks/servlet.starweb (consulté le 28 décembre 2016).

44 En 1924, Martin Monnickendam écrit à Albert Plasschaert : « À Paris, j'ai fait la connaissance du peintre néerlandais Kaemmerer. [...] L'atelier ressemblait à une salle de bal, et M. Kaemmerer me donna l'adresse de la Société de bienfaisance qui m'avancerait la somme nécessaire pour passer la frontière ! », lettre de Martin Monnickendam à Albert Plasschaert, 13 janvier 1924, RKD–Nederlands Instituut voor Kunstgeschiedenis, La Haye.
45 De Liefde-van Brakel 2001, p. 21-24.
46 Bodt et Plomp 2009.
47 Renske Cohen Tervaert et Chris Stolwijk, « De "fabriek". Anton Mauve en zijn handelaren », dans Bodt et Plomp 2009, p. 136-145. Une autre œuvre avec une thématique comparable est *Cavaliers dans la neige dans le bois de La Haye*, 1880, aquarelle, Amsterdam, Rijksmuseum SK-A-2443.

GEORGE HENDRIK BREITNER
FLÂNER ET S'ÉMOUVOIR
p. 154-177

1 En 2007, Jacobine Wieringa a publié une étude en essayant de reconstituer le plus rigoureusement possible ce premier séjour sur la base de la correspondance du peintre et de ses carnets de croquis. Voir Wieringa 2007.
2 Hefting 1970a, p. 8-13.
3 Reynaerts 1990-1991, p. 94.
4 Hefting 1970a, p. 15.
5 *Ibid.*, p. 16-21.
6 *Ibid.*, p. 14.
7 *Ibid.*, p. 6.
8 *Ibid.*, p. 28-29.
9 Sillevis 1990, p. 156-157 et 162-163.
10 Archives de l'École nationale supérieure des beaux-arts – Élèves étrangers. Inventaire analytique (AJ/52/1-AJ/1415). Nos remerciements à Mayken Jonkman pour ces informations.
11 Exposition d'œuvres (de collections privées) en faveur du fonds de l'Académie.
12 Van Gogh, *Lettres*, 2009, lettre 246, La Haye, 15-16 juillet 1882, à Theo van Gogh.

13 Catalogues des Expositions des maîtres vivants pour les années 1875-1883.
14 Tempel 1999, p. 114-115.
15 Marcellus Emants, « De "Salon des refusés" te Paris », *Nederlandsche Kunstbode*, 25 mai 1876, p. 76, cité dans Tempel 1999, p. 114, note 10.
16 Voir entre autres *De Amsterdammer : dagblad voor Nederland*, 4 avril 1883 ; *De Tijd : godsdienstig-staatkundig dagblad*, 5 mai 1883 ; *Het Algemeen Handelsblad*, 22 novembre 1883.
17 Henry Havard, « Frankrijk. PARIJS, 29 Maart. (Part. Corr.) », *Het Algemeen Handelsblad*, 30 mars 1883, et « Leven in Parijs », *Het Algemeen Handelsblad*, 28 décembre 1884.
18 Dumas 1883.
19 Lettre de Breitner à Van Stolk, janvier-juin 1884, dans Hefting 1970b, p. 56 : « Vous savez ce dont j'ai besoin pour réaliser une bonne toile ? deux ans auprès de Gérôme ». À propos de l'atelier de Bonnat, voir Challons-Lipton 2002.
20 Hefting 1970a, p. 17.
21 Lettre de Camille Pissarro à son fils, Lucien Pissaro, juillet 1883, dans Bailly-Herzberg 2003, p. 228, et Rewald 1943, p. 37.
22 http://www.clarkart.edu/Art.Pieces/11062 (consulté le 11 avril 2017). Stolwijk 1998, p. 344-345, et Kalmthout 1998, p. 531.
23 Paris/Londres/Philadelphie 2014-2015, p. 47 et 216-217.
24 Lettre de Breitner à Van Stolk, 9 novembre 1883, dans Hefting 1970b, p. 53.
25 Lettre de Breitner à Van Stolk, automne-hiver 1883, *ibid.*, p. 73.
26 Lettre de Breitner à Van Stolk, 5 juin 1884, *ibid.*, p. 57.
27 Veth 1908, p. 197.
28 Londres/Paris 1991-1992, p. 68-69. Van Gogh a fréquenté l'atelier de Cormon de mars à juin-juillet 1886 ; Bernard s'y est inscrit à l'automne 1884 et y a appris le métier jusqu'à ce que Cormon le renvoie en avril 1886 ; Toulouse-Lautrec a suivi l'enseignement de Cormon de 1882 à 1887.
29 Collection Rijksmuseum, RP-T-1924-18 ; RP-T-1924-26 ; RP-T-1924-44.
30 Wieringa 2007, p. 41.
31 Sante 2015, p. 153-156.
32 Hefting 1970a, p. 77.
33 Archives nationales,

inv. n° AJ-52-926. Nos remerciements à Mayken Jonkman pour ces informations.
34 Hefting 1970a, p. 77.
35 *Ibid.*, p. 39-38.
36 Heijbroek et Wouthuysen 1999, p. 3
37 Paris 1988, p. 353 ; Wieringa 2007, p. 35.
38 Amsterdam/Paris 1999-2000, p. 16
39 Paris/Londres/Philadelphie 2014-2015, p. 22.
40 *Ibid.*, p. 217.
41 Paris/Ottawa/New York 1988-1989, p. 379.
42 Amsterdam 1994-1995, p. 84 et 231
43 Paris 1889a, p. 250.
44 Paris/Ottawa/New York 1988-1989, p. 391.
45 Paris 1889b, p. 15.
46 Veth 1908, p. 197.
47 Amsterdam 1994-1995, p. 227.
48 Hefting 1970a, p. 143 : « Wereldtentoonstelling te Antwerpen », *Het Vaderland*, 21 mai 1885.
49 Reynaerts 1990-1991, p. 96, 103 et 105 ; Amsterdam 1994-1995, p. 16-17.
50 Recherche effectuée sur RKD Excerpts/Levende Meesters/1875-188
51 Lettre de Breitner à Albert Plasschaert, 9 août 1902, dans Heftin 1970a, p. 138.
52 Baar 2000, p. 329. Pour l'origine du *Cheval blanc de Montmartre*, voir le site https://rkd.nl/.
53 Giltay 1976, p. 92-93.
54 Verberchem [Willem Witsen], *De Nieuwe Gids*, 1888, t. II, n° 6, p. 425.
55 *Ibid.*, p. 431.
56 Amsterdam/Paris 1999-2000, p. 128-129 et 168.
57 Félix Fénéon, *La Revue indépendante*, mai 1888, p. 382.
58 Paris/Ottawa/New York 1988-1989, p. 387.
59 D.v.d.K, *Het Nieuws van den Dag*, 18 juin 1888, 2ᵉ éd.
60 *Het Algemeen Handelsblad*, 9 octobre 1889. Voir aussi Pit 1889, p. 342-343.
61 Amsterdam 2014-2015, p. 16.
62 Nos remerciements à Richard Bionda, spécialiste de l'œuvre de Willem de Zwart, qui a confirmé à notre demande la paternité de ces études.
63 Hefting 1970a, p. 106, note 89.
64 Information fournie par Richard Bionda.
65 Uri 1935, p. 31.
66 Plasschaert 1923, p. 121.
67 Paris/Ottawa/New York 1988-1989, n° 275.

3 Marius 1920, p. 199-200.

9 Amsterdam 2016a, p. 54.

0 Klarenbeek 2006, p. 68-81, été le premier à établir le lien tre Breitner et Degas.

1 Ibid., p. 10-12. Il existe peu littérature sur le nu dans la peinture llandaise.

2 Des critiques tant positives que gatives ont paru dans Het Nieuws n den Dag, 11 février 1891, 2e éd., et mars 1891, 3e éd. ; Het Het Algemeen andelsblad, 10 février 1891 ; e ingenieur; weekblad gew d aan techniek en de economie van benbare werken en n verheid, n° 7, février 1891.

3 Provinciale Overijsselsche Zwolsche courant, 16 février 1891.

4 Jan Veth, De Amsterdammer, 9 février 1891.

5 Witsen et Veth se sont ar exemple rendus à Paris en 1876 our visiter l'exposition Millet.

6 Amsterdam 2014-2015 ; msterdam 2016a.

VINCENT VAN GOGH
LE DÉVELOPPEMENT D'UN ARTISTE D'AVANT-GARDE
p. 178-201

1 Lettre 569, Paris, septembre u octobre 1886, à Horace Mann vens. Toutes les citations es lettres de Vincent van Gogh nt extraites de Van Gogh, Lettres, 09. Cet essai est en partie basé ur le livre de Nienke Bakker n Gogh en Montmartre (paru française sous le titre Van Gogh Montmartre, Bruxelles, Fonds ercator, 2011, et réédité sous le titre ncent van Gogh et Paris). L'étude la us approfondie et la plus récente r la période parisienne de Van Gogh t Amsterdam 2011 ; d'autres ublications importantes sont elsh-Ovcharov 1976, Paris 1988, msterdam/Paris 1999-2000, msterdam 2001, Saint-Louis/ ancfort 2001 et Denver 2012.

2 Nous ne disposons que neuf lettres de cette période. la différence des autres années la vie d'artiste de Van Gogh, rticulièrement bien documentées âce à sa correspondance avec Theo, pour sa période parisienne (lorsqu'il habite chez son frère), nous dépendons complètement des lettres et des souvenirs de membres de la famille et d'amis, et des regards rétrospectifs de Van Gogh dans ses lettres ultérieures.

3 Lettre 569, Paris, septembre ou octobre 1886, à Horace Mann Livens.

4 Le curé a interdit aux villageois de poser pour Van Gogh car on prétend qu'il a mis enceinte l'une de ses modèles. Voir la lettre 531, Nuenen, vers le 2 septembre 1885, à Theo van Gogh, et la lettre 534, Nuenen, vers le 10 octobre 1885, à Theo van Gogh.

5 Theo lui avait demandé de repousser sa venue jusqu'à l'été pour lui laisser le temps de trouver un plus grand appartement pour eux deux.

6 Pour une analyse détaillée de ce passage du réalisme au modernisme chez Van Gogh, voir Amsterdam 2011, p. 51-89.

7 Lettre 694, Arles, 3 octobre 1888, à Theo van Gogh.

8 À propos de l'atelier de Cormon, voir Destremau 1996 ; Van Tilborgh 2007.

9 Pour un aperçu des visites de Van Gogh aux musées, voir Bakker et Van Dijk 2013.

10 Gauzi 1954, p. 28.

11 Lettre 667, Arles, 21-22 août 1888, à Willemien van Gogh.

12 À cette exposition étaient accrochés quinze paysages de Monet, ainsi que des œuvres de Pissarro, Renoir, Morisot, Sisley et Raffaëlli. Voir Paris 1887.

13 Lettre 569, Paris, septembre ou octobre 1886, à Horace Mann Livens.

14 Amsterdam/Paris 1999-2000, p. 81-124.

15 Émile Bernard, «Vincent van Gogh», Les Hommes d'aujourd'hui, 1890, repris dans Bernard 1994, t. I, p. 27.

16 Lettre 626, Arles, 16-20 juin 1888, à Willemien van Gogh.

17 Lettre 569, Paris, septembre ou octobre 1886, à Horace Mann Livens.

18 Lettre de Theo van Gogh à sa mère, Anna van Gogh-Carbentus, s.d. [été 1886], Van Gogh Museum (b942).

19 Amsterdam 2011, p. 230-235.

20 Lettre 569, Paris, septembre ou octobre 1886, à Horace Mann Livens.

21 Lettre de Theo van Gogh à sa mère, Anna van Gogh-Carbentus, s.d. [été 1886], Van Gogh Museum (b942).

22 Lettre 569, Paris, septembre ou octobre 1886, à Horace Mann Livens.

23 Le 31 décembre 1886, Andries Bonger écrit à ses parents que Theo a fait des « crises de nerfs sévères » : « Il a décidé de se séparer de Vincent ; la cohabitation est impossible », Van Gogh Museum (b1867).

24 Lettre de Theo van Gogh à son frère, Cor van Gogh, Paris, 11 mars 1887, Van Gogh Museum (b907).

25 Lettre de Theo van Gogh à sa sœur, Willemien van Gogh, Paris, 14 mars 1887, Van Gogh Museum (b908).

26 Lettre de Theo van Gogh à sa sœur, Willemien van Gogh, Paris, 25 avril 1887, Van Gogh Museum (b911).

27 Hartrick 1913 et Hartrick 1939.

28. Hartrick 1939, p. 40.

29 Reid aurait passé environ six mois chez Theo et Vincent van Gogh à partir du printemps 1887, mais nous ne savons presque rien de ce séjour. Fowle 2010, p. 25-37.

30 Bernard 1994, t. I, p. 26. À propos de Tanguy, voir Paris 1988, p. 340-341 ; Distel 1990, p. 41-43 ; Bernard 1994, t. I, p. 167-173.

31 Lettre de Signac citée dans Coquiot 1923, p. 140.

32 Lettre 631, Arles, vers le 25 juin 1888, à Theo van Gogh ; lettre 694, Arles, 3 octobre 1888, à Theo van Gogh ; lettre 695, Arles, 3 octobre 1888, à Paul Gauguin.

33 Lettre 713, Paris, 27 octobre 1888, Theo van Gogh à Vincent.

34 Voir Amsterdam 2011, p. 74-77, et Roos Rosa de Carvalho 2013.

35 Anquetin 1970, p. 427-428.

36 Voir Paris 1988, p. 34 ; lettre 592, 3 avril 1888, à Theo van Gogh.

37 Amsterdam 2011, p. 345-351.

38 Les autres copies japonaises sont Le Pont sous la pluie (d'après Hiroshige) et La Courtisane (d'après Kesai Eisen), toutes deux conservées au Van Gogh Museum. Le second portrait du père Tanguy (F364) fait partie d'une collection particulière.

39. Voir Amsterdam 2017-2018.

40. Lettre 569, Paris, septembre ou octobre 1886, à Horace Mann Livens. Trois de ces marchands étaient le père Tanguy, Pierre-Firmin Martin et Georges Thomas (voir la lettre 718, Arles, 10 novembre 1888, à Theo van Gogh ; le quatrième était probablement Alphonse Portier, qui habitait dans le même immeuble que Theo et Vincent van Gogh.

41. Lettre de Theo van Gogh à sa mère, Anna van Gogh-Carbentus, s.d. [été 1886], Van Gogh Museum (b942). Le marchand en question devait être l'un des quatre mentionnés ci-dessus.

42. Bernard écrit en 1908 : «Vincent, selon un contrat de quelques toiles par semaine, mangeait au "Tambourin" ; il avait fini par couvrir les grands murs du lieu de ses études. C'étaient, pour la plupart, des fleurs, dont il y avait d'excellentes», Émile Bernard, « Julien Tanguy dit le "Père Tanguy" », Mercure de France, 16 décembre 1908, repris dans Bernard 1994, t. I, p. 167-168. Voir aussi Amsterdam 2011, p. 299-301.

43 Lettre 640, Arles, 15 juillet 1888, à Theo van Gogh.

44 Jansen et al. 2007, p. 361-363.

45 Lettre 640, Arles, 15 juillet 1888, à Theo van Gogh.

46 Il y expose trois tableaux : Piles de romans français et rose dans un verre (« Romans parisiens ») (collection particulière), Montmartre : derrière le Moulin de la Galette (fig. 179) et Jardins potagers et moulins à Montmartre (fig. 178).

47 Pour un aperçu des tentatives faites par Van Gogh pour vendre et échanger ses tableaux à Paris, voir Amsterdam 2011, p. 17-25. En octobre 1888, Theo vend un autoportrait de Van Gogh au marchand d'art Lawrie & Co ; nous ne connaissons ni le portrait en question ni le montant de la transaction (Bailey 1996). En février 1890, le tableau de Van Gogh La Vigne rouge (Moscou, musée Pouchkine) est acheté 400 francs par l'artiste Anna Boch à l'exposition du Groupe des Vingt, cercle artistique d'avant-garde, à Bruxelles.

48 Lettre de Theo van Gogh à sa sœur, Willemien van Gogh, 24 et 26 février 1888, Van Gogh Museum (b914).

49 Lettre 626, Arles, 16-20 juin 1888, à Willemien van Gogh.

50 Amsterdam 2016b, p. 16 et 98-99.

KEES VAN DONGEN
L'ENGAGEMENT SOCIAL ET LES FEMMES SENSUELLES DE MONTMARTRE
p. 202-221

1 Lettre de Van Dongen à Félix Fénéon, s.d. [vers octobre 1904], n° inv. 86-A1288, Getty Research Institute, Special Collections, Los Angeles. Van Dongen revint à Paris vers la fin du mois de février 1898.

2 Brusse 1927a.

3 Henri Perruchot (1958) dans Monaco/Montréal 2008-2009, p. 36. Sur les premières années de Van Dongen à Rotterdam et à Paris, voir Rotterdam/Lyon/Paris 1996-1997.

4 Au sujet de l'influence de ces idées autour de 1900, voir Tibbe 2001 et 2003 ; Greer 2010, p. 92-99.

5 Cette publication décrit la fin de la société de classes, voir Rotterdam/Lyon/Paris 1996-1997, p. 20-24, 90-91.

6 *Kets*, 1896, n°s 1 (2 février), 3 (9 février), 5 (23 février).

7 Rotterdam/Lyon/Paris 1996-1997, p. 21-23. Voir aussi Tibbe 2010, p. 23-37. Au sujet de Thorn Prikker, voir Greer 2010-2011 et Heiser 2010-2011, p. 10-16 ; au sujet de Toorop, voir Gerards et Van Uitert 1994, p. 49-50.

8 Anonyme, « Conférence van H. G. Ibels », *Rotterdamsch Nieuwsblad*, 28 novembre 1896.

9 Anonyme, « Mij. tot Bevordering der Bouwkunst », *Algemeen Handelsblad*, 25 avril 1896.

10 Anonyme, « Fransche teekenaars », *De Amsterdammer*, 22 mars 1896, p. 6-7.

11 Th. Molkenboer, « Aanplakbiljetten », *De Amsterdammer*, 11 avril 1897.

12 Https://www.marxists.org/francais/general/kropotkine/1904/00/jeunes_gens.htm (consulté le 23 mai 2017). Au sujet d'*Aux jeunes gens* (1880), publié sous forme de brochure en 1881, voir Kropotkine 2002, p. 64-65 et 69. Le texte fut traduit en néerlandais la même année par Ferdinand Domela Nieuwenhuis ; Meyers 1993, p. 282.

13 Domela Nieuwenhuis 1904, p. 398-406 : « De kunstenaar en het socialisme » et « Kunst en socialisme » (1896).

14 Paul Guth (1949) dans Monaco/Montréal 2008-2009, p. 32.

15 Lettre de Van Dongen à Félix Fénéon, s.d. [vers octobre 1904], n° inv. 86-A1288, Getty Research Institute, Special Collections, Los Angeles.

16 Lettre de Marie Joseph Brusse à Jacobus Funke, 19 décembre 1899, n° inv. B 00924 B1, Literatuurmuseum, La Haye.

17 Au sujet de Jacob Frederik Pennink à Paris, voir Westerink 2013.

18 Carte postale de Martin Monnickendam à H. [Jacob Frederik] Pennink, 26 juillet 1897, lieu de séjour inconnu.

19 *Enregistrement des certificats pour l'obtention des cartes d'entrée au Musée royal*, Archives de l'École nationale supérieure des beaux-arts, n° inv. AJ/52/926, 1984, 15-21 septembre ; Archives nationales, Paris. Mes remerciements à Mayken Jonkman pour ces informations.

20 Bulée [Charles Snabilié], « Uit Parijs », *De Amsterdammer*, 27 mars 1898.

21 Hopmans 2014, p. 256-258.

22 New York 1987-1988 ; Whyte 2005.

23 Grand-Carteret 1898, p. 1-33.

24 Zola 1898, p. 202-203, 606-608 ; anonyme [Charles Snabilié], « Het proces-Zola (II) », *Het Nieuws van den Dag*, 12 février 1898.

25 Schilperoort 1905, p. 735.

26 Lettre de Van Dongen à Chris Addicks, décembre 1899, n° inv. 1977-A-694, Fondation Custodia (FC), Paris.

27 Lettre de Van Dongen à Chris Addicks, 6 décembre 1900, n° inv. 1977-A-696, FC, Paris.

28 Brusse 1927b.

29 Lettre de Van Dongen à Chris Addicks, décembre 1899, n° inv. 1977-A-694, FC, Paris.

30 Bulée 1900 ; Israëls 1900.

31 Anonyme, « Een Hollandsch talent », *Zutphense Courant*, 1er juillet 1901.

32 Lettre de Van Dongen à Chris Addicks, septembre 1901, n° inv. 1977-A-697, FC, Paris.

33 Brusse 1927b.

34 Montorgueil 1899, p. 129-133.

35 Anonyme, « Conférence van H. G. Ibels », *Rotterdamsch Nieuwsblad*, 28 novembre 1896.

36 Au sujet de cette opposition, voir Meusy et Depas 1900, p. 7-11 ; Valkhoff 1901, p. 348 ; Thomson 2005, p. 10 ; Rearick 2011.

37 Holt 1988, p. 381-383, fig. 118 ; Jensen 1994, p. 219-227 ; Stevens 2000, p. 57-71.

38 Barthélemy 1900, p. 643.

39 B. Guinaudeau, « La Décennale », *L'Aurore*, 20 mai 1900.

40 Verhaeren 1997, p. 779-781.

41 Marguillier 1900, p. 751.

42 *Idem*. Voir aussi l'essai de Mayken Jonkman, p. 130 du présent ouvrage.

43 Anonyme, « Tentoonstellingsgevolgen », *Algemeen Handelsblad*, 22 mai 1901.

44 A. R. [Alfred Robaut], « La cimaise du collège », *La Revue naturiste*, avril 1901, p. 167 ; anonyme, « Échos », *Le Rappel*, 26 novembre 1901 ; Arsène Alexandre, « Les petites expositions », *Le Figaro*, 28 novembre 1901.

45 Arsène Alexandre, « [...] Expositions diverses », *Le Figaro*, 24 novembre 1904 ; François Thiébault-Sisson, « Choses d'art », *Le Temps*, 19 décembre 1904.

46 Albert Lantoine, « L'art à Paris XLI. Exposition des œuvres de Kees van Dongen », *La Fédération artistique*, n° 9, 4 décembre 1904, p. 69.

47 Le masque rouge [Adolphe Tabarant], « Notes d'art. Exposition Sisley – M. Denis – le peintre Kees van Dongen – petites expositions », *L'Action*, n° 1, décembre 1904.

48 Schilperoort 1905, p. 738.

49 Morice 1905. Les « pirouettes » sont sans doute une allusion à un autre tableau soumis par Van Dongen, *La Terrasse du Moulin de la Galette*.

50 Hopmans 2013-2014, p. 304.

51 Henry Eon, « Au jour le jour. Printemps de Paris », *Le Siècle*, 18 avril 1906. Au sujet de ces œuvres, voir Rotterdam/Lyon/Paris 1996-1997, p. 68-69, et Hopmans 2010, p. 26-28.

52 Louis Vauxcelles, « Le Salon des indépendants », *Gil Blas* (supplément), 20 mars 1906.

53 Respectivement, F. L. [Frits Lapidoth], « De Vierjaarlijksche te Rotterdam (Slot). Kees van Dongen. W. de Zwart », *De Nieuwe Courant*, 2 juin 1906, et anonyme [Johan de Meester], « Kees van Dongen. II », *Nieuwe Rotterdamsche Courant*, 3 juin 1906.

54 A. v. V. [Arie van Veen], « Rotterdamsche Kunstkring. Kees van Dongen », *Algemeen Handelsblad*, 13 juin 1906.

55 Bois-le-Duc 1991, p. 18 ; Van der Wal 2011-2012, p. 34.

56 Bois-le-Duc 1991, p. 19, cité dans Ger Simons, « Reizigers en reizen », *De Telegraaf*, 13 mai 1906.

57 Bois-le-Duc 1991, p. 23, dans une lettre de Jan Sluijters à Vincent Cleerdin, 1er décembre 1906.

58 Anonyme, « Les expositions du mois », *L'Art décoratif*, vol. 7 (1905) n° 86, n.p.

59 Brusse 1927a, donné pour une remarque de Paul Signac.

LE CUBISME COMME CATALYSEUR.
PIET MONDRIAN
ET LA QUÊTE RÉFLÉCHIE DE L'UNIVERSE
p. 222-245

1 Mondrian 1942, p. 2 (ce sont les auteurs qui soulignent).

2 Carte postale de Mondrian à Simon et Nootje Maris, Paris, 19 m[ai] 1911, Archives Simon Maris en Famil[ie] (0257), RKD–Nederlands Instituut vo[or] Kunstgeschiedenis, La Haye.

3 Voir en priorité Loosjes-Terpstra 1959, p. 76-82, 150-162 ; Blotkamp 199[?] p. 58-59 ; Paris/Fort Worth 2002, p. 68[?] 181 ; La Haye 2014 ; Janssen 2015 ; Janssen 2016, p. 314-401.

4 À ce sujet, voir l'essai de Maite van Dijk, p. 110 du présent ouvrage.

5 Publié dans Sweeney 1948. Sur le contexte de l'interview, voir Veen 2013, p. 67-69.

6 Sweeney 1948, p. 2.

7 Voir Leemand et Pennock 1996, cat. 100. Pour le Museum Mesdag, voir aussi, p. 11-27, et Van Dijk et Suijver 2011, p. 19-21.

8 Voir aussi *Fabrique*, vers 1895-18[?] (A190), et *Bétail près de l'eau*, vers 1900-1901 (A223). Les numéros précédés de A, B ou C renvoient à Joosten et Welsh 1998.

9 Mondrian 1941, p. 71. Ce texte n'a jamais été publié du vivant de Mondrian ; il a été repris[?] littéralement ici et plus loin.

10 Les auteurs de récents ouvrage[s] (voir Janssen 2015, p. 156, 206, note 1[?]) partant du principe que l'exposition Van Dongen à Rotterdam était réservée aux seuls membres du Cer[cle] d'art de la ville, défendent l'idée que Mondrian n'a pas pu la voir. Mais les annonces de l'exposition dans le *Rotterdamsch Nieuwsblad* du 25 mai 1906, dans le *Maasbode* du 23 mai 1906 et dans l'*Algemeen Handelsblad* du 24 mai 1906 montrent formellement que les non-membres pouvaient également y avoir accès, moyennant un droit d'entrée de 50 centimes.

Voir dans Paris/Fort Worth 2002,
68-122 : « Il se tenait encore
complètement à l'écart
es développements artistiques
ui avaient lieu ailleurs, et notamment
e ce qui se passait à Paris. »
2 Mondrian 1941, p. 71.
3 Mondrian 1942, p. 2. *Toward
e True Vision of Reality* a paru
omme un pamphlet en 1942,
l'occasion de la première exposition
dividuelle de Mondrian à New York,
la Valentine Gallery.
4 Loosjes-Terpstra 1959, p. 33.
anssen fait remarquer que l'évolution
e la technique de dessin de Mondrian
fortement contribué à sa nouvelle
alette. Voir Janssen 2015, *passim* ;
dans la biographie de Mondrian
anssen 2016), p. 315 et ss.
5 Sur la naissance du luminisme,
ir Loosjes-Terpstra 1959, p. 70 et ss.
6 En mai 1909, Mondrian est inscrit
omme membre de la Société
éosophique sur recommandation
e son ami artiste et théosophe
ornelis Spoor. Pour le lien entre
théosophie et le symbolisme
ez Mondrian, également en relation
ec ses peintures de fleurs,
ir Bax 2006, p. 257-258.
7 Lettre de Mondrian à Aletta
e Iongh, octobre 1910, Kröller-Müller
useum, Otterlo. À l'automne 1910,
ondrian s'est rasé la barbe, laquelle
vait été un attribut si caractéristique
e sa personne au cours des années
écédentes.
8 Stadsarchief Amsterdam,
de d'accès 5181, n° inv. 3543.
exposition eut lieu du 6 au 31 janvier
009.
9 Loosjes-Terpstra 1959, p. 21.
0 Mondrian se renseigna à ce sujet
près de Schelfhout et de Sluijters.
ir la lettre de Mondrian à Lodewijk
chelfhout du 3 octobre 1910,
rchives Lodewijk Schelfhout (0278),
KD–Nederlands Instituut voor
nstgeschiedenis, La Haye.
1 Joosten et Welsh 1998, t. III, p. 25.
2 À ce sujet, voir l'essai d'Anita
opmans, p. 202 du présent ouvrage.
3 *De tijd. Godsdienstig-staatkundig
gblad*, 2 mai 1911.
4 Joosten et Welsh 1998, t. II, p. 98.
osjes-Terpstra indique que
ondrian a apporté une contribution
'exposition de la société de
aint-Luc à l'automne 1911, mais
'il s'agissait d'œuvres
e son oncle, Frits Mondriaan.
ir Loosjes-Terpstra 1959, p. 111.

25 Janssen a récemment suggéré
– sans davantage d'explications –
qu'il s'agirait du tableau *Été, dune
en Zélande* (Janssen 2016, p. 389).
Auparavant, Joosten et Janssen
avaient opté pour *Soleil, église de
Zélande* (Paris/Fort Worth 2002, p. 155).
Ce dernier titre nous semble
plus plausible étant donné
la correspondance entre « Zon »
et « Soleil ».
26 Kickert 1956.
27 Les tableaux fauves de Kees
van Dongen étaient accrochés dans
la salle 41 (voir Hopmans 2010, p. 95-96).
28 Pour plus d'informations sur
les différentes approches des deux
groupes cubistes, voir Haarlem 1993,
p. 19-20, et Cooper 2013.
29 Dans la salle 41 du Salon
des indépendants étaient accrochés,
à côté de *L'Abondance*
de Le Fauconnier, entre autres
Nus dans la forêt (Fernand Léger, 1909),
Champs de mars, la tour rouge
et *La Ville n°2* (Robert Delaunay,
tous deux de 1910), *Femme aux phlox*
et *Le Chemin, paysage à Meudon*
(Albert Gleizes, respectivement
de 1910 et 1911) et *Deux nus*
(Jean Metzinger, 1910-1911).
Ces tableaux se caractérisaient
presque tous par leur grand format
d'au moins un mètre de longueur.
30 Voir aussi Kickert 1956.
31 Ce contact aboutit en 1913
à une critique positive
de la contribution de Mondrian
au Salon des indépendants
de cette même année par Guillaume
Apollinaire. Dans une lettre
du 4 décembre 1918 à Theo van
Doesburg, Mondrian écrit – non sans
témoigner d'un certain sentiment
antisémite, très commun à l'époque :
« Apollinaire écrivait parfois quelques
lignes sur mon travail à propos
des Indépendants […]. Mais je me
méfiais aussi d'Apollinaire – un juif
polonais », Archives Theo et Nelly van
Doesburg (0408), RKD–Nederlands
Instituut voor Kunstgeschiedenis,
La Haye.
32 Van der Pluym 1936, p. 18.
33 La date de la première rencontre
de Mondrian avec Le Fauconnier
et Léger ne figure pas dans l'article,
mais il est probable que celle-ci a déjà
eu lieu au printemps 1911. Cependant,
nous n'avons pas d'autre information
à ce sujet.
34 Bradley 1944, p. 18. L'interview
a paru le 14 février 1944, peu après

le décès de Mondrian (1er février).
Dans le texte qui l'introduit, il est
indiqué qu'elle a eu lieu « quelques
semaines plus tôt ».
35 Lettre de Mondrian à Hendricus
Petrus Bremmer, 29 janvier 1914,
Archives H. P. Bremmer,
Gemeentearchief La Haye.
36 Steenhoff 1911.
37 Henkels 1993, p. 230 et *passim*.
Les œuvres de Cézanne
provenaient de la collection
de Cornelis Hoogendijk.
38 Voir C. Blok dans La Haye 1964,
p. 26.
39 Dans Joosten et Welsh 1998, t. II,
p. 454, Joosten a présenté *Dans le jardin*
(U2) comme une œuvre non identifiée.
Dans le commentaire accompagnant
ce tableau, il indique avec une réserve
opportune que *Paysage avec arbres*
est la seule peinture qui pourrait être
identifiée à *Dans le jardin*.
40 Janssen 2008, p. 163.
41 Joosten et Welsh 1998, t. II, p. 454.
42 Giovanni 1912, p. 6, cité *ibid*.
43 Van Deene 1977, p. 79. Au
demeurant, c'est Kickert qui a observé
que Mondrian se tenait en retrait du
réseau d'artistes parisiens dans les
années 1912-1914 (voir Kickert 1956).
Et c'est Mondrian lui-même qui s'est
créé cette image d'individualiste,
en dépit de son rôle actif dans
le circuit artistique. C'est ainsi que
le 4 décembre 1918 il écrit à Theo
van Doesburg que, à Paris, il reste
à l'« écart des gens », Archives Theo
et Nelly van Doesburg (0408),
RKD–Nederlands Instituut voor
Kunstgeschiedenis, La Haye.
44 Mondrian 1941, p. 71.

Bibliographie

Les ouvrages et les articles sont classés
au nom de leurs auteurs, à l'exception
des catalogues, mentionnés au nom
des villes des lieux d'exposition.

About 1855
Edmond About, *Voyage à travers
l'Exposition des beaux-arts*, Paris, 1855.

Adams 1994
Steven Adams, *The Barbizon School
and the Origins of Impressionism*,
Londres, 1994.

Allan et Kopp 2016
Scott Allan, Edouard Kopp, *Unruly
Nature. The Landscapes of Théodore
Rousseau*, Los Angeles, 2016.

Amsterdam 1994-1995
Rieta Bergsma, Paul Hefting,
*George Hendrik Breitner 1857-1923:
schilderijen, tekeningen, foto's*,
cat. exp., Amsterdam (Stedelijk
Museum), 1994-1995.

Amsterdam 2001
Marije Vellekoop, Sjraar van Heugten,
*Vincent van Gogh tekeningen 3.
Antwerpen en Parijs 1885-1888*,
Van Gogh Museum, Amsterdam, 2001.

Amsterdam 2011
Louis van Tilborgh, Ella Hendriks,
*Vincent van Gogh schilderijen 2.
Antwerpen en Parijs 1885-1888*,
Van Gogh Museum, Amsterdam, 2011.

Amsterdam 2014-2015
Freek Heijbroek, Erik Schmitz,
George Hendrik Breitner in Amsterdam,
cat. exp., Amsterdam (Stadsarchief
Amsterdam), 2014-2015.

Amsterdam 2016a
Suzanne Veldink, Nienke Woltmann,
Jenny Reynaerts (dir.), *Breitner. Meisje
in kimono*, cat. exp., Amsterdam
(Rijksmuseum), 2016.

Amsterdam 2016b
Nienke Bakker, Louis van Tilborgh,
Laura Prins, *De waanzin nabij.
Van Gogh en zijn ziekte*, cat. exp.,
Amsterdam (Van Gogh Museum),
2016.

Amsterdam 2017-2018,
Van Gogh & Japan, cat. exp.,
Amsterdam (Van Gogh Museum),
2017-2018.

Amsterdam/Édimbourg 2016
Lynne Ambrosini, Michael Clarke,
Frances Fowle, Maite van Dijk, Nienke
Bakker, *Daubigny, Monet, Van Gogh.
Impressions of Landscape | Inspiring
Impressionism: Daubigny, Monet,
Van Gogh*, cat. exp., Amsterdam
(Van Gogh Museum) / Édimbourg
(National Galleries of Scotland), 2016.

Amsterdam/Paris 1999-2000
Chris Stolwijk, Richard Thomson,
Sjraar van Heugten, *Theo van Gogh,
1857-1891. Kunsthandelaar, verzamelaar
en broer van Vincent*, cat. exp.,
Amsterdam (Van Gogh Museum)/
Paris (musée d'Orsay), 1999-2000.

Anderson 1983
Benedict Anderson, *Imagined
Communities. Reflections on
the Origins and Spread of Nationalism*,
Londres, 1983.

Anderson 1996
Benedict Anderson, *L'Imaginaire
national. Réflexions sur l'origine
et l'essor du nationalisme*, Paris, 1996.

Anonyme 1826
Anonyme, *Souvenirs de
Van Spaendonck, ou recueil de fleurs,
lithographies d'après les dessins
de ce célèbre professeur, d'un texte
rédigé par plusieurs de ses élèves*,
Paris, 1826.

Anonyme 1836
Anonyme, « Exposition de 1836
(2ᵉ article.) », *Journal des artistes*,
n° 10 (1836), p. 145-150.

Anquetin 1970
Louis Anquetin, *De l'art*, Paris, 1970.

Astruc 1859
Zacharie Astruc, *Les 14 stations
du Salon, suivies d'un récit douloureux*,
Paris, 1859.

Athanassoglou-Kallmyer 1989
Nina M. Athanassoglou-Kallmyer,
*French Images from the Greek War
of Independance 1821-1830*,
New Haven/Londres, 1989.

Baar 2000
Veronique Baar, *De collectie Tiele.
Een onderzoek naar de negentiende-
eeuwse verzameling van Jacobus
Johannes Tiele*, s.l., 2000.

Bacha et al. 2005
Myriam Bacha et al., *Les Expositions
universelles à Paris de 1855 à 1937*,
Paris, 2005.

Baetens 2010
Jan Dirk Baetens, «Vanguard
Economics, Rearguard Art. Gustave
Coûteaux and the Modernist Myth
of the Dealer-Critic System », *Oxford
Art Journal* 33 (2010), n° 1, p. 25-41.

Bailey 1996
Martin Bailey, «Van Gogh's First Sale.
A Self-Portrait in London »,
Apollo (mars 1996), p. 20-21.

Bailly-Herzberg 2003
Janine Bailly-Herzberg,
*Correspondance de Camille Pissarro,
t. I, 1868-1885*, Valhermeil, 2003.

Bakker 2015
Nienke Bakker, « "Een alsmaar
groeiende reputatie". De receptie van
Mesdag in Frankrijk en Nederland »,
dans Maite van Dijk, Mayken Jonkman,
Renske Suijver (dir.), *Hendrik Willem
Mesdag: kunstenaar, verzamelaar,
entrepreneur*, Bussum, 2015.

Bakker et Van Dijk 2013
Nienke Bakker, Maite van Dijk,
«Van Gogh in "the Country
of Paintings": an Overview of his Visits
to Museums and Exhibitions »,
dans *Van Gogh's Studio Practice*,
Amsterdam/Bruxelles, 2013, p. 56-77.

Bank 1990
Jan Bank, *Het roemrijk vaderland.
Cultureel nationalisme in Nederland
in de negentiende eeuw*, La Haye, 1990.

Barrante 1855
Prosper de Barrante, *Histoire
du Directoire de la République
française*, Paris, 1855.

Barthélemy 1900
A. Barthélemy, « L'Exposition
décennale de l'art français
(1890-1900) », *Revue encyclopédique* 1
(1900), n° 368, p. 641-646.

Bax 2006
Marty Bax, *Het web der schepping.
Theosofie en kunst in Nederland.
Van Lauweriks tot Mondriaan*,
Amsterdam, 2006.

Becker 1982
Howard Becker, *Art Worlds*,
Berkeley/Los Angeles/Londres, 1982.

Bénédite 1904
Léonce Bénédite, *Rapports du jury
international. Introduction générale.
Deuxième partie. Beaux-Arts,
Exposition internationale de 1900
à Paris*, Paris, 1904.

Beraldi 1892
Henri Beraldi, *Les Graveurs
du xɪxᵉ siècle. Guide de l'amateur
d'estampes modernes*, t. XII, Paris,
1892.

Berger 1999
Robert W. Berger, *Public Access
to Art in Paris. A Documentary
History from the Middle Ages to 1800*,
University Park (PA), 1999.

Bergerat 1876
Émile Bergerat, *Collection de feu
Mr. S. van Walchren van Wadenoyen
de Nimmerdor (Hollande)*, Paris, 1876

Bernard 1994
Émile Bernard, *Propos sur l'art*,
Paris, 1994, 2 vol.

Bilderdijk 1826
Willem Bilderdijk, « Namen »,
dans *Navonkeling*, t. I, Leyde, 1826.

Blanc 1853
Charles Blanc, *L'Œuvre de Rembrand
reproduit par la photographie*, Paris,
1853.

Blanc 1876
Charles Blanc, *Les Artistes
de mon temps*, Paris, 1876.

Blanc 1878
Charles Blanc, *Les Beaux-Arts
à l'Exposition universelle de 1878*,
Paris, 1878.

Bloch 1928
Marc Bloch, « Pour une histoire comparée des sociétés européennes », Revue de synthèse historique 46 (1928), p. 15-50, http://www.unige.ch/lettres/enseignants/bmuller/textes0/Bloch/Bloch_RSH_1928_46_136-138.pdf.

Blotkamp 1994
Carel Blotkamp, Mondriaan. Destructie als kunst, Zwolle, 1994.

Blühm et Lippincott 2000
Andreas Blühm, Louise Lippincott, Licht! Het industriële tijdperk 1750-1900. Kunst & Wetenschap, technologie en samenleving, Amsterdam/Pittsburgh, 2000.

Blunt 1950
Wilfrid Blunt, The Art of Botanical Illustration, Londres, 1950.

Bock 1900
Théophile de Bock, Jacob Maris: 20 photogravures naar zijne werken en zijn portret naar M. van der Maarel, Amsterdam, 1900.

Bodt 1990
Saskia de Bodt, « M.A. Kuytenbrouwer, het ondergaan der zon in de bergmassen bij Fontainebleau (Gorges d'Apremont) », De Negentiende eeuw 14 (1990), n° 4, p. 249–252.

Bodt et Plomp 2009
Saskia de Bodt, Michiel Plomp (dir.), Anton Mauve (1838-1888), Bussum/Haarlem, 2009.

Boime 1971
Albert Boime, The Academy and French Painting in the 19th Century, New York, 1971.

Boime 1976
Albert Boime, « Entrepreneurial Patronage in Nineteenth-Century France », dans Edward C. Carter et al. (dir.), Enterprise and Entrepreneurs in Nineteenth- and Twentieth-Century France, Baltimore/Londres, 1976, p. 137-207.

Boime 1994
Albert Boime, « Going to Extremes over the Juste Milieu », dans Petra ten-Doesschate Chu, Gabriel Weisberg (dir.), The Popularization of Images: Visual Culture under the July Monarchy, Princeton, 1994, p. 213-235.

Boime 2004
Albert Boime, Art in an Age of Counterrevolution, Chicago/Londres, 2004.

Bois-le-Duc 1991
Anita Hopmans, Jan Sluijters, 1881-1957. Aquarellen en tekeningen, cat. exp., Bois-le-Duc (Noordbrabants Museum), 1991.

Bonnet 2006
Alain Bonnet, L'Enseignement des arts au xixe siècle. La réforme de l'École des beaux-arts de 1863 et la fin du modèle académique, Rennes, 2006.

Boon 1999
Bart Boon, « Jacob Maris en kunsthandel Goupil », Jong Holland 15 (1999), n° 3, p. 15–27.

Bouillo 2009
Eva Bouillo, Le Salon de 1827. Classique ou romantique ?, Rennes, 2009.

Bradley 1944
Jay Bradley, « Piet Mondrian, 1872-1944. Greatest Dutch Painter of Our Time », Knickerbocker Weekly 3 (1944), n° 51, p. 16-24.

Brem 1991
Anne-Marie de Brem, L'Atelier d'Ary Scheffer, Paris, 1991.

Brouwer 1984
J.W. Brouwer, « Hollandse kunstenaars en de Franse Salons 1750-1880 », Tableau 6 (1984), n° 6, p. 84-90.

Bruno 2008
Lugene B. Bruno, « Pancrace Bessa and the Golden Age of French Botanical Illustration », Bulletin of the Hunt Institute for Botanical Documentation 20 (automne 2008), n° 2.

Brusse 1927a
M.J. Brusse, « Kees van Dongen. Jeugdherinneringen », Nieuwe Rotterdamsche Courant, 10 avril 1927.

Brusse 1927b
M.J. Brusse, « Kees van Dongen. Jeugdherinneringen », Nieuwe Rotterdamsche Courant, 15 avril 1927.

Bruxelles 2001
La Belle Europe. Le temps des Expositions universelles, 1851-1913, cat. exp., Bruxelles (Koninklijke Musea voor Schone Kunsten), 2001.

Buffon 1971
Henri Nadault de Buffon (dir.), Georges-Louis Leclerc de Buffon, correspondance générale (1885), Genève, 1971, 2 vol.

Bulée 1900
Bulée [Charles Snabilié], Jean Lefort. Een greep uit het Parijsche leven, préface par H. Louis Israëls, Amsterdam, 1900.

Bultingaire 1930
Léon Bultingaire, « Les peintres du Muséum à l'époque de Lamarck », Archives du Muséum national d'histoire naturelle 6 (juin 1930), p. 49-50.

Bultingaire 1935
Léon Bultingaire, « L'art dans le Jardin des Plantes », Archives du Muséum national d'histoire naturelle 6 (juin 1935), p. 671.

Burke 2009
Peter Burke, «Translating Knowledge, Translating Cultures », dans Michael North (dir.), Kultureller Austausch in der Frühen Neuzeit, Cologne/Weimar/Vienne, 2009, p. 69-77.

Burmester et al. 1999
Andreas Burmester, Christoph Heilmann, Michael F. Zimmermann, Barbizon. Malerei der Natur – Natur der Malerei, Munich, 1999.

Cain 1891
Georges Cain, « Kaemmerer », The Art Journal (1891), p. 7-12.

Campbell 1996
Peter Campbell, Power and Politics in Old Regime France, 1720-1745, Londres/New York, 1996.

Chagnon-Burke 2012
Veronique Chagnon-Burke, « Rue Laffitte: Looking and Buying Contemporary Art in Mid-Nineteenth-Century Paris », Nineteenth-Century Art Worldwide. A Journal of Nineteenth-Century Visual Culture 11 (été 2012), n° 2, http://www.19thc-artworldwide.org/summer12/veronique-chagnon-burke-looking-at-and-buying-contemporary-art-in-mid-nineteenth-century-paris.

Challons-Lipton 2002
Siulolovan Challons-Lipton, The Scandinavian Pupils of the Atelier Bonnat, 1867-1894 (Scandinavian Studies), Lewiston (NY), 2002.

Chang 2010
Ting Chang, « Asia as Fantasy for France », dans Michael North (dir.), Artistic and Cultural Exchanges between Europe and Asia, 1400-1900. Rethinking Markets, Workshops and Collections, Surrey/Vermont, 2010, p. 45-52.

Charlton 1984
Donald Charlton (dir.), The French Romantics, Cambridge, 1984.

Chaudonneret 1999
Marie-Claude Chaudonneret, L'État et les Artistes. De la Restauration à la monarchie de Juillet (1815-1833), Paris, 1999.

Cheah et Robbins 1998
Pheng Cheah, Bruce Robbins, Cosmopolitics. Thining and Feeling Beyond the Nation, Minneapolis, 1998.

Clayson et Dombrowski 2016
Hollis Clayson, André Dombrovski (dir.), Is Paris Still the Capital of the Nineteenth Century? Essays on Art and Modernity, 1850-1900, Londres, 2016.

Comar 2008
Philippe Comar, Figures du corps. Une leçon d'anatomie, Paris, 2008.

Cooper 2013
Douglas Cooper, The Cubist Epoch, New York, 2013.

Coquiot 1923
Gustave Coquiot, Vincent van Gogh, Paris, 1923.

Couturier 2008
Sonia Couturier, L'Implication des amateurs d'art dans les réseaux artistiques et intellectuels en France au xviiie siècle : le cas de Claude-Henri Watelet (1718-1786), thèse de doctorat non publiée, université Concordia Montréal, 2008.

Cuvier 1822
Georges Cuvier, Après ce discours, partie de la plaquette Funérailles De M. Van Spaendonck, Paris (Institut royal de France – Académie des beaux-arts), 1822.

DaCosta Kaufmann et North 2010
Thomas DaCosta Kaufmann, Michael North, « Introduction », dans Michael North (dir.), Artistic and Cultural Exchanges between Europe and Asia, 1400-1900. Rethinking Markets, Workshops and Collections, Surrey/Vermont, 2010, p. 1-8.

Daston et Galison 2010
Lorraine Daston, Peter Galison, Objectivity, New York, 2010.

De Clercq 2015
Sarah de Clercq, « Een leven voor de kunst », dans Maite van Dijk, Mayken Jonkman, Renske Suijver (dir.), Hendrik Willem Mesdag: kunstenaar, verzamelaar, entrepreneur, Bussum, 2015, p. 35-51.

Bibliographie

De Nittis 1895
Giuseppe de Nittis, *Notes et souvenirs du peintre Joseph de Nittis*, Paris, 1895.

De Raad *et al.* 1991
Jacqueline de Raad, Trudy van Zadelhoff, Joke Bethe-van der Pol, *Maris: een kunstenaarsfamilie*, Zwolle, 1991.

Dekkers 1994
Dieuwertje Dekkers, *Jozef Israëls een succesvol schilder van het vissersgenre*, thèse de doctorat non publiée, Universiteit van Amsterdam, 1994.

Dekkers 1995
Dieuwertje Dekkers, « Goupil en de internationale verspreiding van Nederlandse eigentijdse kunst », *Jong Holland* 11 (1995), n° 4, p. 22-36.

Deleuze 1823
Joseph-Philippe-François Deleuze, *Histoire et description du Muséum royal d'histoire naturelle*, Paris, 1823.

Denver 2012
Timothy J. Standring *et al.*, *Becoming Van Gogh*, cat. exp., Denver (Denver Art Museum), 2012.

Destremau 1996
Frédéric Destremau, « L'atelier Cormon (1882-1887) », *Bulletin de la Société de l'Histoire de l'art français*, 1996, p. 171-184.

Diderot 1966
Denis Diderot, *Œuvres complètes*, t. XII, beaux-arts, arts du dessin (salons), Paris, 1876, facsimilé, Liechtenstein, 1966.

Dini et Marini 1990
Piero Dini, Giuseppe L. Marini, *De Nittis. La vita, I documenti, le opere dipinte*, Turin, 1990, 2 vol.

Dirven 1977
H. Dirven, « De kunsthandelaar Vincent van Gogh uit Princenhage », *Hage* 7 (juillet 1977).

Distel 1990
Anne Distel, *Impressionism: The First Collectors*, New York, 1990.

Domela Nieuwenhuis 1904
Ferdinand Domela Nieuwenhuis, *Een vijf-en-twintigjarige veldtocht tegen het kapitalisme. Een bloemlezing uit 25 jaargangen "Recht voor Allen" en "Vrije Socialist"*, Amsterdam, 1904.

Dozo 2015
Björn-Olav Dozo, « Pour un repérage systématique des animateurs de la vie littéraire. Le cas de Gaston Pulings : faits historiques et figuration littéraire », dans Ingrid Goddeeris, Noémie Goldman (dir.), *Animateur d'Art. Dealer, Collector, Critic, Publisher... The Animateur d'Art and his Multiples Roles. Pluridisciplinary Research of these Disregarded Cultural Mediators of the 19th and 20th Centuries*, Bruxelles, 2015, p. 199-211.

Du Camp 1855
Maxime Du Camp, *Les Beaux-Arts à l'Exposition universelle de 1855 : peinture, sculpture ; France, Angleterre, Belgique, Danemarck [sic], Suède et Norwège [sic], Suisse, Hollande, Allemagne, Italie*, Paris, 1855.

Du Camp 1859
Maxime Du Camp, *Le Salon de 1859*, Paris, 1859.

Dumas 1883
François-Guillaume Dumas (dir.), *Catalogue illustré officiel de la section des beaux-arts de l'Exposition universelle d'Amsterdam*, Paris/Amsterdam, 1883.

Dussol 1994
Dominique Dussol, *Art et bourgeoisie. La Société des Amis des arts de Bordeaux (1851-1939)*, thèse de doctorat non publiée, université Bordeaux Montaigne, 1994.

Eisler 1913
Max Eisler, *Jacob Maris in Parijs*, Amsterdam, 1913.

Énault 1878
Louis Énault, *Les Beaux-Arts à l'Exposition universelle de 1878*, Paris, 1878.

Esner 2001
Rachel Esner, « "Art knows no Fatherland". Internationalism and the Reception of German Art in France in the Early Third Republic », dans Martin H. Geyer, Johannes Paulmann (dir.), *The Mechanics of Internationalism. Culture, Society, and Politics from the 1840s to the First World War*, Oxford, 2001, p. 357-373.

Espagne et Werner 1985
Michel Espagne, Michael Werner, « Deutsch-französchischer Kulturtransfer im 18. und 19. Jahrhundert. Zu einem neuen interdisziplinären Forschungsprogramm des C.N.R.S. », *Francia: Forschungen zur westeuropäischen Geschichte* 13 (1985), n° 1, p. 502-510.

Ewals 1983
Leo Ewals, « Beroemde tijdgenoten van Scheffer (2). Jean Auguste Dominique Ingres », *Bulletin Dordrechts Museum* 8 (1983), n° 5, s.l. [Dordrecht].

Ewals 1986
Leo Ewals, « Beroemde tijdgenoten van Scheffer (5). Octave Tassaert (1800-1874) en iets over het realisme van Scheffer (2) », *Bulletin Dordrechts Museum* 11 (1986), n° 1, s.l. [Dordrecht].

Ewals 1987
Leo Ewals, *Ary Scheffer. Sa vie et son œuvre*, thèse de doctorat non publiée, Radboud Universiteit Nijmegen, 1987.

Ewals 1995
Leo Ewals, *Ary Scheffer, 1795-1858. Gevierd Romanticus*, Dordrecht/Zwolle, 1995.

Faré 1962
Michel Faré, *La Nature morte en France. Son histoire et son évolution du XVIIe au XXe siècle*, Genève, 1962, 2 vol.

Farrell 2001
Michael P. Farrell, *Collaborative Circles. Friendship Dynamics & Creative Work*, Chicago, 2001.

Fehrer 1989
Catherine Fehrer, *The Julian Academy, Paris, 1868-1939*, New York, 1989.

Foucart 1995
Bruno Foucart, *Le Baron Taylor. L'Association des artistes et l'Exposition du Bazar Bonne-Nouvelle en 1846*, Paris, 1995.

Fowle 2010
Frances Fowle, *Van Gogh's Twin. The Scottish Art Dealer Alexander Reid 1854-1928*, Édimbourg, 2010.

Frijhoff 2006
Willem Frijhoff, « De natie op stap? Nederlanders in Parijs in koning Lodewijks tijd », *De Negentiende Eeuw* 30 (2006), n° 2, p. 255-272.

G.T. 1799
G.T., « Enseignement public », *La Revue philosophique, littéraire et politique, par une société de gens de lettres* 11 (juin-juillet-août 1799), p. 324.

Galenson et Jensen 2007
David W. Galenson, Robert Jensen, « Careers and Canvases. The Rise of the Market for Modern Art in Nineteenth-Century Paris », dans *Van Gogh Studies (Current Issues in 19th-Century Art)*, Zwolle/Amsterdam, 2007, p. 137-166.

Gautier 1858
Théophile Gautier, « La rue Laffitte », *L'Artiste* (3 janvier 1858), n° 1, p. 10-13.

Gauzi 1954
François Gauzi, *Lautrec et son temps*, Paris, 1954.

Gebauer 1855
Ernest Gebauer, *Les Beaux-Arts à l'Exposition universelle de 1855*, Paris, 1855.

Gellner 1983
Ernest Gellner, *Nations and Nationalism*, Oxford, 1983.

Gerards et Van Uitert 1994
Inemie Gerards, Evert van Uitert, *In de lijn van Jan Toorop. Symbolisme in de kunst*, La Haye, 1994.

Gerbod 1995
Paul Gerbod, « Des étrangers à Paris au XIXe siècle », *Ethnologie française* 2 (1995), n° 4 (*Mélanges*), p. 569-579.

Giltay 1976
Jeroen Giltay, « De Nederlandsche Etsclub (1885-1896) », *Nederlands Kunsthistorisch Jaarboek*, t. XXVII, 1976, p. 91-125.

Ginguené 1796
Pierre-Louis Ginguené, *La Décade philosophique, littéraire et politique, par une société de républicains*, Paris, 1796.

Giovanni 1912
Giovanni [Jan Kalff], « Kunst te Nijmegen », *Algemeen Handelsblad* (31 juillet 1912), édition du soir.

Goddeeris 2015
Ingrid Goddeeris, « Inleiding »,
dans Ingrid Goddeeris, Noémie
Goldman (dir.), Animateur d'Art.
Dealer, Collector, Critic, Publisher...
The Animateur d'Art and his Multiples
Roles. Pluridisciplinary Research of
these Disregarded Cultural Mediators
of the 19th and 20th Centuries,
Bruxelles, 2015.

Goncourt 1892
Edmond et Jules de Goncourt,
Histoire de la société française pendant
le Directoire, Paris, 1892.

Goncourt 1956
Edmond et Jules de Goncourt, Journal.
Mémoires de la vie littéraire, t. III
(1879-1890), texte établi et annoté
par Robert Ricatte, Paris, 1956.

Gonse 1878
Louis Gonse, L'Art moderne
à l'Exposition universelle de 1878,
Paris, 1878.

Gram 1889
Johan Gram, « De kunstverzameling
Vincent van Gogh in Pulchri Studio »,
Haagsche Stemmen 2 (30 mars 1889),
n° 31, p. 371-382.

Grand-Carteret 1898
John Grand-Carteret, L'Affaire Dreyfus
et l'Image, Paris, s.d. [1898].

Green 1987
Nicholas Green, « Dealing
in Temperaments. Economic
Transformation of the Artistic Field
in France during the Second Half
of the Nineteenth Century »,
Art History 10 (1987), n° 1, p. 59-78.

Green 1989
Nicholas Green, « Circuits of
Production, Circuits of Consumption.
The Case of Mid-Nineteenth-Century
French Art Dealing », Art Journal 48
(printemps 1989), n° 1, p. 29-34.

Greenblatt 2010
Stephen Greenblatt, Cultural Mobility.
A Manifesto, Cambridge, 2010.

Greenhalgh 1988
Peter Greenhalgh, Ephemeral Vistas.
The Expositions universelles, Great
Exhibitions and World's Fairs, 1851-1939,
Manchester, 1988.

Greer 2010
Joan E. Greer, « Labour, Nature and
the Decorative in Late Nineteenth-
Century Print Culture. Representation
of the Socially Engaged Artist in
Dutch and Belgian Art Periodicals »,
dans Ilja van den Broek et al.,
Imagination and Commitment.
Representations of the Social Question,
Leuven/Paris/Walpole, 2010, p. 83-100.

Greer 2010-2011
Joan Greer, « De gevestigde sociale
orde omverwerpen. Vroege
anarchistische tekeningen »,
dans Christiane Heiser, Mienke Simon
Thomas (dir.), Johan Thorn Prikker.
De Jugendstil voorbij, cat. exp.,
Rotterdam (Museum Boijmans
Van Beuningen) / Düsseldorf
(Museum Kunstpalast), 2010-2011,
p. 54-63.

Grijzenhout et Van Veen 1992
Frans Grijzenhout, Henk van Veen
(dir.), De Gouden Eeuw in perspectief.
Het beeld van de Nederlandse
zeventiende-eeuse schilderkunst
in later tijd, Heerlen, 1992.

Grimm 1880
Melchior Grimm, Correspondance
littéraire, philosophique et critique,
t. XIV, Suite du Salon de 1785,
Paris, 1880.

Grote 1860
Harriet Grote, Memoir of the Life
of Ary Scheffer, Londres, 1860.

Guyot de Fère 1855
François-Fortuné Guyot de Fère,
Journal des arts, des sciences
et des lettres et de l'Exposition
universelle, 31 août 1855.

Haarlem 1993
Arnold Ligthart, Wendela Schippers,
Henri Le Fauconnier. Kubisme
en Expressionisme in Europa, cat. exp.,
Haarlem (Frans Hals Museum), 1993.

Hahn 2009
H. Hazel Hahn, Scenes of Parisian
Modernity. Culture and Consumption
in the Nineteenth Century, New York,
2009.

Hamy 1893
Ernest Théodore Hamy, « Les derniers
jours du Jardin du Roi et la fondation
du Muséum d'histoire naturelle »,
dans Centenaire de la fondation
du Muséum d'histoire naturelle,
10 juin 1793-10 juin 1893, Paris, p. 1-162.

Hartrick 1913
Archibald S. Hartrick, « Post-
Impressionism, with some Personal
Recollections of Vincent van Gogh
and Paul Gauguin », The Imprint 1
(1913), p. 305-318.

Hartrick 1939
Archibald S. Hartrick, A Painter's
Pilgrimage through Fifty Years,
Cambridge, 1939.

Hauptman 1985
William Hauptman, « Jurys, Protests,
and Counter-Exhibitions Before 1850 »,
The Art Bulletin 67 (1985), n° 1, p. 95-109.

Hefting 1969
Victorine Hefting, Jongkind d'après
sa correspondance, Utrecht, 1969.

Hefting 1970a
Paul H. Hefting, G.H. Breitner in zijn
Haagse tijd, Utrecht, 1970.

Hefting 1970b
Paul H. Hefting, G.H. Breitner, brieven
aan A.P. van Stolk : met enkele brieven
van A.P. van Stolk aan G.H. Breitner,
La Haye, 1970.

Hefting 1976
Victorine Hefting, L'Univers
de Jongkind, Paris, 1976.

Hefting 1981
Victorine Hefting, Schilders
in Oosterbeek, 1840-1870,
Zutphen/Arnhem, 1981.

Heijbroek 1975
Freek Heijbroek, « Matthijs Maris
in Parijs 1869-1877 », Oud Holland 89
(1975), n° 1, p. 266-289.

Heijbroek et Wouthuysen 1999
Freek Heijbroek, Esther Wouthuysen,
Portret van een kunsthandel. De firma
Van Wisselingh en zijn compagnons
1838-heden, Zwolle/Amsterdam, 1999.

Heiser 2010-2011
Christiane Heiser, « Johan Thorn
Prikker (1868-1932). Een
"kunstarbeider" op zoek naar sociale
gerechtigheid en religieuze ervaring »,
dans Christiane Heiser, Mienke Simon
Thomas (dir.), Johan Thorn Prikker.
De Jugendstil voorbij, cat. exp.,
Rotterdam (Museum Boijmans Van
Beuningen) / Düsseldorf (Museum
Kunstpalast), 2010-2011, p. 8-39.

Helmreich 2011
Anne Helmreich, « The Goupil Gallery
at the Intersection between London,
Continent, and Empire », dans Pamela
Fletcher, Anne Helmreich (dir.),
The Rise of the Modern Art Market
in London, 1850-1939, Manchester/
New York, 2011, p. 65-84.

Henkels 1993
Herbert Henkels, « Cézanne en
Van Gogh in het Rijksmuseum voor
Moderne Kunst in Amsterdam:
de collectie van Cornelis Hoogendijk
(1866-1991) », Bulletin van het
Rijksmuseum 41 (1993), n° 3-4,
p. 155-287.

Henriet 1854
Frédéric Henriet, « Le musée des rues :
le marchand de tableaux », L'Artiste
(15 novembre 1854), n° 8, p. 113-114.

Higonnet 2002
Patrice Higonnet, Paris, Capital of
the World, Cambridge/Londres, 2002.

Hobsbawm 1990
Eric Hobsbawm, Nations and
Nationalism since 1780. Programme,
Myth, Reality, Cambridge, 1990.

Holt 1988
Elizabeth Gilmore Holt, The Expanding
World of Art, 1874-1902. Vol. 1. Universal
Expositions and State-Sponsored Fine
Arts Exhibitions, New Haven/Londres,
1988.

Homer 2009
William Innes Homer, The Paris Letters
of Thomas Eakins, Princeton, 2009.

Honour 1991
Hugh Honour, Romanticism (1979),
Londres, 1991.

Hopmans 2010
Anita Hopmans, De grote ogen van
Kees van Dongen, Rotterdam, 2010.

Hopmans 2013-2014
Anita Hopmans, « Fluctuating
Fortunes: Kees van Dongen, a Dutch
Fauve in the French Arena » / « Kees
van Dongen: ein Holländischer Fauve
in der französischen Arena », dans
Heinz Widauer, Claudine Grammont,
Passions fauves. Henri Matisse
and Fauvism / Matisse und die Fauves,
cat. exp., Vienne (Albertina), 2013-
2014, p. 302-313.

Hopmans 2014
Anita Hopmans, « "Oben auf der Butte": van Dongens frühe Pariser Jahre » / « "Au haut de la Butte". Van Dongen's Early Years in Paris », dans Ingrid Pfeiffer, Max Hollein (dir.), *Esprit Montmartre. Die Bohème in Paris um 1900 / Bohemian Life in Paris around 1900*, cat. exp., Francfort (Schirn Kunsthalle), 2014, p. 255-260.

Hopmans 2015
Anita Hopmans, « Hollandse fauve of "verfranschten Hollander"? 1906 als keerpunt voor Van Dongen », dans Frouke van Dijke, Doede Hardeman (dir.), *Kleur ontketend. Moderne kunst in de Lage Landen, 1885-1914*, cat. exp., La Haye (Gemeentemuseum), 2015, p. 174-191.

Huet et Lafenestre 1911
Paul Huet, René-Paul Huet, Georges Lafenestre, *Paul Huet (1803-1869) d'après ses notes, sa correspondance, ses contemporains. Documents recueillis et précédés d'une notice biographique par son fils, René Paul Huet*, préface par Georges Lafenestre, Paris, 1911.

Huygens 1975
F.P. Huygens, *« Wie dronk toen water! » Bloemlezing uit de briefwisseling met August Allebé gedurende zijn Prix de Rome-reis 1885-1887*, Amsterdam, 1975.

Israëls 1900
H.L. Israëls, *Nederlandsche gids op de Parijsche tentoonstelling in 1900*, avec des illustrations de Kees van Dongen et des plans par Joh. D. Looyen, Amsterdam, 1900.

Jansen et al. 2007
Leo Jansen, Hans Luijten, Nienke Bakker, *Vincent van Gogh, Painted with Words. The Letters to Émile Bernard*, New York, 2007.

Janssen 2008
Hans Janssen, *Mondriaan in het Gemeentemuseum Den Haag*, La Haye, 2008.

Janssen 2015
Hans Janssen, « Het was de lijn die de kleur bevrijdde. Mondriaan 1905-1909 », dans Hans Janssen, Sjoerd van Faassen (dir.), *Mondriaan en het kubisme. Parijs 1912-1914*, cat. exp., La Haye (Gemeentemuseum), 2014, p. 138-173.

Janssen 2016
Hans Janssen, *Piet Mondriaan. Een nieuwe kunst voor een ongekend leven*, Amsterdam, 2016.

Jensen 1994
Robert Jensen, *Marketing Modernism in Fin-de-Siècle Europe*, Princeton, 1994.

Jones 2008
Kimberly Jones, *In the Forest of Fontainebleau. Painters and Photographers from Corot to Monet*, Washington, 2008.

Jonker 2005
Marijke Jonker, « Gustave Planche, or The Romantic Side of Classicism », *Nineteenth-Century Art Worldwide. A Journal of Nineteenth-Century Visual Culture* 4 (2005), n° 1, http://www.19thc-artworldwide.org/spring05/82-autumn02/autumn02article/257-gustave-planche-or-the-romantic-side-of-classicism.

Jonkman 2007
Mayken Jonkman, « Portret van de relatie tussen een negentiende-eeuwse schilder en een kunsthandelaar: Frederik Hendrik Kaemmerer en de Parijse kunsthandelaar Goupil », dans Sabine Craft-Giepmans et al. (dir.), *Portret in Beeld. Collegiale bijdragen voor Karen Schaffers-Bodenhausen, Den Haag*, La Haye, 2007, p. 78-84.

Jonkman 2015
Mayken Jonkman, «The Assault on the Senses. Paris Myth and Reality in the Minds of Nineteenth-Century Dutch Artists », dans Manon van der Mullen et al. (dir.), *Grensoverschrijdende inspiratie: Nederlandse kunst in Europees perspectief in de negentiende eeuw*, La Haye, 2015, http://artisticexchange.rkdmonographs.nl/2.-the-assault-on-the-senses.-paris-myth-and-reality-in-the-minds-of-nineteenth-century-dutch-artists-mayken-jonkman.

Joosten et Welsh 1998
Joop Joosten, Robert Welsh, *Piet Mondrian. Catalogue raisonné*, t. III, New York/Blaricum, 1998, 2 vol.

Kale 2004
Steven Kale, *French Salons. High Society and Political Sociability from the Old Regime to the Revolution of 1848*, Baltimore/Londres, 2004.

Kalmthout 1998
Ton van Kalmthout, *Muzentempels. Multidisciplinaire kunstkringen in Nederland tussen 1886 en 1914*, Hilversum, 1998.

Kickert 1956
Conrad Kickert, « Parijs en zijn Hollandsche schilders. Moeilijkheden en grote gaven », *Het Vaderland*, 1er décembre 1956.

Kirkland 2013
Stephane Kirkland, *Paris Reborn. Napoléon III, Baron Haussmann, and the Quest to Build a Modern City*, New York, 2013.

Klarenbeek 2006
Hanna Klarenbeek, *Naakt of Bloot. Vrouwelijk naakt in de negentiende eeuw*, Arnhem, 2006.

Knoef 1947
Jan Knoef, « F.H. Kaemmerer 1839-1902 », dans *Van Romantiek tot Realisme. Een bundel kunsthistorische opstellen*, Amsterdam, 1947, p. 149-159.

Kröger et Tas 2009
Jelka Kröger, Sara Tas (dir.), *A Master Revealed: Meijer de Haan*, Amsterdam/Paris 2009.

Kropotkine 2002
Pierre Kropotkine, *Paroles d'un révolté* (1885), annoté et accompagné d'une préface par Élisée Reclus, Antony, 2002.

Kruseman 1826
Cornelis Kruseman, *Aanteekeningen van C. Kruseman, Betrekkelijk deszelfs Kunstreis en verblijf in Italie*, La Haye, 1826.

La Haye 1882
Tentoonstelling van schilderijen (uit particuliere verzamelingen) ten voordeele van het fonds der Academie, cat. exp., La Haye (Koninklijke Academie), 1882.

La Haye 1964
Cor Blok, *Mondriaan in de collectie van het Haags Gemeentemuseum*, cat. exp., La Haye (Gemeentemuseum), 1964.

La Haye 2014
Hans Janssen, Sjoerd van Faassen (dir.), *Mondriaan en het kubisme. Parijs 1912-1914*, cat. exp., La Haye (Gemeentemuseum), 2014.

La Haye/Cologne/Paris 2004
John Sillevis, Götz Czymmek, Sylvie Patin (dir.), *Jongkind*, cat. exp., La Haye (Gemeentemuseum) / Cologne (Wallraf-Richartz-Museum & Fondation Corboud) / Paris (musée d'Orsay), 2004.

Labrie 1992
A. Labrie, « "La religion civile": nationalisme, nationale staat en modernisering in Europa », dans Leonard Wessels, Antoon Bosch (dir.), *Veranderende grenzen. Nationalisme in Europa, 1815-1919*, Heerlen/Nimègue, 1992, p. 59-103.

Lafont-Couturier 2000
Hélène Lafont-Couturier (dir.), *Gérôme & Goupil. Art et entreprise*, Paris, 2000.

Lamarre et La Blanchère 1878
Clovis Lamarre, René de La Blanchère, *Les Pays-Bas et l'Exposition universelle de 1878*, Paris, 1878.

Landon 1831
Charles-Paul Landon, *Salon de 1817*, Paris, 1831.

Leemand et Pennock 1996
Fred Leemand, Hanna Pennock (dir.), *Museum Mesdag. Catalogue of Paintings and Drawings*, Amsterdam/Zwolle, s.d. [1996].

Leerssen 2006
Joep Leerssen, *De bronnen van het vaderland. Taal, literatuur en de afbakening van Nederland, 1806-1890*, Nimègue, 2006.

Leigh 1965
Ralph Alexander Leigh (dir.), *Correspondance complète de Jean-Jacques Rousseau*, Genève, 1965, 52 vol.

Lemaire 2004
Gérard-Georges Lemaire, *Histoire du Salon de peinture*, Paris, 2004.

Liefde-van Brakel 2001
Tiny de Liefde-van Brakel, *Tussen Katwijk en Parijs. David Adolphe Constant Artz (1837-1890)*, Katwijk, 2001.

Limay 1907
Paul Ratouis de Limay, *Un amateur orléanais au XVIIIe siècle : Aignan-Thomas Desfriches, 1715-1800, sa vie, son œuvre, ses collections, sa correspondance…*, Paris, 1907.

Lobstein 2003
Dominique Lobstein, *Dictionnaire des indépendants (1884-1914)*, t. I, Dijon, 2003.

Lobstein 2006
Dominique Lobstein, *Les Salons au XIXe siècle. Paris, capitale des arts*, Paris, 2006.

Londres/Paris 1991-1992
Marianne Ryan (dir.), *Toulouse-Lautrec*,
cat. exp., Londres (Hayward
Gallery) / Paris (Galeries nationales
du Grand Palais), 1992.

Loos 1988
Wiepke Loos, « Het lithografisch
œuvre van August Allebé »,
dans Wiepke Loos, Carel van Tuyll van
Serooskerken (dir.), *« Waarde Heer
Allebé », Leven en werk van August
Allebé (1838-1927)*, Zwolle, 1988.

Loos 2009
Wiepke Loos (dir.), *Gekleurd grijs.
Johannes Kneppelhout (1814-1885)
en Gerard Bilders (1838-1865).
Brieven en dagboek*, Zwolle, 2009.

Loosjes-Terpstra 1959
Aleida Betsy Loosjes-Terpstra,
Moderne kunst in Nederland 1900-1914,
Utrecht, 1959.

Loyer 1987
François Loyer, *Paris xixe siècle.
l'immeuble et la rue*, Paris, 1987.

Mabire 2000
Jean-Christophe Mabire (dir.),
L'Exposition universelle de 1900,
Paris, 2000.

MacDonald et Merling 2014
Heather MacDonald, Mitchell Merling,
*Working among Flowers. Floral Still-
Life Painting in Nineteenth-Century
France*, New Haven/Londres, 2014.

Mainardi 1987
Patricia Mainardi, *Art and Politics
of the Second Empire. The Universal
Expositions of 1855 and 1867*,
New Haven/Londres, 1987.

Mainardi 1989
Patricia Mainardi, « The Double
Exhibition in Nineteenth-Century
France », *Art Journal* 48 (1989),
n° 1, p. 23-28.

Mansel 2003
Philip Mansel, *Paris between Empires.
Monarchy and Revolution, 1814-1852*,
New York, 2003.

Marguillier 1900
Auguste Marguillier, « L'art étranger
à l'Exposition décennale, 1890-1900) »,
Revue encyclopédique 10 (1900), n° 368,
p. 741-753.

Maris 1943
M.H.W.E. Maris, *De geschiedenis ven
een schildersgeslacht*, Amsterdam,
1943.

Marius 1920
G.H. Marius, *De Hollandsche
schilderkunst in de negentiende eeuw*,
La Haye, 1920.

Marrinan 1988
Michael Marrinan, *Painting Politics
for Louis-Philippe. Art and Ideology
in Orléanist France, 1830-1848*,
New Haven/Londres, 1988.

McIntosh 2004
Decourcy McIntosh, « The Origins
of the Maison Goupil in the Age
of Romanticism », *The British Art
Journal* 5 (2004), n° 1, p. 64-76.

McIntosh 2008
Decourcy McIntosh, « Goupil's Album.
Marketing Salon Painting in the Late
Nineteenth Century », dans Petra
ten-Doesschate Chu, Linda Dixon
(dir.), *Twenty-First-Century
Perspectives on Nineteenth-Century
Art. Essays in Honor of Gabriel
P. Weisberg*, Newark, 2008, p. 77-84.

McQueen 2003
Alison McQueen, *The Rise of the Cult
of Rembrandt: Reinventing an Old
Master in Nineteenth-Century France*,
Amsterdam, 2003.

Meeker et Szabari 2016
Natania Meeker, Antónia Szabari,
« Inhabiting Flower Worlds.
The Botanical Art of Madeleine
Françoise Basseporte », *Arts et savoirs
(Women's Portraits of the Self)* (2016),
n° 6, http://aes.revues.org/757.

Meijer 1805
F.L. Meijer, « Brieven uit de Hoofdstad
en het binnenste van Frankrijk »,
Vaderlandsche letter-oefeningen, 1805.

Meusy et Depas 1900
Victor Meusy, Edmond Depas,
Guide de l'étranger à Montmartre,
introduction par Émile Goudeau,
Paris, 1900.

Meyers 1993
Jan Meyers, *Domela, een hemel op
aarde: leven en streven van Ferdinand
Domela Nieuwenhuis*, Amsterdam,
1993.

Miquel 2010
Rolande et Pierre Miquel, *Théodore
Rousseau, 1812-1867*, Paris, 2010.

Moes 1961
Wally Moes, *Heilig ongeduld.
Herinneringen uit mijn leven*,
Amsterdam/Anvers, 1961.

Monaco/Montréal 2008-2009
Nathalie Bondil, Jean-Michel
Bouhours et al., *Van Dongen*, cat. exp.,
Monaco (Nouveau Musée national
de Monaco) / Montréal (musée
des Beaux-Arts), 2008-2009.

Mondrian 1941
Piet Mondrian, « Born in Holland »,
dans Louis Veen, « Piet Mondrian's
Autobiographical Writings (1941-43) »,
*Simiolus. Netherlands Quarterly
for the History of Art* 37 (2013-2014),
n° 1, p. 71-74.

Mondrian 1942
Piet Mondrian, *Toward the True Vision
of Reality*, New York, s.d. [1942].

Monet 1998
Claude Monet, *Mon histoire*,
Paris, 1998.

Monod 1878
Gabriel Monod, *Les Beaux-Arts
à l'Exposition universelle de 1878*,
Paris, 1878.

Montorgueil 1899
Georges Montorgueil [Octave
Lebesgue], *La Vie à Montmartre*,
Paris, 1899.

Moreau-Nélaton 1918
Étienne Moreau-Nélaton, *Jongkind
par lui-même*, Paris, 1918.

Morice 1905
Charles Morice, « Le xxie Salon
des indépendants »,
Mercure de France 54 (15 avril 1905).

Moulin 1976
Raymonde Moulin, « Les bourgeois
amis des arts : les expositions
des beaux-arts en province,
1885-1887 », *Revue française
de sociologie* 17 (1976), n° 3, p. 383-422.

Nerlich 2010
France Nerlich, « La fin de l'exclusion
artistique. Le marchand d'art berlinois
Louis Friedrich Sachse à la conquête
de la province », dans Laurent
Houssais, Marion Lagrange (dir.),
*Marché(s) de l'art en province,
1870-1914*, Bordeaux, 2010, p. 143-160.

Nerlich et Bonnet 2013
France Nerlich, Alain Bonnet (dir.),
*Apprendre à peindre. Les ateliers privés
à Paris, 1780-1863*, Tours, 2013.

Netscher 1886
Frans Netscher, « Oproer in het
ballet », dans *Studie's naar het
naaktmodel*, La Haye, 1886, p. 76-119.

New York 1987-1988
Norman L. Kleeblatt et al., *The Dreyfus
Affair. Art, Truth, and Justice*, cat. exp.,
New York (The Jewish Museum),
1987-1988.

Nicholls 2013
Paul Nicholls, « Marketing in diretta.
Goupil e gli artisti italiani al Salon
1870-1884 », dans Paolo Serafina (dir.),
*La Maison Goupil. Il successo italiano
a Parigi negli anni dell'Impressionismo*,
Milan, 2013.

Northampton/Williamstown 1976-1977
Charles C. Cunningham (dir.),
*Jongkind and the Pre-Impressionists.
Painters of the école Saint-Siméon*,
cat. exp., Northampton (Smith College
Museum of Art) / Williamstown
(Sterling and Francine Clark Institute),
1976-1977.

Ouwerkerk 2003
Annemieke Ouwerkerk, *Tussen
kunst en publiek. Een beeld van
de kunstkritiek in Nederland in de eerste
helft van de negentiende eeuw*,
Leyde, 2003.

Paris 1812
*Explication des ouvrages de peinture,
sculpture, architecture et gravure
des artistes vivans, exposés au musée
Napoléon, le 1er novembre 1812.*

Paris 1833
*Explication des ouvrages de peinture,
sculpture, architecture, gravure
et lithographie des artistes vivans,
exposés au musée royal,
le 1er mars 1833.*

Paris 1834
*Explication des ouvrages de peinture,
sculpture, architecture, gravure
et lithographie des artistes vivans,
exposés au musée royal,
le 1er mars 1834.*

Paris 1835
*Explication des ouvrages de peinture,
sculpture, architecture, gravure
et lithographie des artistes vivans,
exposés au musée royal,
le 1er mars 1835.*

Paris 1855
*Guide dans l'Expostion universelle.
Des produits de l'industrie et des beaux-
arts de toutes les nations*, Paris, 1855.

Paris 1887
*Exposition internationale de peinture
et de sculpture. Sixième année*,
Paris (galerie Georges Petit),
8 mai – 8 juin 1887, Paris, 1887.

Paris 1889a
Exposition universelle internationale de 1889 à Paris. Catalogue général officiel, t. I, Paris, 1889.

Paris 1889b
Exposition universelle internationale de 1889 à Paris. Catalogue général officiel. Beaux-arts, Exposition centennale de l'art français (1789-1889), Paris, 1889.

Paris 1988
Bogomila Welsh-Ovcharov et al., *Van Gogh à Paris*, cat. exp., Paris (musée d'Orsay), 1988.

Paris 2006
Vincent Pomarède et al., *Ingres, 1780-1867*, cat. exp., Paris (musée du Louvre), 2006.

Paris/Fort Worth 2002
Hans Janssen, Joop Joosten (dir.), *Mondrian, 1892-1914. The Path to Abstraction*, cat. exp., Paris (musée d'Orsay) / Fort Worth (Kimbell Art Museum), 2002.

Paris/Londres/Philadelphie 2014-2015
Sylvie Patry (dir.), *Inventing Impressionism. Paul Durand-Ruel and the Modern Art Market*, cat. exp., Paris (musée du Luxembourg) / Londres (The National Gallery) / Philadelphie (Philadelphia Museum of Art), 2014-2015.

Paris/Ottawa/New York 1988-1989
Douglas W. Druick et al., *Degas*, cat. exp., Paris (Galeries nationales du Grand Palais) / Ottawa (National Gallery of Canada) / New York (Metropolitan Museum of Art), 1988-1989.

Penot-Lejeune 2012
Agnès Penot-Lejeune, *L'Internationalisation des galeries françaises durant la seconde moitié du xixe siècle : l'exemple de la maison Goupil (1846-1884)*, thèse de doctorat non publiée, Paris 1 – Panthéon Sorbonne, 2012, 2 vol.

Pevsner 1940
Nikolaus Pevsner, *Academies of Art, Past and Present*, New York, 1940.

Picard 1891-1892
Alfred Picard, *Exposition universelle internationale de 1889 à Paris*, Paris, 1891-1892.

Pinckney 1973
David Pinkney, *The French Revolution of 1830*, Princeton, 1972.

Pit 1889
A. Pit, « De derde tentoonstelling der Nederlandsche Etsclub », *De Nederlandsche Spectator* (26 octobre 1889), n° 43, p. 342-343.

Planche 1855
Gustave Planche, « Salon de 1836 », dans *Études sur l'école française (1831-1852) : peinture et sculpture*, t. II, Paris, 1855.

Plasschaert 1923
Albert Charles Plasschaert, *Korte geschiedenis der Hollandsche schilderkunst van af de Haagsche school tot op den tegenwoordigen tijd*, Amsterdam, 1923.

Pollock 1991
Griselda Pollock, « Van Gogh and Holland: Nationalism and Modernism », *Dutch Crossing. A Journal of Low Countries Studies* (1991), n° 44, p. 45-59.
Pommarède et Wallens 2002
Vincent Pommarède, Gérard Wallens, *L'École de Barbizon*, Paris, 2002.

Prost 1886
Bernard Prost, *Artistes modernes. Octave Tassaert, notice sur sa vie et catalogue de son œuvre*, Paris, 1886.

Quatremère de Quincy 1822a
Antoine-Chrysostome Quatremère de Quincy, *Funérailles de M. Van Spaendonck*, Paris, 1822.

Quatremère de Quincy 1822b
Antoine-Chrysostome Quatremère de Quincy, « Éloge historique de M. Van Spaendonck », *Séance publique de l'Académie royale des beaux-arts, 5 octobre 1822*, Paris, 1822.
Rearick 2011
Charles Rearick, *Paris Dreams, Paris Memories. The City and its Mystique*, Stanford, 2011.

Reuchlin 1976
Henri Reuchlin, « Edward Levien Jacobson, profiel van een verzamelaar en industrieel pionier », *Rotterdams Jaarboekje* (1976), p. 168-181.

Rewald 1943
John Rewald (dir.), *Camille Pissarro. Letters to his Son Lucien*, Londres, 1943.

Reynaerts 1990-1991
Jenny Reynaerts, « Van ateliers naar academie. Schilders in opleiding 1850-1900 », dans Richard Bionda, Carel Blotkamp (dir.), *De schilders van Tachtig. Nederlandse schilderkunst 1880-1895 | The Age of Van Gogh. Dutch Painting 1880-1895*, cat. exp., Amsterdam (Van Gogh Museum) / Glasgow (The Burrell Collection), 1990-1991.

Reynaerts 2001
Jenny Reynaerts, « *Het Karakter onzer Hollandsche School* ». De Koninklijke Akademie van Beeldende Kunsten te Amsterdam, 1817-1870, Leyde, 2001.

Roos Rosa de Carvalho 2013
Fleur Roos Rosa de Carvalho, « Degas, Toulouse-Lautrec and Van Gogh. The Use of Diluted Paint », dans *Van Gogh's Studio Practice*, Amsterdam/Bruxelles, 2013, p. 330-349.

Rosen et Zerner 1984
Charles Rosen, Henri Zerner, *Romanticism and Realism. The Mythology of Nineteenth-Century Art*, New York, 1984.

Rosenthal 1910
Léon Rosenthal, « Du romantisme au réalisme », *Gazette des beaux-arts* III (1910), n° 4, p. 93-354.

Rotterdam 1864
Catalogus der Schilder- en Kunstwerken op de eerste driejarige tentoonstelling door de Academie van Beeldende kunsten en technische wetenschappen te Rotterdam, Rotterdam, 1864.

Rotterdam/Lyon/Paris 1996-1997
Anita Hopmans, *De onbekende Van Dongen. Vroege en Fauvistische tekeningen 1895-1912 | The Van Dongen Nobody Knows. Early and Fauvist Drawings, 1895-1912*, cat. exp., Rotterdam (Museum Boijmans Van Beuningen) / Lyon (musée des Beaux-Arts) / Paris (Institut néerlandais), 1996-1997.

Rovisco et Nowika 2006
Maria Rovisco, Magdalena Nowika, *The Ashgate Research Companion to Cosmopolitanism*, Surrey, 2006.

Saint Louis/Francfort 2001
Cornelia Homburg et al., *Vincent van Gogh and the Painters of the Petit Boulevard*, cat. exp., Saint Louis (Saint Louis Art Museum) / Francfort (Städelsches Kunstinstitut und Städelsches Galerie), 2001.

Saloni 2011
Mathur Saloni (dir.), « Introduction », dans *The Migrant's Time. Rethinking Art History and Diaspora*, New Haven/ Londres, 2011.

Sanchez et al. 1999-2010
Pierre Sanchez, Xavier Seydoux, Dominique Lobstein, *Les Catalogues des Salons [des beaux-arts]*, Paris, 1999-2010, 23 t.

Sante 2015
Luc Sante, *The Other Paris*, New York, 2015.

Sardou 1875
Victorien Sardou, *Costumes du Directoire tirés des Merveilleuses avec une lettre de M. Victorien Sardou*, Paris, 1875.

Schilperoort 1905
Tom Schilperoort, « Kees van Dongen », *Op de Hoogte* 2 (1905), p. 735.

Schivelbusch 1995
Wolfgang Schivelbusch, *Disenchante Night. The Industrialization of Light in the Nineteenth Century*, Oakland, 1995

Schwartz 1999
Vanessa Schwartz, *Spectacular Realities. Early Mass Culture in Fin-de-Siècle Paris*, Los Angeles, 1999

Sensier 1872
Alfred Sensier, *Souvenirs sur Th. Rousseau*, Paris, 1872.

Sfeir-Semler 1992
Andrée Sfeir-Semler, *Die Maler am Pariser Salon, 1791-1880*, Francfort/ New York, 1992.

Signac 1927
Paul Signac, *Jongkind*, Paris, 1927.

Signac 1964
Paul Signac, *De Delacroix au néo-impressionnisme* (1889), introduction et notes par Françoise Cachin, Paris, 1964.

Sillevis 1990
John Sillevis, « Van Gogh en de Haagse Kunstwereld », dans Michiel van der Mast, Charles Dumas (dir.), *Van Gogh en Den Haag*, Zwolle, 1990.

Sillevis et Kraan 1985
John Sillevis, Hans Kraan, *De School van Barbizon*, Gand/La Haye, 1985.

pary 2000
Emma C. Spary, *Utopia's Garden. French Natural History from Old Regime to Revolution*, Chicago/Londres, 2000.

Steenhoff 1911
Willem Steenhoff, «Tentoonstelling van de Moderne Kunstkring in het Sted. Museum», *De Amsterdammer. Weekblad voor Nederland*, 15 octobre 1911.

Stevens 2000
Maryanne Stevens, «The Exposition universelle: "This Vast Competition of Effort, Realisation and Victories"», dans Robert Rosenblum, Maryanne Stevens, *1900. Art at the Crossroads*, cat. exp., Londres (Royal Academy of Arts) / New York (Solomon R. Guggenheim Museum), 2000, p. 55-71.

Stolwijk 1995
Chris Stolwijk, « De tentoonstellingen van levende meesters in Amsterdam en Den Haag 1858-1896 », *De negentiende eeuw* 19 (1995), p. 193-221.

Stolwijk 1998
Chris Stolwijk, *Uit de schilderswereld. Nederlandse kunstschilders in de tweede helft van de negentiende eeuw*, Leyde, 1998.

Sweeney 1948
James Johnson Sweeney, « Piet Mondrian », *Museum of Modern Art Bulletin* 12 (1945), n° 4 (tiré à part 1948).

Tas 2010
Sara Tas, *Het Musée du Luxembourg. Van een museum voor levende meesters naar een internationaal museum voor moderne kunst. Nederlandse kunst als casestudie*, mémoire de master en muséologie non publié, Universiteit van Amsterdam, 2010.

Tellegen-Hoogendoorn 1972
Annet Tellegen-Hoogendoorn, « Een schildersatelier », *Nederlands kunsthistorisch Jaarboek* 23 (1972), p. 357-361.

Tempel 1999
Benno Tempel, « "Such Absurdity can Never Deserve the Name of Art": Impressionism in the Netherlands », *Van Gogh Museum Journal*, 1999, p. 113-129.

Ten-Doesschate Chu 1972
Petra ten-Doesschate Chu, *French Realism and the Dutch Masters. The Influence of Dutch Seventeenth-Century Painting on the Development of French Painting between 1830 and 1870*, thèse de doctorat, Columbia University, 1972.

Ten-Doesschate Chu 1992
Petra ten-Doesschate Chu, «The Paris Salon as International Arena for Creative Competition », dans Thomas W. Gaehtgens, *Künstlerischer Austausch = Artistic Exchange. Akten des XXVIII. Internationalen Kongresses für Kunstgeschichte*, Berlin, 15-20 juillet 1992, p. 227-248.

Ten-Doesschate Chu et Weisberg 1994
Petra ten-Doesschate Chu, Gabriel P. Weisberg (dir.), *The Popularization of Images: Visual Culture under the July Monarchy*, Princeton, 1994.

Thomson 1999
Richard Thomson, «Theo van Gogh. Een oprecht handelaar », dans Chris Stolwijk, Richard Thomson, Sjraar van Heugten, *Theo van Gogh, 1857-1891. Kunsthandelaar, verzamelaar en broer van Vincent*, cat. exp., Amsterdam (Van Gogh Museum) / Paris (musée d'Orsay), 1999-2000.

Thomson 2005
Richard Thomson, «Toulouse-Lautrec & Montmartre. Depicting Decadence in Fin-de-Siècle Paris », dans Richard Thomson *et al.*, *Toulouse-Lautrec and Montmartre*, cat. exp., Washington (National Gallery of Art) / Chicago (The Art Institute of Chicago), 2005, p. 2-22.

Thoré 1858
Théophile Thoré, *Musées de la Hollande*, Paris, 1858.

Tibbe 2001
Lieske Tibbe, « Nieuws uit Nergensoord. Natuursymboliek en de receptie van William Morris in Nederland en België », *De Negentiende Eeuw* 25 (2001), p. 233-251.

Tibbe 2003
Lieske Tibbe (dir.), *William Morris in Nederland: een bibliografie. Geschriften van en over William Morris verschenen in het Nederlands taalgebied, 1874-2000*, Leyde, 2003.

Tibbe 2010
Lieske Tibbe, *Kunst en anarchisme omstreeks 1900: een breed scala*, Amsterdam, 2010.

Uri 1935
S.P. Uri, *Leven en werk van Arij Prins*, Leyde, 1935.

Urry 2007
John Urry, *Mobilities*, Cambridge, 2007.

Valkhoff 1901
P. Valkhoff, « Een weerzien. (Uit het leven van Marie Barnholt) (slot) », *Elsevier's Geïllustreerd Maandschrift* 11 (1901), n° 2, p. 341-353.

Van Boven et Segal 1980
Margriet van Boven, Sam Segal, *Gerard en Cornelis van Spaendonck. Twee Brabantse bloemenschilders in Parijs*, Maarssen, 1980.

Van Deene 1977
Johannes Franciscus van Deene, « Rechtvaardiging », *Centraal Museum Utrecht Mededelingen*, n° 16-17 (mars 1977), p. 1-83.

Van der Linden 2013
Melanie van der Linden, « *Et in Arcadia Ego!* » Ontwikkelingen in reisgedrag en reisbeleving van Nederlanders naar Parijs in de negentiende eeuw », thèse de doctorat non publiée, Erasmus Universiteit Rotterdam, 2013.

Van der Pluym 1936
Willem van der Pluym, *Leo Gestel: de schilder en zijn werk*, Amsterdam, 1936.

Van der Wal 2011-2012
Mieke van der Wal, « Van naäper tot voorloper. De ontwikkeling van Sluijters tot 1909 », dans Jacqueline de Raad *et al.*, *Jan Sluijters 1881-1957*, cat. exp., Laren (Singer Laren), 2011-2012, p. 15-41.

Van der Willigen *et al.* 2010
Adriaan van der Willigen, Lia van der Heijden, Jan Sanders (dir.), *De levensloop van Adriaan van der Willigen (1766-1841). Een autobiografie uit een tijdperk van overgang*, Hilversum, 2010.

Van Dijk et Suijver 2011
Maite van Dijk, Renske Suijver, *De Mesdag Collectie*, s.l., 2011.

Van Gogh, *Lettres*, 2009
Leo Jansen, Hans Luijten, Nienke Bakker (dir.), *Vincent van Gogh – De brieven. De volledige, geïllustreerde en geannoteerde uitgave*, 6 vol., Amsterdam/Bruxelles, 2009, http://www.vangoghletters.org. L'édition française utilisée dans le présent ouvrage est celle d'Actes Sud : Vincent van Gogh, *Les Lettres*, Arles, 2009.

Van Helden 2009
R.J.C. van Helden, *Hommage aan Martin Monnickendam*, Zwolle/Amsterdam, 2009.

Van Heteren et Van Eekelen 2003
Marjan van Heteren, Yvonne van Eekelen, *Jacob Maris (1837-1899): ik denk in mijn materie*, Zwolle, 2003.

Van Sas 2005
Niek van Sas, *De metamorfose van Nederland. Van oude orde naar moderniteit 1750-1900*, Amsterdam, 2005.

Van Spaendonck s.d. [vers 1800]
Gérard van Spaendonck, *Fleurs dessinées d'après nature. Recueil utile aux amateurs, aux jeunes artistes, aux élèves des écoles centrales et aux dessinateurs des manufactures*, Paris, s.d. [vers 1800].

Van Tilborgh 2007
Louis van Tilborgh, «Van Gogh in Cormon's Studio: a Chronological Puzzle », dans *Van Gogh Studies (Current Issues in 19th-Century Art)*, Zwolle/Amsterdam, 2007, p. 52-71.

Veen 2013
Louis Veen, « Piet Mondrian's Autobiographical Writings (1941-43) », *Simiolus. Netherlands Quarterly for the History of Art* 37 (2013-2014), n° 1, p. 61-85.

Vergeest 2000
Aukje Vergeest, *The French Collection. Nineteenth-Century French Paintings in Dutch Public Collections*, Amsterdam, 2000.

Verhaeren 1997
Émile Verhaeren, *Écrits sur l'art (1893-1916)*, édités et présentés par Paul Aron, Bruxelles, 1997, 2 vol.

Verhoogt 2007
Robert Verhoogt, *Art in Reproduction. Nineteenth-Century Prints after Lawrence Alma-Tadema, Jozef Israëls and Ary Scheffer*, Amsterdam, 2007.

Verschaffel 2006
Tom Verschaffel, « Een jury heeft geen reden van bestaan. Franse critici over Belgische kunst, 1831-1865 », *De Negentiende Eeuw* 30 (2006), n° 1, p. 19-34.

Versteegh 2001
Jeanette Versteegh (dir.), *F.H. Kaemmerer 1839-1902: brieven van « oom Frits » (aan zijn vader en zuster Betje)*, s.l. [Oosterbeek], s.d. [2001].

Veth 1908
Jan Veth, « Breitners jeugd », dans *Portretstudies en silhouetten*, Amsterdam, 1908, p. 176-204.

Viardot 1915
Pauline Viardot, « Pauline Viardot-Garcia to Julius Rietz (Letters of Friendship) », *The Musical Quarterly* 1 (1915), p. 526-559.

Vienne 2013-2014
Heinz Widauer, Claudine Grammont, *Passions fauves. Henri Matisse and Fauvism | Matisse und die Fauves*, cat. exp., Vienne (Albertina), 2013-2014.

Vignon 1855
Claude Vignon, *Exposition universelle de 1855. Beaux-Arts*, Paris, 1855.

Vosmaer 1881
Carel Vosmaer, « Joseph Israëls », dans *Onze Hedendaagsche Schilders*, La Haye, 1881-1885.

Wakefield 2007
David Wakefield, *The French Romantics. Literature and the Visual Arts, 1800-1840*, Londres, 2007.

Waller et Carter 2015
Susan Waller, Karen L. Carter (dir.), *Foreign Artists and Communities in Modern Paris, 1870-1914. Strangers in Paradise*, Oxford, 2015.

Wasserman et Faust 1994
Stanley Wasserman, Katherine Faust, *Social Network Analysis. Methods and Applications*, Cambridge, 1994.

Watelet 1760
Claude-Henri Watelet, *L'Art de peindre. Poëme, avec des réflexions sur les différentes parties de la peinture*, Paris, 1760.

Watelet 1774
Claude-Henri Watelet, *Essais sur les jardins*, Paris, 1774.

Wehren 2016
Cheyenne Wehren, *The Character of Collecting. A Study into Private Painting Collections and Collecting Networks in the Netherlands in the Nineteenth Century*, mémoire de master non publié, Universiteit Utrecht, 2016.

Welsh-Ovcharov 1976
Bogomila Welsh-Ovcharov, *Vincent van Gogh. His Paris Period 1886-1888*, Utrecht, 1976.

Werner et Zimmermann 2006
Michael Werner, Bénédicte Zimmermann, « Beyond Comparison: Histoire Croisée and the Challenge of Reflexivity », *History and Theory* 45 (2006), p. 30-50.

Westerink 2013
Geraart Westerink, « De Parijse jaren van mr. Jacob Frederik van Hanswijk Pennink », *Kamper Almanak. Cultuur Historisch Jaarboek*, 2013, p. 179-202.

White et White 1993
Harrison C. White, Cynthia A. White, *Canvasses and Careers. Institutional Change in the French Painting World*, Chicago, 1993.

Whitely 1979
Linda Whitely, « Accounting for taste », *Oxford Art Journal* 2 (1979), n° 2, p. 25-28.

Whyte 2005
George R. Whyte, *The Dreyfus Affair. A Chronological History*, New York, 2005.

Wieringa 2007
Jacobine Wieringa, *Breitner en Parijs*, Deventer, 2007.

Yates 2008
Elizabeth Yates, *Konings Kunst: van Parijs tot de Veluwe*, Barneveld, 2008.

Zola 1898
Émile Zola, *Paris* (*Les Trois Villes*, t. III), Paris, 1898.

Index

Les nᵒ de pages en gras renvoient aux légendes des illustrations.

About, Edmond 100
Alexandre, Arsène 44
Allebé, August 26
Alma, Peter 229
Alma-Tadema, Lawrence 34
Angiviller, Charles Claude Flahaut de la Billarderie, comte d' 56
Angrand, Charles 182
Anker, Hermanus 13
Anquetin, Louis 181, 187, 194, 200
Apollinaire, Guillaume 232
Artz, David 21, 26, 32, 36, 117, 123, 143
Astruc, Zacharie 72
Aublet, Albert 156

Bascle, Théophile 100
Bastert, Nicolaas 169
Baudelaire, Charles 97, 105, 215
Bellangé, Hippolyte 122
Bénédite, Léonce 42, 44
Benner, Emmanuel 156, 157
Benouville, Achille 156
Ber, Jacob 64
Béranger, Pierre-Jean de 72
Berlage, Hendrik Petrus 204
Bernard, Émile 157, 181, 182, 187, 188, **193**, 194, 200
Berne-Bellecour, Étienne Prosper 141
Bertall (Charles Albert d'Arnoux, dit) **19**
Bessa, Pancrace **61**, 62
Beugniet, Adolphe 25, 93
Biard, François-Auguste **23**
Bilderdijk, Willem 12
Bilders, Gerard 13, 14, 117, 118
Bilders, Johannes 34
Binger, Aron Hijman 13
Bisschop, Christoffel 34
Blaauw, Jacobus 27, **27**
Blanc, Charles 38
Blanchère, René de La 39, 42
Bles, David 33, 34
Bock, Théophile de 123, 127
Boilly, Louis-Léopold **14**
Boisbaudran, Horace Lecoq de 22
Boldini, Giovanni 137, **138**, 141
Bombled, Karel Frederik 13
Bonheur, Rosa 113
Bonnard, Pierre 22
Bonnat, Léon 22, 157
Bosboom, Johannes 32, **32**, 33, 44
Boudin, Eugène 28, 44, 100, **105**, 106, **108**, 109, **136**
Bouguereau, William 22, 141
Boulanger, Gustave 22
Boulanger, Louis 80
Bradley, Jay 232
Braque, Georges 29, 29, 230, 232, 235, 237, **237**

Breitner, George Hendrik 25, 28, 36, 42, 44, **149**, 154-177, 203, 225
Bremmer, Hendricus Petrus 232
Breton, Jules 181
Brusse, Marie Joseph 207
Bruyère, Élise 62
Buffon, Georges-Louis Leclerc, comte de 56
Burty, Philippe 106

Cabanel, Alexandre 157, 168, 169
Caillebotte, Gustave 97
Cailleux, Alphonse de 80
Cals, Adolphe-Félix 100, 105, 107
Camoin, Charles 210
Campriani, Alceste 141
Castagnary, Jules 106
Castiglione, Giuseppe **16**
Cézanne, Paul 188, 209, 212, 230, **231**, 235
Charles X 70
Chazal, Antoine **60**
Chintreuil, Antoine 72
Chopin, Frédéric 72
Clausen, George 141
Clodion (Claude Michel, dit) 57
Cochereau, Léon Matthieu **21**
Corcos, Vittorio 143
Cormon, Fernand 157
Corot, Camille 26, **95**, 99, **99**, 106, 109, **112**, 118, 156, 181
Courbet, Gustave 24, 97, 106, 116, 156
Couture, Thomas 97, 99
Cuvier, Georges 61

Dagnan-Bouveret, Pascal-Adolphe-Jean 141
Daubigny, Charles-François 25, 26, **40**, 40, 105, 111, 113, 116, 118, 123, 156, 181, 224, 224 225
Daumier, Honoré 25
David, Jacques-Louis 27, **27**, 57, 60, 64
De Haan, Meijer 27
De Heem, Jan Davidsz 57
De Josselin de Jong, Pieter 21, 168
De Kuyper 157
De Nittis, Giuseppe 137, 141, 143
Decamps, Alexandre-Gabriel 80, 99, 113
Degas, Edgar 27, 29, 97, 160, 164, 165, 166, **166**, 168, 169, **170**, **172**, 174, 182
Delacroix, Eugène 24, 25, 69, 70, 74, 75, 80, 99, 179, 181, 182
Delaroche, Paul 72, 78, 80
Delaunay, Robert 227, 229, 231
Desplaces, Louis 55
Destailleur, Hippolyte **17**
Destrée, Charles 166

Détrimont, Alexis-Eugène 98
Diaz de la Peña, Narcisse 98, 99, 106, 116, **120**
Diderot, Denis 57
Domela Nieuwenhuis, Ferdinand 204
Du Camp, Maxime 38, 111
Dupont, Pieter 205
Dupré, Jules 72, 98, 117
Dupuis, Alexandre 94
Durand-Ruel, Paul 25, 123, 132, 157, 160, 165, 166, 181, 182

Eisler, Max 111, 124
Emants, Marcellus 156
Énault, Louis 36
Enghien, duc d' 57

Fénéon, Félix 165, 207
Ferdinand-Philippe [fils aîné du roi Louis-Philippe] 70, **78**
Fesser, Joséphine 98
Feure, Georges de (George Joseph van Sluijters, dit) 205
Fodor, C. J. **76**, 113, **116**
Forbes, James Staats 119, 143
François Ferdinand, prince de Joinville 78
Franken, Jan 21
Fromentin, Eugène 38

Galdrau, Jules **88**
Gauguin, Paul 27, 44, 182, 188, 200
Gautier, Théophile 80
Gauzi, François 181
Geffroy, Gustave 44
Gérard, François Pascal Simon, dit baron 69, 70
Géricault, Théodore 69, 70, **74**, **74**, **76**, **79**
Gérôme, Jean-Léon 22, 28, 122, 132, 133, 143, 146, 156, 157, 169
Gestel, Leo 226, 232
Gleizes, Albert 227, 229
Goekoop 123
Goethe, Johann Wolfgang von 75
Goncourt, Edmond de 106, 109, 156, 159
Goncourt, Jules de 157, 159
Gonse, Louis 39
Goupil, Adolphe 27, 122, 123, 124, 131, 132, 133, 137, 139, 140, 141, 143, 146, 159, 160
Guérin, Pierre 69
Guesdon, Alfred **133**
Guillaume le Taciturne (Guillaume de Nassau, dit) 93
Guillaume V 54
Guillaume VIII, landgrave von Hessen-Kassel 53
Guillaumin, Armand 182, 188
Guizot, François-Pierre-Guillaume 72

Haas, Johannes Hubertus Leonardus 33
Hals, Frans 181
Hanedoes, Louwrens 117
Hartrick, Archibald Standish 187
Haussmann, Georges-Eugène, baron 18
Havard, Henry 156

Hébert, Ernest 28, 122, 141
Herreyns, Jacob III 54
Herton, Jeanne 124
Hobbema, Meindert 118
Hoppenbrouwers, Johannes Franciscus 33
Horn, Catharina Hendrika 123
Houssaye, Arsène 38
Huet, Paul 80
Hulk, John 22

Ibels, Henri-Gabriel 204, 208
Ingres, Jean-Auguste-Dominique 70, 74, 78, 99
Iongh, Aletta de 226
Isabey, Eugène 93, 94, **94**, 95, 99, 100, 109
Israëls, H. Louis 207
Israëls, Isaac **28**, 32, 174, **174**, 182
Israëls, Jozef 26, 32, 33, 34, 36, **38**, **39**, 42, 44, 81, 84, **85**, 94, **114**, 117, 157, 203

Jacobson, Edward Levien 84, 132
Jacque, Charles 113
Jansen, Frits 157
Jongkind, Johan Barthold 25, 28, 44, 87, 92-109
Jourdain, Auguste **133**
Jourdain, Frantz 25
Julian, Rodolphe 22

Kaemmerer, Frederik Hendrik 13, 17, 26, 28, 36, 87, 119, 122, 123, **130**, 130-147, 209
Kahnweiler, Daniel-Henry 232
Kalff, Jan 238
Kickert, Conrad 223, 227, 229, 232, **238**
Klossowski, Erich 215
Kneppelhout, Johannes 117
Knip, Henriette Geertruida 64, **67**
Knip, Josephus Augustus **11**, 27, **57**, 64, **66**
Knoedler, Michael 132, 133
Koekkoek, Barend Cornelis 33
Koelman, Jan Philip 155
Koning, Arnold Hendrik 27, 200
Kropotkin, Pierre 204
Kruseman, Cornelis 33
Kuytenbrouwer, Martinus 26, 87, 94, 95, 116, **117**

La Fayette, Gilbert du Motier, marquis de 69, 70, 72
Lamarck, Jean-Baptiste Pierre Antoine de Monet, chevalier de 56
Lamarre, Clovis 39, 42
Lamartine, Alphonse de 72
Lami, Eugène 80
Lamme, Ary Johannes 72, **73**
Lamme, Cornelia 69
Landon, Charles-Paul 74
Lapidoth, Frits 215
Lapito, Louis-Auguste 99
Lavieille, Eugène **19**
Leduc 123
Léger, Fernand 22, 227, 229, 230, 232, 234, **236**, 242
Legrand, Pierre François **54**, **62**
Liszt, Franz 72

Livens, Horace Mann 8, 179, 182
Logerot, Auguste **87**
Louis XV 28, 53, 54
Louis XVI 28, 54, 61
Louis-Philippe 27, 28, 69, 70, 72, 75, 78

Maasdijk, Alexander 21
Maks, Kees 169
Mancini, Antonio 143
Manet, Édouard 24, 97, 105, 109, 156,
    164, 165, 169, 174
Manguin, Henri 210
Marie-Antoinette 54, 55
Maris, Jacob 8, 26, 28, 32, 34, 42, 44, 87,
    110-129, **130**, 131, 141, 143
Maris, Matthijs 44, **110**, 119, 123, 143
Maris, Simon 223
Maris, Willem 155, 165
Marius, G. H. (Grada Hermina) 169
Marquet, Albert 210
Martial (Adolphe-Martial Potément,
    dit) **89**
Martin, Henri 72
Martin, Pierre-Firmin 25, 97, 98, 100
Marville, Charles **18**, **90**
Marx, Roger 209
Matisse, Henri 22, 210, 212, 242
Maupassant, Guy de 168
Mauve, Anton 32, 34, 42, 44, **45**, 127,
    143, **144**, **145**, 146, **146**, 182
Mauve-Carbentus, Jet 143, **144**
Méaulle, F. **12**
Meester, Johan de 204, 215
Mesdag, Hendrik Willem 24, 32, 34, 36,
    42, 44, 116, 127, 143, 156, 224, 225
Mesdag, Johanna 34
Metzelaar, Coen **142**, 143
Michel, Georges 95
Michelet, Jules 156
Michetti, Francesco 143
Millet, Jean-François 105, 111, **115**,
    116, 123, 127, **129**, 179, 181
Moholy-Nagy, László **244**
Mondrian, Piet 26, 29, **149**, 222-245
Monet, Claude 27, 28, 44, 100, 106, **107**,
    109, 109, 157, 182, **183**, 194, 209, 210
Monnickendam, Martin **20**, 21, 205
Monticelli, Adolphe 182
Moor, Piet de 203
Morin, F. **12**, **89**
Morris, William 203
Mortjé, Maurice 21
Motte, Henri-Paul 156
Munch, Edvard 215
Myrbach-Rheinfeld, Felicien **24**

Nadar (Félix Tournachon, dit) **98**
Napoléon Ier 18, 60
Napoléon III 18, 25, 133
Nash, Frederick **50**
Nepveu, Jacob 13
Netscher, Frans 168
Neurdein frères **36**, **150**
Nibbrig, Ferdinand Hart 22
Nieuwerkerke, comte Émilien de 93

Onderwater, Hendrik Theodorus
    de Court 22
Opiz, Georg-Emmanuel **48**

Pasini, Alberto 143
Passet, Stéphane **152**, **153**
Pennink, Jacob Frederik 205
Perat, B. **24**
Petit, Georges 25, 182
Picasso, Pablo 26, 29, 212, **212**, 223,
    230, 232, 233, 235, 237, **237**, 242
Picot, François-Édouard 84, 94, 99, 157
Pinchart, Émile Auguste 123, 141
Pissarro, Camille 109, 157, 165, 182,
    188, **192**, 194, 200, 209
Pissarro, Lucien 157, 165, 188
Planche, Gustave 39, 80
Platière, Jean-Marie Roland de la 61
Potter, Paulus 36
Preitinger, Guus 206, **221**
Preyer, Abraham 27
Prud'hon, Pierre-Paul 27

Quatremère de Quincy, Antoine 60

Raffaëlli, Jean-François 141
Redon, Odilon 25, 165, 174
Redouté, Pierre-Joseph 62, 64
Reid, Alexander 187
Reitz, Gijs Bosch 22
Rembrandt (Rembrandt Harmenszoon
    van Rijn, dit) 36, 118, 169, 181
Renoir, Auguste 157, 182, 209
Robert-Fleury, Tony 22
Rochussen, Charles 34, 155
Roelofs, Willem 26, 34, **41**, 42, 117, **118**
Ronner, Henriette 34
Rops, Félicien 165
Rousseau, Henri (dit le Douanier) 232
Rousseau, Jean-Jacques 53
Rousseau, Théodore 27, 40, 42, 72, 78,
    78, 80, 84, 94, 95, 98, 99, 111, 116, 117,
    118, **119**, 123, 127, 127
Russell, John Peter 181, 187, **188**

Sagot, Clovis 232
Sain, Édouard Alexandre 156
Salmon, André 237
Sand, George (Amantine Aurore
    Lucile Dupin, dite) 72
Sano, Emmanuel 100
Schaap, Hendrik 21
Scheffer, Ary 22, 23, 24, 26, 27, 28, 47,
    68-85, 140
Scheffer, Henry 22, 69, 70, 78, 80
Scheffer, Johan Bernard 69
Schelfhout, Andreas 93
Schelfhout, Lodewijk 227, 229, 232, **238**
Schimmelpenninck, Rutger-Jan
    27, 64, **66**
Schonen, Auguste Jean Marie de 72
Scott, Walter 75
Séeberger, Jules **241**
Segatori, Agostina 200
Seurat, Georges 25, 44, 165, 174, 182,
    194, 200, 226
Signac, Paul 25, 44, 109, 182, 188, **189**,
    194
Sisley, Alfred **107**, 157, 209
Sluijters, Jan 29, 215, 216, **216**, **217**, 226,
    227, 232
Smits, Eugène 100
Snabilié, Charles 205, 207
Spoor, Cornelis 227

Springer, Cornelis 34
Steenhoff, Willem 234
Steinlen, Théophile-Alexandre 29, 204,
    205, **206**, 207
Stortenbeker, Pieter 34
Sweeney, James Johnson 224

Tanguy, Julien (père) 25, 187, 188, 194,
    200, **201**
Tassaert, Octave 81, **83**
Taunay, Nicolas Antoine **52**
Ten Cate, Siebe Johannes 44, 205
Ten Kate, Herman 34
Thierry, Augustin 72
Thiers, Adolphe 70, 72
Tholen, Willem Bastiaan 127, **127**
Thomire, Pierre-Philippe 60
Thoré, Théophile 38, 42, 118
Thorn Prikker, Johan 174, 204
Thornley, George William 165, 166, **168**
Thouin, André 56
Tiele, Jacobus J. 165
Toorop, Jan **15**, 44, 174, 204, 226, 227,
    235
Toulouse-Lautrec, Henri de 157, 181,
    187, 190, 200
Troyon, Constant 26, 40, 95, 98, 99, 109,
    111, 113, 116
Turner, Joseph Mallord William 94

Uhde, Wilhelm 232

Van Bree, Philip **63**
Van Bronkhorst, Ludolph 93
Van Dael, Jan Frans **63**, 64, **64**, 65
Van de Sande Lacoste, Carel Eliza 21
Van der Hem, Piet 29, **220**
Van der Kellen, David 166, 169
Van der Pol, Christiaan 64
Van Dongen, Kees 29, 44, 149, 202-221,
    225, 228, 237, 242
Van Gogh, Cor 186
Van Gogh, Hendrik Vincent 132
Van Gogh, Theo 27, 159, 160, 165, 169,
    179, 180, 181, 182, 186, 187, 188, 190,
    194, **199**, 200, 201
Van Gogh, Vincent 8, 25, 27, 29, 44, 127,
    149, 156, 157, 159, 174, 178-201, 203,
    204, 210, 212, 225
Van Gogh, Vincent (oncle) 27, 122, 132,
    133, 140, 141
Van Gogh, Willemien 181, 186, 201
Van Heemskerck, Jacoba 229
Van Huysum, Jan 57
Van Koningsveld, Jacobus 94
Van Lier, H. M. J. H. 205
Van Looij, Jacobus 26
Van Looy, Jacobus 14
Van Lynden van Pallandt, baronne 116
Van Mieris, Frans 39
Van Os, Georgius Jacobus
    Johannes 113, 116, **116**
Van Randwijk, W. J. 116
Van Rees, Otto 229
Van Ruisdael, Jacob 36, 118
Van Soest, Louis Willem **43**, 44
Van Spaendonck, Cornélis 54
Van Spaendonck, Gérard 21, 23, 28, 47,
    52-67
Van Stolk, A.P. 155, 157

Van Wisselingh, Elbert Jan 25, 159
Vanderbilt, William Henry 139
Vauxcelles, Louis 212, 215
Verhaeren, Émile 209
Verhoeven, Jan 229
Vernet, Horace 72, 80, 99
Verster, Floris 169, 174
Verveer, Samuel 132
Veth, Jan 26, 165, 169
Viardot-Garcia, Pauline 72
Vos, Maria **89**
Vuillemin, Alexandre **149**

Wadenoyen, Simon van Walchren
    van 113
Waldorp, Antonie 14, 15, 33
Watelet, Claude-Henri 55, 56, 66
Weissenbruch, Jan Hendrik 36, 33,
    127, **128**, **129**
Wickenden, Robert 158
Willet, Abraham 113
Witsen, Willem 12, 14, 165
Wittering, Jakob 33

Zaboklicki, Wacław 215
Ziem, Félix 95, 98, 100
Zola, Émile 106, 156, 160, 168, 205, 206,
    206
Zwart, Willem de 157, 166, 168

ienke Bakker est conservateur es peintures au Van Gogh Museum, Amsterdam. Elle a collaboré comme éditrice scientifique au «Van Gogh etters Project», pour la mise n ligne de la correspondance omplète de Vincent van Gogh, ww.vangoghletters.org (2009), ainsi u'à l'édition papier en six volumes e Vincent van Gogh. Les Lettres, dition critique complète illustrée 009), et à l'anthologie L'Art des mots. incent van Gogh. Lettres (2015). n 2011, elle a publié Van Gogh Montmartre (réédité en 2017 ous le titre Van Gogh à Paris). le a organisé plusieurs expositions utour de Van Gogh et de l'art n-de-siècle au Van Gogh Museum, ont «Van Goghs brieven» (2009), Van Gogh aan het werk» (2013), Daubigny, Monet, Van Gogh. npressies van het landschap» 016) et « De waanzin nabij. an Gogh en zijn ziekte» (2016).

téphanie Cantarutti est onservateur en chef au département es peintures modernes du Petit alais, musée des Beaux-Arts e la Ville de Paris. Elle a organisé ifférentes expositions, dont «Albert esnard (1849-1934). Modernités Belle poque» (2016-2017) au Petit Palais, «Isadora Duncan (1877-1927), e sculpture vivante» (2009-2010), Antoine Bourdelle, que du dessin» 011-2012) et «Bourdelle intime» 013) au musée Bourdelle.

ietse Coppes est conservateur u département Mondriaan & De Stijl u RKD–Nederlands Instituut voor unstgeschiedenis à La Haye. Il est uteur de plusieurs essais sur et Mondrian dans des catalogues exposition, tels que Mondrian (Paris, entre Pompidou, 2010), Alexander alder. De Grote Ontdekking (La Haye, emeentemuseum, 2012) et Les Clefs une passion (Paris, Fondation ouis Vuitton, 2015). Actuellement, est impliqué avec Leo Jansen dans

le «Mondrian Edition Project», un projet collaboratif entre le RKD et le Huygens Instituut voor Nederlandse Geschiedenis – KNAW, à Amsterdam, dont l'objectif est la réalisation d'une édition critique complète et illustrée des lettres et écrits théoriques de Mondrian, accessible en ligne.

Maite van Dijk est conservateur des peintures au Van Gogh Museum à Amsterdam depuis 2008, où elle est en charge des œuvres des artistes contemporains de Van Gogh. Elle est en outre responsable de la collection de tableaux du XIXe siècle de la Mesdag Collectie à La Haye. Ces dernières années, elle a contribué à la mise en œuvre de la nouvelle présentation des collections permanentes de la Mesdag Collectie (2011) et du Van Gogh Museum (2014), et organisé plusieurs expositions consacrées à l'art du XIXe et du début du XXe siècle. Elle est coauteur des ouvrages De aquarel. Nederlandse meesters van de negentiende eeuw (2015), Munch : Van Gogh (2015) et Daubigny, Monet, Van Gogh. Impressies van het landschap (2016), notamment.

Anita Hopmans a travaillé comme chercheuse à la Nederlandse Organisatie voor Wetenschappelijk Onderzoek (NWO), à La Haye, et comme collaboratrice scientifique auprès du Museum Boijmans Van Beuningen de Rotterdam. Depuis 2003, elle est chef du département Collections & Recherche et Senior Program Manager for Museum Research au RKD–Nederlands Instituut voor Kunstgeschiedenis à La Haye. Ses publications portent sur divers sujets en relation avec les XIXe et XXe siècles, allant des décorations d'Eugène Delacroix au palais Bourbon à la constitution de la collection du Museum Boijmans Van Beuningen. Elle est l'auteur de plusieurs ouvrages sur Kees van Dongen et commissaire d'expositions

internationales comme «De onbekende Van Dongen. Vroege en fauvistische tekeningen 1895-1912» (Museum Boijmans Van Beuningen, 1996-1997) et «De grote ogen van Kees van Dongen» (idem, 2010-2011).

Leo Jansen a travaillé au Van Gogh Museum d'Amsterdam de 1994 à 2014, tout d'abord comme coéditeur de la correspondance de Vincent van Gogh, publiée en ligne (www.vangoghletters.org) et sur papier. Le résultat de ce «Van Gogh Letters Project» a été publié en six volumes sous le titre Vincent van Gogh. Les Lettres, édition critique complète illustrée (2009). Fin 2005, il est devenu conservateur des peintures au Van Gogh Museum. Il est l'auteur de nombreuses publications sur Van Gogh et son époque, et a pris part à diverses expositions consacrées à l'artiste, dont «Munch : Van Gogh» (Van Gogh Museum et Oslo, Munch Museum, 2015-2016). Depuis 2014, il collabore avec Wietse Coppes sur le «Mondrian Edition Project».

Mayken Jonkman est conservateur au département du XIXe siècle du RKD–Nederlands Instituut voor Kunstgeschiedenis à La Haye. Ses publications portent entre autres sur l'image de l'artiste et les pratiques d'atelier, ainsi que sur les marchands d'art et les collectionneurs au XIXe siècle. Actuellement, elle prépare une thèse de doctorat sur les artistes néerlandais venus à Paris au XIXe siècle. Elle a contribué à plusieurs expositions et à leurs catalogues, notamment «Mythen van het Atelier» (Amsterdam, Teylers Museum 2010), «Hendrik Willem Mesdag. Kunstenaar, verzamelaar, entrepreneur» (La Haye, De Mesdag Collectie, 2015) et «Kunsthandel Frans Buffa & Zonen 1790-1951» (Laren, Singer Museum, 2016). Elle est commissaire invitée pour l'exposition «Néerlandais à Paris, 1789-1914» (Amsterdam, Van Gogh

Museum, 2017, et Paris, Petit Palais, 2018).

Malika M'rani Alaoui a fait des études d'histoire de l'art à l'université d'Amsterdam, avec des stages au Van Gogh Museum et au RKD–Nederlands Instituut voor Kunstgeschiedenis à La Haye. Dans le cadre de son master de conservation de musée (université d'Amsterdam), elle a travaillé pendant un an comme conservateur stagiaire aux départements photographie et peinture du XIXe siècle du Rijksmuseum d'Amsterdam (2016-2017). Son mémoire de fin d'études portait sur les échanges entre les beaux-arts et le théâtre, à la lumière de la société du spectacle naissante dans le Paris du XIXe siècle.

Jenny Reynaerts est conservateur principal des peintures des XVIIIe et XIXe siècles au Rijksmuseum d'Amsterdam, où elle a dirigé le réaménagement de la présentation des espaces consacrés à la période 1800-1900 (2013). Ses publications et expositions récentes comprennent, entre autres, Breitner. Meisje in kimono (Rijksmuseum, 2016), «Tree Lovers», sur l'histoire de la peinture de sous-bois dans Van Gogh. Into the Undergrowth (Cincinnati Art Museum, 2016), des chapitres sur Van Gogh dans Vincent van Gogh. Man and the Earth (Milan, Palazzo Reale, 2014) et dans Van Gogh. Timeless Country – Modern City (Rome, Complesso Monumentale del Vittoriano, 2010), ainsi que «A Portrait of the Artist as a Young Man. Edgar Degas Inspired by Rembrandt» dans le Rijksmuseum Bulletin 59 (2011), qui accompagne l'exposition dont elle a été commissaire, «Rembrandt and Degas. Two Young Artists» (Rijksmuseum, Williamstown, Clark Art Institute, et New York, The Metropolitan Museum of Art, 2011-212). Actuellement, elle travaille à la rédaction d'un ouvrage offrant un panorama de la peinture néerlandaise du XIXe siècle, à paraître en 2018.

Remerciements

Nombreuses sont les personnes qui nous ont aidés à mener à bien le projet « Les Hollandais à Paris, 1789-1914 » ou qui nous ont prodigué leurs judicieux conseils. Nous souhaitons en premier lieu exprimer notre reconnaissance à tous les collègues qui ont contribué à cet ouvrage, et plus particulièrement ceux du Van Gogh Museum : Nienke Bakker, Martine Blok, Patricia Bosboom, Annemieke Bouwmans, Geeta Bruin, Maite van Dijk, Bram Donders, Gideon Querido van Frank, Floor van Kollem, Teio Meedendorp, Fleur Roos Rosa de Carvalho, Peter Schoutens, Lisa Smit, Sarah Sprenger, Louis van Tilborgh, Harma van Uffelen, Marije Vellekoop, Joost van der Hoeven, Catherine Wolfs ; ceux du RKD : Loes Barnard, Ton Geerts, Eva Geudeker, Anita Hopmans, Inge Huskens, Jeroen Kapelle, Frederique van Steekelenburg, Chris Stolwijk, Willem ter Velde, Reinier van 't Zelfde ; et ceux du Petit Palais : Sophie Adelle, Catherine André, Mathilde Beaujard, Monique Bouscasse, Isabelle Collet, Fabienne Cousin, Agnès Faure, Susana Gallego-Cuesta, Dorine Galliot, Charlotte Piot, ainsi qu'à Paris Musées : Luc-Jérôme Bailleul, Nathalie Bec, Sylvie Bellu, Jeanne Bossard, Olivier Donat, Isabelle Jendron et Claire Nénert.

Cette publication n'aurait pu voir le jour sans les efforts conjoints de Suzanne Bogman, Betty Klaasse et Bregje Gerritse du service éditorial du Van Gogh Museum, Aggie Langedijk, responsable de la rédaction. Nous souhaitons les remercier pour cette agréable collaboration. Notre gratitude va également aux Éditions THOTH, et notamment à leur directeur, Kees van den Hoek, pour la confiance qu'il nous a accordée pour la réalisation de cet ouvrage qui paraît en trois versions – française, néerlandaise et anglaise –, publiées conjointement avec Paris Musées. Les auteurs des essais qui le composent sont Malika M'rani Alaoui, Nienke Bakker, Stéphanie Cantarutti, Wietse Coppes, Maite van Dijk, Anita Hopmans, Leo Jansen, Mayken Jonkman, Jenny Reynaerts, que nous remercions chaleureusement pour leurs excellentes contributions. Nous sommes aussi reconnaissants aux rédacteurs pour leurs suggestions et remarques qui nous ont été d'un grand soutien : Marije Vellekoop, coresponsable éditoriale, Edwin Becker, Rachel Esner, Wessel Krul, Christophe Leribault et Chris Stolwijk, qui constituaient le conseil éditorial. Nous tenons à exprimer notre gratitude à Rolf Toxopeus qui a conçu la magnifique maquette de cet ouvrage et remercier tous les traducteurs, Kim Andringa, Daniel Cunin et Henri-Philippe Faucher, pour leur remarquable travail.

Nous gardons un excellent souvenir des conversations animées avec Peter de Kimpe et Rolf Toxopeus, responsables de la scénographie de l'exposition au Van Gogh Museum. Leurs idées et leur inventivité ont été admirables. Nous remercions également l'Atelier Maciej Fiszer, scénographe de l'exposition au Petit Palais.

Les stagiaires Malika M'rani Alaoui, Florine Albert, Eric van Boekel, Wouter van Herwaarden, Heather Rison, Laura Teeuwisse et Lisanne Willems ont fourni des contributions précieuses, de même que le directeur et les collaborateurs de la Fondation Custodia à Paris : Ger Luijten, Rhea Blok, Wilfred de Bruijn, Hans Buijs, Maude Guichené, Mariska de Jonge, Cecile Tainturier ; les collaborateurs du musée d'Orsay à Paris : Lionel Britten, Isabelle Cahn, Ophélie Ferlier, Isabelle Gaëtan ; Bart Hofstede et Erlijne Wissels de l'ambassade du Royaume des Pays-Bas à Paris ; Sander Paarlberg, Peter Schoon, Gert-Jan Schouten et Gerrit Willems du Dordrechts Museum ; John Davis et Veerle Thielemans de la Terra Foundation à Paris ; Jacqueline de Raad, Jenny Reynaerts et Robert Jan te Rijdt du Rijksmuseum d'Amsterdam ; Frouke van Dijke, Doede Hardeman, Frans Peterse et Benno Tempel du Gemeentemuseum de La Haye et Arne Everwijn de Christie's Londres. Citons encore Paul Huys Jansen et Fiona Zachariasse du Noordbrabants Museum à Bois-le-Duc ; Peter Hecht et Maarten Prak de l'université d'Utrecht, et Frank Buunk et Constance Moes, de la collection Simonis & Buunk à Ede.

Notre reconnaissance va aussi à : Sébastien Allard, musée du Louvre, Paris ; Markus Bertsch, Hamburger Kunsthalle ; Marten Jan Bok, université d'Amsterdam ; Renske Cohen Tervaert, Studio Yesterday ; Eric Domela Nieuwenhuis, Rijksdienst voor Cultureel Erfgoed ; Terry van Druten, Teylers Museum, Haarlem ; Frances Fowle, National Gallery of Scotland, Édimbourg ; Jan Hein Furnee, université Radboud de Nimègue ; Marjan van Heteren, Stedelijk Museum Alkmaar ; Charles van den Heuvel, Huygens Instituut voor Nederlandse Geschiedenis ; Béatrice Joyeux-Prunel, École normale supérieure, Paris ; Sandra Kisters, Museum Boijmans Van Beuningen, Rotterdam ; Ralph Keuning, Museum de Fundatie, Zwolle ; Hanna Klarenbeek, Palais 't Loo, Apeldoorn ; Wessel Krul, université de Groningue ; Anne van Lienden, Singer Museum, Laren ; Tom van der Molen, Amsterdam Museum ; France Nerlich, université François Rabelais, Tours ; Saskia Ooms, musée de Montmartre, Paris ; Chris Riopelle, The National Gallery, Londres ; Bart Rutten, Centraal Museum, Utrecht ; Polly Sartori, Gallery 19C, New York ; Margriet Schavemaker, Stedelijk Museum, Amsterdam ; Jon Seydl, Worcester Art Museum (Massachusetts) ; Howard Shaw, Hammer Art Galleries, New York ; Mark Smit, Kunsthandel Mark Smit, Ommen ; Larry Steigrad, Lawrence Steigrad Fine Arts, New York ; Jan Teeuwisse, Beelden aan Zee, Scheveningen ; Jop Ubbens, Ubbens Art, Bussum.

Sylvia Alting van Geusau, Estelle Bégué, Carel Blotkamp, Sarah de Clercq, Rudi Ekkart, Leo Ewals, Philip et Lili Freriks, Feico Hoekstra, Libby Howie, Geert Jan Janse, Cees Kamerbeek, Roman Koot, Patrick Lemasson, Dominique Lobstein, Monique Nonne, Benjamin Doller, Sotheby's New York, John Schlichte Bergen, Olga Schnitker en Lionel Vee John Sillevis, Alexander van Spaendonck, Bert Warmelink et Alice Weve nous ont apporté leur soutien de différentes manières durant nos recherches et la préparation de l'exposition. Qu'ils en soient tous ici chaleureusement remerciés.

Edwin Becker
Stéphanie Cantarutti
Mayken Jonkman
Christophe Leribault

Ours et crédits

Les recherches pour ce projet ont été initiées par le RKD, La Haye, ainsi que le Van Gogh Museum, Amsterdam, en collaboration avec le Petit Palais, musée des Beaux-Arts de la Ville de Paris.

Le catalogue est publié, sous la direction de Mayken Jonkman, à l'occasion de l'exposition « Nederlanders in Parijs 1789-1914, Van Spaendonck, Jongkind, Van Gogh, Van Dongen, Mondriaan » / « Les Hollandais à Paris, 1789-1914. Van Dongen, Van Gogh, Mondrian »

Van Gogh Museum, Amsterdam
13 octobre 2017 – 7 janvier 2018

Petit Palais, musée des Beaux-Arts de la Ville de Paris, Paris
février 2018 – 13 mai 2018

Concept de l'exposition
Edwin Becker, Stéphanie Cantarutti, Mayken Jonkman

Pour l'exposition au Petit Palais, musée des Beaux-Arts de la Ville de Paris

Comité d'honneur
Anne Hidalgo, maire de Paris
Bruno Julliard, premier adjoint chargé de la Culture, du Patrimoine, des Métiers d'art, des Relations avec les arrondissements et de la Nuit, président de Paris Musées

Paris Musées
Delphine Lévy, directrice générale

Petit Palais, musée des Beaux-Arts de la Ville de Paris
Christophe Leribault, conservateur général, directeur
Simon Cnockaert, secrétaire général

Commissaire de l'exposition
Christophe Leribault, commissariat général
Stéphanie Cantarutti, conservateur en chef chargée des peintures XIXe et XXe siècles

Service des expositions
Susana Gállego Cuesta, conservatrice en chef, responsable du service
Françoise Camuset, régisseur scientifique, chargée de la conservation préventive
Agnès Faure, assistante d'exposition
Charlotte Piot, régisseur des expositions
Manichanh Sengsouk, préposé aux arts graphiques

Service éducatif et culturel
Fabienne Cousin, responsable du service
Catherine André, chargée des projets pédagogiques et accessibilité

Communication
Mathilde Beaujard, responsable communication et presse
Monique Bouscasse, chargée de communication

Partenariats et auditorium
Sophie Adelle, responsable

Production des expositions et des publications
Olivier Donat, directeur
Julie Bertrand, directrice adjointe chargée des budgets et du suivi des expositions
Luc-Jérôme Bailleul, responsable de projet
Jeanne Bossard, chargée de production
Isabelle Jendron, directrice des éditions
Nathalie Bec, responsable éditoriale

Scénographie
Atelier Maciej Fiszer
Graphisme
Bastien Morin
Conception de l'éclairage
Sarah Scouarnec / ACL

Développement des publics, des partenariats et de la communication
Josy Carrel-Torlet, directrice
Marina Santelli, adjointe et responsable des publics
Marie Jacquier, directrice de la communication
Andréa Longrais, attaché de presse
Blandine Cottet, responsable communication
Philippe Rivière, responsable du multimédia
Marine Baudry, chargée de projet numérique
Pierre-Emmanuel Fournier, responsable du mécénat et des activités commerciales

Administration et finances
Solveig Mondy, directrice
Samuel Taïeb, responsable juridique et conseiller international
Jérôme Berrier, chef du service achats/marchés
Christine Marchandise, acheteur dans le domaine muséal, patrimonial et éditorial

Et l'ensemble des collaborateurs de Paris Musées

Catalogue

Directrice d'ouvrage
Mayken Jonkman

Comité scientifique
Edwin Becker, Stéphanie Cantarutti,
Rachel Esner, Wessel Krul,
Christophe Leribault, Chris Stolwijk,
Marije Vellekoop

Édition originale

THOTH Publishers
Kees van den Hoek, éditeur
Marja Jager, coordination éditoriale

Van Gogh Museum
Suzanne Bogman, directrice
des publications
Betty Klaasse, coordination éditoriale

Iconographie
Bregje Gerritse, Betty Klaasse

Conception graphique
Joseph Plateau, Amsterdam

Photogravure
BFC Graphics, Amersfoort

Papier : Perigord 150g

Impression
Drukkerij Wilco, Amersfoort

Édition française

Éditions Paris Musées
Olivier Donat, directeur des
expositions et des publications
Julie Bertrand, directrice adjointe
chargée des budgets et du suivi
des expositions
Isabelle Jendron, directrice
des éditions
Nathalie Bec, responsable éditoriale

Secrétariat d'édition
Sylvie Bellu

Traduction du hollandais au français
Kim Andringa
Daniel Cunin
Henri-Philippe Faucher

Mise en pages de l'édition française
Marie Touzet Barboux – Corinne Geney

Diffusion : Flammarion
Distribution : UD-Union Distribution

ISBN : 978-2-7596-0379-4
Dépôt légal : octobre 2017

Crédits photographiques
Les meilleurs efforts ont été réalisés
pour retrouver les auteurs des
photographies ou leurs ayants droit.
Si, malgré tout, une omission avait été
faite, merci de prendre contact avec
l'éditeur.
fig. 3 : © RMN-Grand Palais
(musée du Louvre)/Philippe Fuzeau
fig. 6, 33 : © RMN-Grand Palais (musée
du Louvre)/Stéphane Maréchalle
fig. 11 : © RMN-Grand Palais
(musée du Louvre)/Gérard Blot
fig. 13 : Photo © RMN-Grand Palais
(musée du Louvre)/Jean-Gilles Berizzi
fig. 14 : © Victoria and Albert Museum,
Londres
fig. 20, 22, 23, 24, 79, 80, 84, 172, 186 :
© Musée Carnavalet-Histoire de Paris/
Roger-Viollet
fig. 21 : © bpk | Bayerische
Staatsgemäldesammlungen
fig. 25 : © BHVP/Roger-Viollet
fig. 26, 135, 246 : © Neurdein/
Roger-Viollet
fig. 27, 28 : © Léon et Lévy /Roger-Viollet
fig. 29 : © RMN-Grand Palais
(musée d'Orsay)/Hervé Lewandowski
fig. 31 : © Petit Palais / Roger-Viollet
fig. 32 : © RMN-Grand Palais/Jacques
Quecq d'Henripret
fig. 45 : Photo © RMN-Grand Palais/
image du MNHN, bibliothèque centrale
fig. 47 : Foto Peter Cox, Eindhoven
fig. 48 : © RMN-Grand Palais (château
de Fontainebleau)/Philippe Fuzeau
fig. 49 : © RMN-Grand Palais (musée
La Piscine, Roubaix)/Alain Leprince
fig. 53 : Studio Tromp, Rotterdam
fig. 54 : © RMN-Grand Palais
(château de Fontainebleau)
fig. 59 : © RMN-Grand Palais
(château de Versailles)/Franck Raux
fig. 64 : © RMN-Grand Palais (musée
du Louvre)/Hervé Lewandowski
fig. 68 : © RMN-Grand Palais
(musée du Louvre)/Michel Urtado
fig. 71 : Frédéric Jaulmes
fig. 82 : Mixed Media
fig. 83 : © RMN-Grand Palais (musée
du Louvre)/René-Gabriel Ojéda
fig. 87 : © RMN-Grand Palais
(musée d'Orsay)/Thierry Le Mage
fig. 89, 94 : © Petit Palais/Roger-Viollet
fig. 101, 166, 196 : Bridgeman Images
fig. 102 : © Ville de Marseille, RMN-
Grand Palais/Jean Bernard
fig. 113 : Marten de Leeuw
fig. 122 : Van Ham Fine Art
Auctioneers/Saša Fuis
fig. 137, 139 : © Albert Harlingue/
Roger-Viollet

fig. 152, 156 : © RMN-Grand Palais
(musée d'Orsay)/Hervé Lewandowski
fig. 115, 127, 153, 159 : Michiel Elsevier
Stokmans
fig. 193 : © RMN-Grand Palais/
Mathieu Rabeau
fig. 199 : © Estate of Kees Van Dongen
SODRAC (2013)
fig. 217 : © RMN-Grand Palais
(musée national Picasso-Paris)/
Mathieu Rabeau
fig. 224 : Peter Cox, Eindhoven

Les droits d'auteur pour les œuvres
d'artistes membres d'une société
CISAC sont gérés par Pictoright
Amsterdam © c/o Pictoright,
Amsterdam, 2017.

p 6 : George Hendrik Breitner,
*Brasserie Müller & Blaisot, 60, rue
du Faubourg-Montmartre,* Paris, 1900,
La Haye, RKD.
p. 246 : *Vue depuis l'Arc de triomphe,*
Paris, 1900.

1re de couverture : Vincent van Gogh,
Vue depuis l'appartement de Theo, 1887
(fig. 181, p. 199), Van Gogh Museum
(Vincent van Gogh Foundation).

4e de couverture : Gérard van
Spaendonck, *Corbeille et vase de fleurs,*
1785, **(fig. 48, p. 59)**, Fontainebleau,
Musée national du château

Mayken Jonkman a bénéficié d'une
bourse de la NWO pour son projet
de recherche.

NWO | Netherlands Organisation
for Scientific Research